石黒一憲／アメリカ・ビジネス法研究グループ企画監修
アメリカ・ビジネス法シリーズ　12

アメリカ国際商取引法
〔第6版〕

ラルフ・H・フォルソン
マイケル・ウォレス・ゴードン
ジョン・A・スパニョール
柏木　昇　訳
久保田　隆

木鐸社

本書をパリ・サンディエゴ大学国際比較法研究所，メキシコ法律自由学校＝フロリダ大学学生交換プログラム，および国際商事法統一を促す仕事に従事する全ての方に捧げる。

監修者前書

　毎年，優秀な日本の若者達が，アメリカのロー・スクールへと旅立つ。日本の大学院はバイパスされるわけで，一大学教授としては若干複雑な思いもないではないが，それはここでは措く。

　日本のトップ企業の法務部門や渉外弁護士事務所で国際法務の最前線に立ちつつ，実際にアメリカのロー・スクールで最新のアメリカ法の動向を明確に掴みとって来たばかりの，フレッシュな若者達が，ここに一つのチームを組んだ。有名なウェスト社の Nutshell Series を次々と翻訳してゆこうという一大プロジェクトを，彼等は打ち立てたのである。

　アメリカ法を日本人の視角から把握する前に，それ自体として正確に理解したい，という彼等の欲求は，実際の留学経験からもたらされたものである。また，ナットシェル・シリーズは，多様な法領域をカヴァーし，アメリカ法入門のための書物として，実に数多い人々が利用して来たものである（かつて私もその一人であった）。今般，その邦訳が彼等の手によって次々となされ，木鐸社から順次刊行されてゆくことになったのは，私にとっても大きな喜びである。

　留学帰りの優秀な人材が，個人的なつきあいのレヴェルを越えて，アメリカ法のより良き理解のために立ち上がったことは，重要な意味を有する。彼等の団結の輪は，本シリーズの広汎な読者層を必ずや巻き込み，困難な状況に陥りがちな日米関係の基礎固めのために，大きく貢献するであろう。

1992年1月7日

　　　　　　　　　　　　　　　　　東京大学法学部教授
　　　　　　　　　　　　　　　　　　石　黒　一　憲

アメリカ・ビジネス法研究グループからのメッセージ

　ここに「アメリカ・ビジネス法研究グループ」なる名称のもとに「企画監修」を行うグループとは，実は甚だ曖昧なる実体をもった一群の人々であって，個々人はさして曖昧な身元というわけではないが，グループとしては茫漠たる出自のものだ。友愛的団体というほどに友情や愛によって結ばれているわけでもなく，強いて言えばある種の共通の野心によって結ばれた，少壮法実務家の集団と言えば言えよう。その野心が何かといえば，構えた物言いをすれば，既存アカデミズムへの焦立ち，といったことに求められるかもしれない。例えばアメリカ法ならアメリカ法の実務的な解説書として，われわれ実務家は「アメリカ法律学全集」といったものがあれば有難いと思う。それが日本の学者の手になるものならなおさら好都合だ。しかし現実にはそんなものは存在しないし，翻訳にも滅多にお目にかからない。確かに学者にとっては正確性が生命だから，おいそれと解説書など書けない，ということは判る。しかしそれならせめて，翻訳くらいしてくれてもいいじゃないかと思う。しかし，それも少ないのが現状なのだ。そこで我々は，「一人一殺」ならぬ「一人一冊」で，ナットシェルという格好の「アメリカ法律学全集」の翻訳にとりかかったわけである。この気宇なる志に免じて，誤謬については寛容の精神をもって指摘して頂ければ幸いだ。

　本シリーズは，この誤謬の排除のために，ある翻訳者の翻訳はグループ内の別の者がチェックする体制をしいて，逐次刊行される。本シリーズの企画は，三菱商事法務部稲田仁士氏と小生とによりなされ，版元のウェスト出版社との交渉等もこの二人により行われた。同氏抜きには本企画は存在しえなかった。また，東京大学法学部石黒一憲教授にも極めて初期からそのお手を煩わし，企画に協力して頂き，大変感謝している。

1991年10月　　　　　　　　　　　アメリカ・ビジネス法研究グループ

　　　　　　　　　　　　　　　　　　　　　代表　内藤　篤

第6版への序文

　この「ナットシェル国際商取引法 第6版」は，三人の同じ共著者による四度目の改訂を迎えた著作物である。最初の2版は故ドナルド・T・ウィルソン教授が執筆し，1981年と1984年に出版された。第3版は1988年に我々が最初に手がけ，ウィルソン教授の最初の2版に多くを負っている。この第3版以降，判例・学説動向を原典に当たって更に分析できるように設けていた膨大な引用を減らすことにした。その代わり国際物品取引，非市場経済国におけるビジネス方法，発展途上国におけるビジネス方法，輸出入規制に関する新たな章を付加した。とりわけ米国が批准した国際物品売買条約（CISG：Convention on Contracts for the International Sale of Goods）には力を入れて書いている。第4版では，1988〜91年の変化，すなわち，単一欧州議定書や1988年米国多角的通商競争力法の成立，非市場経済国の諸変化，米加自由貿易協定や北米自由貿易協定（NAFTA）締結による西半球の地域統合拡大などを反映し，記述内容に実質的変更を加えている。

　第4版の頁数が既に多かったため，1991〜95年の経済発展をカバーするには従来のナットシェルを二つに分割する必要があった。第5版，第6版はそうした二分割を行っており，「ナットシェル国際商取引法 第6版」と「ナットシェル国際貿易投資法 第2版」は同時に出版されている。

　「ナットシェル国際商取引法」の第6版は，商取引における交渉，荷為替売買と信用状の利用，通貨問題，技術移転，発展途上国と非市場経済国における取引，紛争解決，国家主権免除，主権の対外行為法理（act of state doctrine）に焦点を当てている。「ナットシェル国際貿易投資法」では，序章に続き，保険，外国投資業務と投資の撤退と進出，収用，輸出入に対する政府の賦課，GATT・WTO，EU・NAFTAを中心とする経済統合を扱う。二つのナットシェルは，国際商取引に携わる個人や国内企業から，貿易を促進したり制限する政府や多国籍企業に至るまで，様々な関心を持つ幅広

い読者層に対する入門書として書かれたものである。

　第6版に反映された1996年以降の変化は，非市場経済国から市場経済国への移行の進展，NAFTA 開始後六年間の経験，多様な電子商取引の利用拡大，電子信用状，スタンドバイ信用状に関する新たな国際規則，国際商事契約のユニドロワ原則の部分的なサーベイである。

　本書のように，世界の貿易共同体の変化に常に影響を受ける非常に広範な主題の入門書においては，様々な変化のどれを本文に含めるべきか，に関して筆者の価値判断が入り込むが，上記の追加内容は我々の価値判断を反映したものである。こうした価値判断については，1987年に出版され，1991年に第2版，1995年に第3版，1999年に第4版と版を重ねた我々の著書 International Business Transactions : A Problem-Oriented Coursebook を読まれた方々にとっては馴染み深いであろう。

　我々の主な目的は，法学やビジネスを学ぶ学生や国際貿易専門家でない職業人にとって有用な概説書を作ることである。また，国際商取引という広範で非常に論争点の多い分野の一般的知識を提供することも望んでいる。

　このナットシェルは三人の共著であるが，各々が各分野に第一義的責任を負っている。フォルソンは，国際商取引の交渉，技術移転と知的所有権のライセンシングに主たる責任を負う。ゴードンは，市場経済国と非市場経済国におけるビジネス方法，外国国家の主権免除，商取引における主権の対外行為の法理に主な責任を負う。スパニョールは，国際物品売買，国際貿易の資金調達，紛争解決に主な責任を持つ。

　我々は執筆に当たり，自ら所属するロースクールや他の米国及び外国のロースクールにおける学者仲間や学生リサーチアシスタント，そして実務家の助けを得た。次版においても引続きコメントを歓迎する。

　　　　　　　　　　1999年12月
　　　　　　　　　ラルフ・H・フォルソン（サンディエゴ大学教授）
　　　　　　　　　マイケル・ウォレス・ゴードン（フロリダ大学教授）
　　　　　　　　　ジョン・A・スパニョール（ジョージ・ワシントン大学教授）

目 次

第6版への序文
イントロダクション：
  ブロックトン，バーバンクからバンコク，北京へ …………15

第1章　国際商取引の交渉 …………29

  争いによる交渉 ……………………………………………29
  合意形成に向けた漸進的なコンセンサス形成 …………30
  交渉チーム …………………………………………………32
  ロールプレーイング ………………………………………33
  タイミング …………………………………………………34
  手続の重要性 ………………………………………………34
  文化の重要性 ………………………………………………36
  交渉の言語 …………………………………………………37
  契約の言語 …………………………………………………39
  再交渉の計画作り …………………………………………41

第2章　国際物品取引 …………43

  国際売買法 …………………………………………………43
  CISG作成の簡単な歴史 …………………………………44
  CISGの適用領域 …………………………………………49
  準拠法条項 …………………………………………………51
  適用範囲に関する他の問題 ………………………………54
  CISGの総則規定 …………………………………………56
  契約の成立 …………………………………………………59
  売主の義務 …………………………………………………66
  売主の違反に対する救済方法 ……………………………74
  買主の義務 …………………………………………………80
  滅失のリスク ………………………………………………81

買主の違反に対する売主の救済 …………………………………… 83
　UNIDROIT 国際商取引契約原則 …………………………………… 86
　貿易条件 ………………………………………………………………… 90
　国際電子取引 …………………………………………………………… 102
　「書類引換払い」取引 ………………………………………………… 106
　運送証券 ………………………………………………………………… 111
　誤配 ……………………………………………………………………… 112
　誤記 ……………………………………………………………………… 116
　偽造運送証券 …………………………………………………………… 118
　電子運送証券 …………………………………………………………… 120

第3章　国際物品取引の資金調達－国際的な荷為替売買と荷為替信用状 ……… 125

　問題 ……………………………………………………………………… 125
　荷為替取引 ……………………………………………………………… 126
　準拠法 …………………………………………………………………… 133
　電子信用状 ……………………………………………………………… 140
　スタンドバイ信用状 …………………………………………………… 145
　スタンドバイ信用状の新しい国際規則 ……………………………… 148
　詐欺の抗弁 ……………………………………………………………… 149
　他の信用状：バック・トゥ・バック信用状とリボルビング信用状 ……… 154

第4章　金融と国際商取引 ……………………………………………… 159

　国際金融システムと IMF ……………………………………………… 159
　地域その他の開発銀行 ………………………………………………… 162
　国内金融システム ……………………………………………………… 163
　輸出金融プログラム …………………………………………………… 165
　オフショア・バンキング（及びタックス・ヘイブン） ……………… 166
　資金の国際移動 ………………………………………………………… 168
　外国為替と為替管理 …………………………………………………… 170

| 為替リスク……………………………………………………………173
| 国際的な預金とローン：ユーロドル……………………………175
| 多国籍企業の金融慣行：移転価格………………………………178

第5章　技術移転……………………………………………………181

| ウルグアイラウンド・TRIPS協定………………………………182
| 特許の保護…………………………………………………………183
| 特許の国際的承認…………………………………………………186
| ノウハウ……………………………………………………………187
| 商標の保護…………………………………………………………189
| 商標の国際的承認…………………………………………………191
| 著作権保護…………………………………………………………192
| 著作権の国際的承認………………………………………………195
| アメリカにおけるフランチャイズ………………………………196
| 国際フランチャイジング…………………………………………197
| 国際特許およびノウハウ・ライセンシング……………………200
| 剽窃に対する防衛…………………………………………………203
| グレー・マーケット商品…………………………………………205
| 国境を越えた情報の流れ…………………………………………208
| スペシャル第301条手続 …………………………………………209

第6章　市場経済国における国際商取引………………………213

| 国家の分類：先進国か発展途上国か／市場経済か非市場経済か………213
| 商取引と技術移転…………………………………………………217
| 発展途上国における売買代理および販売契約…………………221
| 開発プロセスの一部としての技術移転と外国投資法の利用…225
| 発展途上国の技術移転法…………………………………………227

第7章 非市場経済国と移行経済国における国際商取引 …… 231

非市場経済国および移行経済国の定義 …………………………… 231
移行過程にある非市場経済国 ……………………………………… 234
非市場経済国への商品の輸出－FTO と STO …………………… 236
非市場経済国との貿易における通貨の問題 ……………………… 239
信用状と非市場経済国 ……………………………………………… 240
非市場経済国への商品売買に対する輸出規制 …………………… 241
カウンタートレード ………………………………………………… 242
非市場経済国からの商品輸入 ……………………………………… 244
経済相互援助会議（CMEA または COMECON）……………… 245
技術移転と外国直接投資 …………………………………………… 246
発展途上国としての非市場経済国 ………………………………… 247
非市場経済国からの移行過程 ……………………………………… 248

第8章 紛争解決：訴訟と仲裁 …………………………………… 251

国際司法裁判所 ……………………………………………………… 251
条約と紛争解決 ……………………………………………………… 253
国内裁判所における紛争解決 ……………………………………… 254
外国判決の承認と執行 ……………………………………………… 258
紛争処理地と準拠法に関する契約条項 …………………………… 260
裁判管轄条項 ………………………………………………………… 260
準拠法条項 …………………………………………………………… 265
強行規定と法廷地・準拠法選択条項の相関関係 ………………… 267
仲裁による紛争解決 ………………………………………………… 268
仲裁判断の執行：1958年条約 …………………………………… 270
仲裁規則と現地の法律 ……………………………………………… 273
仲裁契約の要素 ……………………………………………………… 274
国際仲裁規則；UNCITRAL, ICSID その他 …………………… 276

第9章　商取引における国家主権免除················281

歴史と根拠··················283
1976年外国主権免除法··················288
なにが主権と見なされるか··················289
管轄問題··················291
訴状の送達··················292
主権免除の例外：権利放棄··················293
主権免除の例外：商業活動··················295
主権免除の例外：国際法違反··················299
主権免除と反訴··················299
判決の執行··················300

第10章　商取引における主権の対外行為の法理··················303

主権の対外行為の法理の歴史··················305
主権の対外行為の法理と財産の収用··················306
主権の対外行為の法理には限界がある··················309
主権の対外行為の法理と権力の分立··················312
主権の対外行為の法理といくつかの例外··················315
主権の対外行為の法理の例外：権利放棄··················316
主権の対外行為の法理の例外：商業的行為··················317
結論··················318

訳注··················321
事項索引··················325
判例一覧··················330

アメリカ国際商取引法

イントロダクション

ブロックトン，バーバンクからバンコク，北京へ

　あなたが弁護士だとして，カリフォルニア州バーバンク（訳注：米国カリフォルニア州南西部の都市でハリウッドに次ぐ映画都市）の買主に商品を売るマサチューセッツ州ボストン在住のクライアントを持つ場合には，買主がマサチューセッツ州ブロックトン（訳注：米国マサチューセッツ州東部，ボストン南郊の都市で，靴・皮革の町として有名）にいて売主と同じ州にいる場合に比べると，そこから新たに生じる法的問題は相対的に少ない。どちらの売買も標準的な荷為替売買取引で行う可能性が高い。当事者が面と向かって行う取引とは異なり，売主は買主に対面しないし，買主が代金を手渡すと同時に売主が商品を手渡すということもない。支払は売主が買主に荷為替書類を提示した時点でなされ，支払は商品到着後に買主が商品を検査した時点ではないのが普通である。様々なリスクを削減し，買主もしくは売主が商品と代金の両方を同時に保有してしまう状況を避けるには，信用状を用いることもできる。信用状を利用することで発行銀行と（場合によっては確認銀行とも）取引が生じる。ボストンの売主は，ボストン市内や近郊の銀行に確認しなくてもブロックトンやバーバンクの銀行が発行した信用状の受領を厭わないであろう。ブロックトンでの売買は，バーバンクでの売買と同様に米ドルによって行われる。当事者は英語で連絡を取り合うだろう。バーバンクでの購入取引に特有の最も重要な点は，紛争が生じた場合にどの州法が適用され，どの州裁判所が管轄を有するかということである。しかし，マサチューセッツ州とカリフォルニア州の商法規定はほぼ同じである。両州とも統一商法典（Uniform Commercial Code：UCC）を採用している。カリフォルニア州弁護士は，ボストンのマ

サチューセッツ州弁護士とは異なる司法試験を受けて弁護士になっている。しかし、各々の試験における実質法の内容はほぼ全て等しく、同じくコモンローに起源を持ち、州法システムに多くの共通点を持つ。両方の弁護士は各々のロースクールでコモンローを学び、また同じロースクールに通った可能性すらある。カリフォルニアとボストンでは距離が離れているが、一方を代弁するマサチューセッツ州弁護士と他方を代弁するカリフォルニア州弁護士は、仮に事務所を交換してもほとんど効率性やスキルを損なうことなく素早く機能することができる。

しかし、ボストンの売買相手がブロックトンやバーバンクではなくバンコクにいたらどうなるか。この国際取引には、二つの異なるビジネス文化・社会文化と二つの異なる法システムが関与してくる。タイの経済はアメリカよりも発展が遅れており、途上国特有の幾つかの問題（例えば荷受港インフラの未整備など）が生じ得る。故に損害を被るリスクはより大きく、保険料も高くなる。税関の役人は商品の輸入を許可する際に「非公式の」賄賂を求めることもある。ブロックトンやバーバンクへの売買のケースと同様に、バンコクへの売買も信用状を用いた荷為替売買で行うことがある。しかし、荷為替売買と信用状の扱いは国毎に異なる場合がある。共通に用いられる商業用語（例：**C.I.F.** 運賃保険料込条件＜訳注：陸揚港までの海上保険料や海上運賃を売主が負担する契約条件＞ **F.O.B.** 本船渡条件＜訳注：売買契約上定められた船積港で、売主が本船に物品を船積みすることで売主の引渡義務が完了する契約条件＞）の意味も国毎に異なるため、国毎に当事者のリスクが異なっている可能性もある。この問題を解決する手立てとして、当事者は裁判所で通常容認されている商業用語の解釈を示した国際商業会議所のインコタームズを明示的に用いることもできる。また、受け取った商品が注文した商品と同一であることを証明してもらうため、バンコクの買主は第三者に対し、積荷の検査と注文商品と同一物であることの証明を依頼することができる。国際取引における信用状もまた国内取引に比べてより複雑である。バンコクの買主がバンコクの銀行を信用状の発行銀行とした場合、ボストンの買主はまず間違いなくアメリカの銀

行に対して信用状の確認を要求するだろう。仮に信用状を巡るトラブルが起きてもボストンの買主は発行銀行と渡り合うためにバンコクに行く必要はない。その代わり，地元ボストンの銀行に支払のための文書を提示する方を選び，バンコクの代理人に提示するため文書を送付せざるを得なくなる事態は避けるであろう。更に，信用状は取消不能の場合と取消可能の場合がある。ボストンの売主は取消不能形式を求めるであろうが，バンコクの実務慣行では取消可能信用状を発行することになっているかもしれない。荷為替売買に適用可能なルールとして，当事者は信用状に関する一般的に受容されている国際規則の利用を選択できる。こうした国際規則としてほぼ確立しているのは「荷為替信用状に関する統一規則及び慣習」(Uniform Customs and Practice for Documentary Credits：UCP）で，前述のインコタームズと同じく国際商業会議所によって作られている。

　国際取引が国内取引に比べて異なるのは，売買契約だけではなく，物品をバンコクに運送する運送契約もそうである。バンコクまでの距離は遠いため，運送の間の損失リスクはその分大きい。しかし，この点は国内取引においても，ブロックトンに比べて距離が遠いバーバンクへの輸送について同様に当てはまる。海上運送の場合，バーバンクやバンコクへの輸送はパナマ運河を経由して目的地に向かうこととなる。しかし，ボストンの売主は，商品を大陸横断でバーバンクまで輸送することにより運河通過に伴う国際的な問題を回避し得る。しかし，バンコクへ売る場合にはそうはいかない。バンコクへの海上運送では，到着するまでに複数の外国を経由するため，様々な追加的リスクが生じる。さらに，輸送に関する法規則も国毎に異なっている。アメリカは，ヘーグルール（訳注：1921年にヘーグの国際法協会会議で船荷証券に関する国際的規則として決議され，数次の修正後，1924年のブリュッセル海事法外交会議で成立した「船荷証券に関するある規則の統一のための国際条約」）に基づく海上物品運送法（Carriage of Goods at Sea Act）を適用するが，他の国々の海上運送法はハンブルクルール（訳注：1978年国際連合海上物品運送条約。荷主国である発展途上国が中心となって成立させたもので，ヘーグルールとは異なり，運送人の責

任を大幅に強化している）やヘーグヴィスビールール（訳注：1968年改正議定書によって新たな規則〈責任限度額の引上げ等〉を付加して改正されたヘーグルール。イギリスや日本はこれを採用したが，アメリカは採りいれていない）に基づく。

　多くの国際取引が国内取引と大きく異なる点は使用通貨の選択にある。ボストンの売主はタイバーツではなく，米ドルでの支払を主張するであろう。仮にボストンの売主がタイバーツで代金を受領したとしても，それを商品供給者に支払ったり，従業員の給料に充てることは出来ない。売主がタイバーツをボストンの銀行に持ち込んだ場合，銀行は馴染みのない通貨なので受け付けないかもしれないし，バーツをハードカレンシー（訳注：金または米ドルに自由に交換可能な通貨。硬貨ともいう。日本円など）に交換できないと考えるかもしれない。仮に銀行がバーツの受取りを厭わなかったとしてもそれは相当割引いた場合だけであって，当初計画した売買収益に損失をもたらすだろう。仮にタイの通貨が自由に交換可能であっても，バーツとドルの為替レートは契約締結時点と為替時点とで変化し得るため，予期せぬ利益か好ましくない損失をもたらす。バンコクの買主が米ドルでの支払を承諾したとしても，タイ政府はタイからのハードカレンシー持出しを禁じる外為規制を課すかもしれない。

　契約においては，使用通貨のみならず使用言語も決めなければならない。ボストンの買主が望むとおり英語が使用されたとしても，契約条項を巡ってバンコクの買主がボストンの売主の思惑とはかなり異なる意味だと信じているかもしれない。契約条項の意味を異なる意味に捉えてしまうことは国内取引にもみられるが，こうした違いの起こる確率や規模は，国際取引の場合にはより大きい。

　ボストンの売主からの取引がバンコクへではなく北京の買主への場合，ボストンの売主はバンコクの買主への売買の場合に生じた問題の大部分に対応した上で，更に非市場経済国に関する問題にも直面する。10年前に比べると非市場経済諸国は少なくなり，多くの非市場経済国が市場経済への移行段階にある。従って買主国経済の特徴や性格に関する新たな問題点も

生じ得る。キューバやベトナムのように非市場経済国で発展途上国でもある国もあろう。中華人民共和国のように，（仮に単なる発展途上国以上のものと特徴付けることが適当であれば）先進国（ADC）か新興産業国（NIC）と言えようが，依然非市場経済国でもある例もある。市場経済国になろうとしている非市場経済国では，過去数十年間，商品の生産や分配に当たって中央集権的な計画経済に従ったり政府が深く関与してきたために困難を抱える国もあろう。東欧諸国と旧ソ連の多くの国々がこれに当たる。あるいは非市場経済国で非市場経済国に止まることを望んでいるが，市場経済国とのビジネスは必要と考え，特定目的の達成にのみ市場経済的なビジネスに門戸を開いているキューバの例もある。

　中国のような非市場経済国に買主が居る場合，大きな相違点は購入者が私人ではなく政府である可能性がある点である。更に，購入者は商品のエンドユーザーではなく，しばしば外国取引機関（FTO）や国家取引機関（STO）と呼ばれる中央集権的な国家機関である。非市場経済国の大部分は極めて厳格に統制された通貨を持つ。これら通貨は国際通貨市場では交換不可能で，価格も通常は人為的に定められる。当該国からの持ち出しが出来ないよう厳格に統制されている場合もある。

　ボストンの売主は，米ドル保有量の少ない中国からドルを受け取ることが出来ず，人民元を受け取ることも気が進まない場合，代わりに中国商品との交換に応じるよう求められることがある。これがカウンタートレード（見返り輸入）であり，バーター取引の現代版である。ボストンの売主は通貨の代わりに商品を受け取るため，価値ある商品を求めて中国を調査する必要が出てこよう。ボストンの売主は自らの営業に使える商品を見つけるかもしれない。しかし，仮にそうした商品を営業に使えない場合，それを市場に出す必要に迫られよう。この追加的かつしばしば複雑な事情により，北京との単純な取引を行う上で新たに二つの売買と恐らく三つの契約が必要となる。一番目は，ボストンの売主から北京の買主への売買。二番目は，中国からボストンの買主が商品を購入する売買。この二つの売買により，二つの契約と二つの信用状が使われる可能性が高い。二つの契約は相互に

関連しているため，当事者間の関係を規定する三番目の契約を締結する必要がある。これはしばしばプロトコル契約と呼ばれ，一定期間内に購入する中国商品を見出し得なかった場合，ボストンの売主に対する違約金規定を含む場合もある。

　カウンタートレードは多くの側面を持つ。上記の内容を有することから，「カウンターパーチェス（見返り購入）」と呼ばれるのが普通である。ボストンの売主が北京に工場設立を望み，収益の代わりに中国での生産高の数％を受領するやり方を「コンペンセーション（補償）」や「バイバック（買戻し）」と呼ぶ。これはいかなる場合でもアメリカの売主や投資家にとって通常は気が進まない。カウンタートレードによるコストが取引コストに加算され，これが北京の買主に転嫁される。カウンタートレードが行われる理由は，外国の生産物が国際取引の競争に耐え得るだけの品質を有していないからである。しかし，たとえ非常に品質が高い場合であっても伝統的な交易形態がそうした生産物の輸出を妨げることがあり，それゆえにカウンタートレードは市場を強制的に開放する一手段になっている。カウンタートレードの中には当事者の自発的判断によるものもあり，特に先程述べたコンペンセーションやバイバックの形式がよく用いられる。カウンタートレードの形式はどうあれ，通貨よりも遥かに古い歴史を持っており，今後も国際取引上何らかの役割を果たし続けるであろう。

　これまで売主と買主が異なる国に居る場合の商品売買につき，若干の相違点のみ述べてきた。しかし他にも多くの新しい問題がある。前に述べた相違点は二カ国間の異なる法・経済システムによるものであった。だが，二カ国間の文化の違いも取引に影響を与え得る。文化的な規範を誤解すると些細な当惑や重大な不都合を招くことがあるが，どちらもビジネス打切りに繋がる場合がある。ボストンの売主やその弁護士がバンコクや北京に行って契約の交渉や署名を行う時，如何なる行為が期待されているか。人々は握手して挨拶するか，それとも触ることは不適当か。朝食でビジネス談義を行うことは適当か。ビジネス上の夕食に妻は招待されるべきか。足を組んで座るべきか。粗品の提供は適当か否か。外国の公務員の意思決定

に影響を与える目的で行われる支払行為を禁じている米国の海外腐敗行為防止法（United States Foreign Corrupt Practices Act : FCPA）のように，交渉中の出来事が道徳的行為を規律する法律に触れることもある。

　ボストンの売主は，代理業者や販売業者を海外に設立し，商品をバンコクや北京に向けて売ることが出来る。ボストンの売主は，ブロックトンやバーバンクへの売買で代理業者や販売業者を用いた経験を有しているかもしれない。買主が代理人を立てたとする。この場合，代理人は商品に所有権を有せず，所有権はボストンの売主から買主へと直接移転するのであり，代理人は物品を「委託されて」所持する。あるいはボストンの売主が販売業者を用いたとする。販売業者は商品に所有権を有し，売買によって買主に所有権を渡す。海外に物を売る場合にはこれと同じく代理業者を用いるか販売業者を用いるかの決定が必要になるが，ボストンの売主はその売買において非常に異なる法の支配に直面する可能性が高い。外国には特別な販売業者法があり，それがアメリカ法で利用可能な選択肢を狭めているかもしれない。その外国法は，契約終了時の当事者の権利について現地の販売業者を優遇する可能性も高い。特別な販売業者法がない場合でも取引ルールが異なる可能性がある。その外国が大陸法諸国の場合，各国の民商法規定にそうした異なるルールが含まれている可能性がある。外国の販売業者の設立にはもう一つの問題として，販売業者が排他独占的である場合や活動がある領域のみに限られる場合，あるいは売主の定めた価格で販売しなくてはならないとすれば外国法上の取引制限にかかる可能性がある。

　外国との物品売買に際して選択した法形式に伴い，ボストンの売主は外国労働法の適用を受ける雇用者とみなされるかもしれない。諸外国の労働法は，アメリカの労働法とはかなり異なっている。国家はしばしば自国労働力を保護するため，ボストンの売主は雇用関係，特に解雇に関し，アメリカと比べて遥かに厳しい規則の適用を受ける可能性がある。そうした中では「一旦雇用されれば解雇できない」というルールは雇用者にとって最も厄介かもしれない。外国労働法に加え，ボストンの売主は国境を跨ぐ労働者の移動にも対処する必要がある。バンコクや北京へのちょっとしたビ

ジネス上の訪問ですら，旅行者ビザよりもより複雑な入国書類を要求される場合がある。多くのビジネスは旅行者ビザでなされるが，その場合，契約が破棄されるとリスクが生じる。ビジネスマンが長期滞在目的で国境を跨げばビザの必要項目も増す。バンコクや北京への入国規則がボストンの売主にとって不可解な迷宮であるばかりでなく，アメリカの入国規則も同様に障害になる。ボストンの売主はバンコクや北京の同僚をボストンにトレーニングに連れてきたいと望むかもしれない。しかし，それにはビジネスビザと恐らく教育ビザが必要である。

　ボストンの顧客の貿易が，偶々発生した1回限りの売買から時折行う売買，更には販売業者としての協定成立に至るまで質量共に進化した場合，生産地を海外に移すことを考えるだろう。海外生産は海外直接投資（ナットシェル国際貿易投資法のテーマ）の第一歩となるかもしれないし，物品製造に関し，バンコクや北京の外国生産者にライセンスを与えることになるのかもしれない。ブロックトンやバーバンクの会社への生産ライセンス供与には，ボストンのライセンス実施許諾者（ライセンサー）とブロックトンやバーバンクのライセンス利用者（ライセンシー）によるライセンス契約の交渉しか含まれない。しかし，ボストンの売主が，生産ライセンスを発展途上国や非市場経済国（例：バンコクや北京の当事者）に供与した場合，技術移転合意は母国政府によって注意深く綿密に審査されよう。バンコクや北京の政府の関心事が技術移転規制であるのに対し，ボストンの技術ライセンサーの最大関心事は知的財産権の保護にある。バンコクや北京のライセンシーが私企業であっても，政府は全ての技術契約の登録を命じ，時には認可の見直しを行い，国家の経済発展にとって不利益な条項を含まないようにしている。こうした懸念は，契約期間，使用料，グラントバック（戻し特許）の要件，販売地域制限，地域的に「適度に」利用可能な技術の拒否，準拠法や裁判管轄の問題に及ぶ。発展途上国，非市場経済国が全て上記の様な要求をする訳ではなく，そうした要求は，先進国が貿易上の障害と考え，知的財産権に関する現代の規則とは一般に相容れない。現代の知的財産権ルールでは，知的財産権の移転にかかる規制よりも知的

財産権を保護することにより大きな焦点を当てている。

　ボストンの技術ライセンサーは，外国の知的財産保護法の存在やその妥当性に非常に関心を持っている。ボストンのライセンサーはその製品を開発するのにかなりの時間と資金を投資してきたので，特許，商標，著作権，営業秘密保護法による完全な保護を望んでいる。もしブロックトンやバーバンクのライセンシーに製品生産ライセンスを与えれば，ボストンの会社は知的財産権保護に関する連邦法中心の法的枠組みによる保護を受ける。しかし，バンコクや北京の会社にライセンスを与えた場合，ライセンサーは知的財産権に関する非常に異なった見方に直面するだろう。そこでの権利は私的所有権に属さず，国家の世襲財産や人類全体の共有財産の一部と考えられているため，個人の権利としては全く認定されないかもしれない。知的財産権が私有財産として認識されたとしても，当該国家の国民総生産が偽物製造や輸出に多く依存しているため，そうした生産を失えば経済混乱を招くとして知的財産保護法の制定や積極的な執行を拒むことがある。

　上述した商取引は，外国で商品を売ったり，商品生産のライセンスを与える場合の国内取引との相違点のいくつかを説明するものである。こうした相違点は国際ビジネスでは毎日生じている。また，こうした相違により余計な取引コストも生じ得る。全ての商人が避けたいと思う取引コストの一つに紛争解決コストがある。これは紛争を避けることによって回避することが出来る。しかし，我々はまだ全ての取引で紛争が起きないことを確保する方法を見つけていないので，何らかの紛争解決コストを負担しなければならず，国際取引の紛争解決の本質を理解しておく必要がある。

　売主と買主の紛争が起きた場合，両当事者にとって準拠法や裁判管轄の選択の問題が極めて重要になる。タイの契約法とマサチューセッツ州の契約法の違いは，カリフォルニア州契約法とマサチューセッツ州法の違いと比べて遥かに大きいが，このことはボストンの弁護士や顧客にとっては全く驚くに値しない。さらに，タイの法体系は手続法も含めてマサチューセッツ州の法体系と比べて非常に異なった特徴を有している。しかし，国際物品売買条約（CISG）に加盟する国々が増えるにつれて，適用される契約

上の規則はCISGで統一されていくであろう。しかし，契約上の規則が同じであっても，バンコクの裁判所はタイ語のテキストを用い，ボストンの裁判所は英語のテキストを用いている。その結果，翻訳の仕方の相違によって法律用語に異なった意味付けが与えられてしまうことがある。更に，バンコクの司法通訳の方法とボストンの司法通訳方法を比べると，ブロックトンやバーバンクとボストンを比べた場合に比べて遥かに異なってくる。バンコクの裁判所は学術論文の助けを借りながら法令の規定を解釈するが，ボストンの弁護士の期待も空しくタイの判例動向にはあまり注意を払わない。ボストンの裁判所は，特定の条文を解釈するに当たってマサチューセッツ州の過去の判例に焦点を当てる可能性が高く，判例が無い場合には他州の判決を参照する。CISGによる法の国際的調和の推進といっても，各国の法体系全体が統一化するのではなく，司法解釈方法が統一化するわけでもない。

　紛争解決に向けた各国の対応が非常に異なることから，当事者は，契約の中に強制的な仲裁条項を入れる場合がある。これは司法システムが非効率であったり腐敗している国々との取引では不可欠と考えられるが，司法システムが正常に機能している場合でも仲裁はしばしば選択される。裁判手続の煩雑さや訴訟費用，証拠ルールがあまり厳格でないことがしばしば理由となって，仲裁は国内を舞台に，例えばボストンからブロックトンやボストンからバーバンクへの売買取引から生じる紛争に用いられている。国際取引においても，国内取引と全く同じ理由に加えて，第三者が仲裁を行うことで片方の当事者所在国の裁判所が裁くよりも判断の公正さが保たれるメリットがあるため，仲裁が多く用いられている。

　国際訴訟と国際仲裁は，同じ問題が国内で起きた場合に比べると多くの新しい問題を含んでいる。ボストン法（つまりマサチューセッツ法）の代わりにバーバンク法（つまりカリフォルニア法）を選ぶ意義は，ボストン法の代わりにバンコク法（つまりタイ法）や北京法（つまり中華人民共和国法）を選ぶ意義に比べると遥かに重要性が劣る。同じことは裁判地についても当てはまる。外国で裁判を始めると，我々は事物管轄や対人管轄に

ついて異なる規則に接することになる可能性が高い。多くの外国において令状の送達はアメリカよりも儀礼的なものであり，送達が裁判所の対人管轄権取得の要件となることは考えられていない。アメリカの広範囲の開示（ディスカバリー）手続は本質的に外国では存在せず，アメリカの裁判所が外国で開示を命じる場合，外国裁判所でそれに喜んで協力する人々はごく少数である。仮にボストンの裁判所がボストンの売主とバンコクや北京の買主との取引において生じた紛争の裁判管轄権を有し，判決を下したとしても，バンコクや北京の裁判所がボストンの裁判所の判決を承認執行しない限り，あまり価値がない。承認執行の規則も世界中国毎に異なっている。アメリカ国内でも承認執行規則が州毎に異なるため，外国人弁護士にとっては分かりづらいことが多い。しかし，食い違いがみられるのは，姉妹関係にある州ではなく外国「国家」が下した判決の承認を巡ってである。姉妹関係にある州の判決に対しては，十分な信頼と信用（full faith and credit）の原則に基づいて承認しなければならない。故に，ボストンの判決で認められた債権者にとっては，バンコクや北京の裁判所における判決の執行に比べて，ブロックトンやバーバンクの裁判所における判決の執行はより容易である。

　取引に外国公務員が参加する場合，前述した海外腐敗行為防止法（FCPA）違反の支払に伴う問題の他に新しい問題が加わる。もし買主が外国政府か政府関係機関であった場合，契約を巡って訴訟が起きる場合に特有の問題が生じることがある。売買契約がバンコクや北京の政府機関によって取り消され，ボストンの売主が訴えて，相手方の唯一の抗弁が主権免除だった場合にはどうするか。外国政府は，自らは主権者であって如何なる訴訟からも免責されると主張するであろう。しかし，その免責は政府による商行為を除く政府の行為にますます限定されつつある。政府の行為と政府による商行為との間の線引きは容易なことではない。アメリカは，外国主権免除に関する「絶対」免除主義に長らく立脚してきた後，1976年に外国主権免除法（Foreign Sovereign Immunity Act : FSIA）を制定し，外国国家は取引が商行為である場合には免責されないとする「制限」免除主義

を採用した。このことはボストンの売主にとって，外国国家，政府機関または関係機関との商取引を行う場合に有用である。

　ボストンの売主が外国国家を訴えた場合に遭遇し得る二つめの抗弁は，外国国家の行為が「主権の対外行為（Act of State）」であるとするものである。一般に国家の裁判所は，外国政府の領域内で起きた外国政府の行為に対して判決を下すことを望まない傾向にある。この理論は判例法によって発達し，FSIA の定める国家主権免除理論とは別に，アメリカの判例法の中に生き続けている。判例は，主権の対外行為理論において商行為の例外があるか否かについて明確な結論を示していない。しかし，この法理は概して最高裁判所によって適用範囲を狭められつつある。商行為の例外がどの程度認められるかに関わらず，ボストンの売主は，バンコクや北京の政府機関との売買契約の中に，仲裁条項を盛込むかこうした抗弁の明示の放棄を盛込むことを主張するのが賢明であろう。

　たとえ私人の買主相手の売買であっても，外貨準備の欠乏やボストンの売主の商品に対する輸入禁止や輸入制限により，外国政府が売買に干渉してくることがある。こうした場合，「不可抗力」（force majeure）が認められ，買主が契約の履行を取消すことを許すものであろうか。買主が政府機関でその購買行為が行政命令によって取り消された場合にはどうか。政府機関は，不可抗力抗弁が認められるほど行政の支配から十分隔離されていたか。

　我々のボストンの顧客は国際商取引の世界に入り，ブロックトンやバーバンクとではなくバンコクや北京と取引する上での複雑な事項について素早く学んだ。顧客は発展途上国（タイ）や非市場経済国（中華人民共和国）とは取引せず，より発達した市場経済国とのみ売買やライセンス供与，海外直接投資を行う決心をするかもしれない。顧客はブリュッセルの買主を選ぶかもしれない。ブリュッセルの買主に商品を売る場合，輸入免許の問題には直面しないし，兌換可能な強い通貨を受け取れるし，反対貿易を要請されずにすむ。しかし，ボストンの顧客は英語以外の言語で取引しなければならず，製品の性質に応じてアメリカ国内の売買にはない EU の関税

や非関税障壁に直面するだろう。ボストンの会社がブリュッセルの会社に製品を作るライセンスを与えた場合，その知的財産権は保護されるが，アメリカで受けられる保護のかたちとは幾分異なる。ボストンの会社がベルギーに子会社を設置した場合，ジョイントベンチャーによる必要はない。しかし，法人概念やひょっとするとアメリカにはない労働者の権利に関する大陸法の伝統に直面する。その会社は経済統合された市場（この場合はEU）と取引する方法を学ぶ必要があろう。ブロックトンやバーバンクと類似の取引ルールを有する国々は，バンコクや北京と類似の取引ルールを有する国々と同様に世界各国に存在する。そのことが一因となってアメリカの外国貿易・投資の大部分は先進国や市場経済国を相手としている。

　以下の章では，我々が「国際商取引」に関係すると考える法や政策，団体や組織，および業者を紹介する。上述のとおり，この「国際商取引」という用語に含まれる内容には，国境を越えた商品の取引やライセンス供与，外国投資，輸出統制，政府による外国財産の収用，関税や非関税障壁を設定する政府の役割，投資保険，ますます増加する二国間・多国間貿易協定の締結，およびこれら国際商取引全てにおける紛争解決の形式や手続があり，この「ナットシェル国際商取引：第6版」では，これらのうち幾つかを新版「ナットシェル国際貿易・投資法第2版」に譲っている。本書で焦点を当てているのは，商取引の交渉，荷為替売買と信用状の利用，通貨問題，技術移転，発展途上国と非市場経済国家における取引，商取引の出入国管理，紛争解決，商取引における主権免除と主権の対外行為の法理である。「ナットシェル国際貿易・投資法第2版」で扱う範囲は，営業の開始，保険，外国投資の実施と撤退，収用，政府が輸出入に課す制限，GATT／WTO，EUとNAFTAを中心とする経済統合である。二つのナットシェルは，国際商取引に携わる個人や国内企業から，貿易を促進したり制限したりする政府や多国籍企業に至るまで，様々な関心を持つ広い読者層に対する入門書として書かれたものである。

第1章　国際商取引の交渉

　国際的な舞台での交渉に対する細かい配慮は貴重なスキルである。国際商取引上の交渉では，手続や内容と同様，スタイルとタイミングも重要である。以下，こうした特徴点の各々につき論じる。手続はしばしば見過ごされるが，決定的な要素になることが最も多い。

　交渉のスタイルは文化や人によって異なる。しかし，国際的な舞台では少なくとも二つの一般的なスタイル，すなわち競争敵対型（adversarial-standoff style）とコンセンサス形成型（consensus building style）がみられる。各々のスタイルは，それが使われるそれぞれの文脈において効果的となり得よう。

争いによる交渉

　競争敵対型は，中世ヨーロッパの戦闘態勢にある二つの敵対する軍隊に喩えることが出来る。彼等の共通の目的は誰が何を得るかについて合意を確保することであるが，彼等は合意を勝ち取るまで，相手の注意をそらしたり挑発したり，時には出撃したりして互いに脅し合う。この形式は，国際商取引上の交渉ではしばしば逆効果となる。征服に至るまで最大限利益を追求することに重きを置くため，他のより重要な要素に照らしてみると不適切な場合が多い。こうした見過ごされ易い要素には，時間の効率的使用，政治的・文化的相違，国際市場変動，為替変動や，満足の行く国際合意の形成までに顧客が払う費用がある。さらに，このスタイルで相手方の気を悪くすることで，相手の判断が歪められたり，取引そのものがご破算

になる場合もある。要するに，競争敵対型は，「勝者」にとって高くつくのである。

かつてのソビエト連邦の代表者は，外交上も国際商交渉上も競争敵対型を用いていた。ソビエトの交渉人は交渉が未成立に終わることもあったが，時には最小限の費用で交渉相手から最大限絞り取ることに成功した。このスタイルでは，はったり，脅迫，最後通牒をかましたり，それまで「取消不能」であった立場を急変したり，手続をごまかしたり，わざと曖昧にしたり，繰り返し要求したり，友好的な人間関係をほとんどまたは全く望まなかったり，交渉相手の動機を怪しいと非難するといったことがよく行われたが，それは驚くに値しない。彼等は一般に，交渉が合意に至るまでは，自らは全く情報を出さない一方，相手方からは最大限の情報を引き出そうとする。例えば，ソビエトの交渉人は大規模の交渉チームで部屋に入り，きりがないと思われるほど疲れる細かい質問を浴びせかけ，相手方に更なる情報提供を求めて回答を「明確化」させるよう何度も要求してくるのが普通であった。そして交渉チームは部屋を去り，今度は全く新しい交渉チームがやってきて，更なる，そしてしばしば前と全く同じ質問をしてくるのである。

合意形成に向けた漸進的なコンセンサス形成

経験豊富なアメリカ合衆国の交渉人であるW. アベレル・ハリマン（W. Averell Harriman）は次のように言った。
「他人の立場に自分自身を置かねばならない……また，相手が譲歩するにはどうしたら良いか考えなければならない……だが，交渉相手を鞭打って自分に合意させようという考えは無意味だ……もし手を挙げたら負ける可能性があることを認識しなければならない。」
コンセンサス形成型は，交渉人が合意の核となる部分数箇所を即座に見つけ，完全な合意形成に向けてはずみをつける目的で核の部分を掘り下げていくことに重点を置く。ここではずみを付けると，困難な問題に対する

解決法が違ってもそれを乗り越えることが出来る。各交渉人が交渉相手の政治的・社会的・個人的見方に対して長らく持っている暗黙のイメージのおかげで，国際商事上の舞台では一旦膠着した交渉を再び勢いづかせることは容易でない。例えば，ヨーロッパでは，アメリカ人は甘やかされて駄目になった自堕落な子供か，何時でも戦争を開始出来る拳銃保持者と考えられていることがある。それとは反対にチャーチルは「ドイツ人は猛烈な喧嘩をするか服従する」と言ったと伝えられている。コンセンサス形成型では，そうしたステレオタイプを巧妙に処理する必要があり，交渉において共通の立場を強調することは「隠れた重要性」を持っている。

　一つの問題は，これから交渉を行う理由について最初の合意が全くない場合があることである。アメリカ合衆国はベトナムの軍事紛争終結を交渉するためにパリ平和会談に赴いた。一方，北ベトナムは軍事紛争が休止している間のみ，交渉するために会談に赴いた。交渉相手が貴方と会談している理由は，与えられた説明のみを考えても必ずしも理解できない。日本のように，国によっては相手が聞きたいことを告げることが礼儀と考えられる場合もある。コンセンサス形成型で重要なことは，①交渉相手が真に求めているものは何か，②相手が最低限必要なものは何か，③見返りに相手は何を与えてくれるか，④交渉相手に権限がなかったり，社内的もしくは国内・国際的要因により承諾できないため，本当に相手が与えることができないものは何か，について前もって見定めておくことである。

　コンセンサス形成型では完全な合意に向けて前もって戦略を立てる必要があるが，交渉相手にとって全ての合意形成について必要不可欠な条件については交渉相手の要求に応じなければならない。例えば，中国人は購入した商品を検査・テストするための十分な時間と機会を必要とする。ラテンアメリカの数カ国では，外国投資はジョイントベンチャー形式である必要があり，ライセンス契約に基づくロイヤルティー支払額の水準も規制されている。イスラム国家数カ国では，イスラエルの事業者と契約を結ぶことが政治的に，ひょっとすると法律的にも不可能である。一国の国際収支に悪影響を与える契約を結ぶことが政治的，ことによると経済的に不可能

な国もある。こうした最小限の要件が前もって受入可能でない限り，コンセンサス作りは望めない。そのため，コンセンサス作りを成功させるには，文化的・政治的・法的・ビジネス的環境と同様に相手の目的を調べることが必要である。しかし，そうした条件に合意する意思を表示するタイミングについては，コンセンサス形成を円滑に行うために慎重に計画を立てておく必要がある。

交渉チーム

　交渉チームは海外直接投資，ジョイントベンチャー（共同出資），大規模なライセンス供与または売買取引において最もよく用いられる。前もって交渉相手が国際商事契約締結のために真に必要な最小限の対価は何かを知ることで，交渉チームに必要なメンバーの選定が容易になる。国際的な舞台において一人で交渉する場合は，討議中の議題の実質的内容とは全く無関係に，いかなる会話のどのような個人的・文化的・言語的意味についても誤解されてしまう高いリスクを負っている。大きすぎる交渉チームは脅しに映ったり，「帝国主義者」とみられることがある一方，小さすぎるチームは侮辱的だったり，同じく「帝国主義者」とみられることがある。交渉チームは，三人で構成されることが多いが，うち一人は，誠実な交渉目的を持ち，交渉相手となる人々の威厳を尊重している印象を十分に与えられるだけの地位や重要性を持つべきである。専門家は必要に応じて加えるべきで，非公式な下部委員会の中に入ることもあろう。これは技術工学的または科学的な問題が予想される場合に特に有用である。実務知識のある技術者は必要不可欠で，彼は交渉開始以前に技術上の問題につき弁護士にブリーフィングすべきである。

　交渉相手の構成員は異なる部署から，場合により予期せぬ部署から出てくる。日本では，官庁の役人が，アメリカの投資家と日本人投資家との交渉に介在する場合があるし，その日本人の取引先銀行員もまた会談に参加することがある。弁護士は大方，日本の交渉チームには加わらない。中華

人民共和国の初期の対西側貿易では，弁護士は歓迎されなかった。弁護士は時々，「コンサルタント」とか「アシスタント・バイスプレジデント」として参加した。かつてのソビエト連邦の交渉人は，貿易省の様々な外国貿易機関から来ていた。そうした人々は，交渉にたけ，原油採掘等，様々な分野の専門家であることが多かった。

交渉相手の文化的背景や異文化間の誤解が生じる可能性について理解しておくことも常に大切である。多くの社会の文化や外国企業の社内文化をみると，交渉相手の地位や権力を正当に評価する上では理解しておく必要のあるヒエラルキーがある。例えば，どの程度情報開示しなければならないかについては文化の違いやヒエラルキーの中で変わり得る。また，外国企業や国家経済が破綻したり政府が危機に陥った過去の事例についても，前もって調べ，分析しておく必要がある。大企業では，同じ悲劇的なミスを二度と起こさないために必要以上のお金を惜しまない傾向にある。

アメリカ人弁護士と交渉する外国人は，アメリカの交渉スタイルに関するジェラルド・R・ウイリアムス教授の経験則を見ると良いだろう（*Legal Negotiation and Settlement*, West Publishing Co. 1983参照）。ウイリアムス教授はアメリカ弁護士の属性について，「協調的」対「競争的」という二つの基本的に異なる交渉スタイルを用いて分析している。これらの属性は，本章が描いた二つの国際的な交渉スタイルである「コンセンサス形成」対「敵対」と概ね類似している。ウイリアムス教授は，競争的スタイル，協調的スタイルはどちらも有効であるが，アメリカでは協調的な交渉人の方が遥かに一般的であり，国内の交渉においてはより効果的である点に注目すべきである，とする。

ロールプレーイング

チームの構成員は皆，交渉戦略について知らされ，合意している必要がある。しかし，交渉のある時点で予期せぬ決定を即座に下さなければならない事態が起きることも避けられない。チームの構成員は，その決定を下

すチームの「発言権」の持ち主は誰かについて予め合意しておく必要がある。「妥協者」や「駆け引き担当者」のような他の役割も前もって割り当てることがある。「憎まれ役」を構成員の一人に割り当てるチームは、「長く伸びた爪はぶつかりやすい」という中国の諺を覚えるべきである。交渉の間、役割は意識的に変化し得る。各々の交渉相手が演じている役割を如何なる場合でも正確に評価することは、あらゆる交渉における醍醐味の一つである。

タイミング

アメリカ弁護士・企業重役にとって、交渉を成功させる上で全体のタイミングをどう配分するかを理解することは時に困難になる。「人生は長し」という文句にあるように、パリ平和会談ではベトナム人が交渉のテーブルに着くまで二年間もかかったが、中国人や他の国の人々は、今日解決できないことはひょっとすると明日や来週には解決できるかもしれないという認識で交渉してくる。日本人は、十分信頼していなかったり、互恵的な感覚や友情を感じない相手とは交渉したがらない（競争敵対型の交渉を行う場合にはこのことを覚えておいた方がよい）。そうした信頼が生まれるまでゴルフコースで数週間費やすこともある。他の国の人々は、一年のある時期、例えばイスラム国家のラマダンの時期には、交渉事を好まない。ある国々では、「週末」は土日以外にあり、土日は通常営業日だったりする。アメリカで通常営業日と考えられている午前9時から午後5時という時間帯は、他の国々ではビジネスを行うのに適した時間とは考えられていない。アフリカの一部では、「正午」は午前10時から午後2時までの如何なる時間でも良い。一方、午後2時から午後5時までの時間はサウジアラビアではビジネスを行うのには不適当な時間である。

手続の重要性

国際ビジネス交渉において手続は，成功か失敗かを分かつ単一でもっとも重要な原因になることが多い。慎重な弁護士か重役であれば，交渉前に予備的接触を図るべきか否か，交渉場所として何処が好ましいかについて前もって質問状を作るであろう。特にアジアでは，円滑な人間関係作りのための手続を踏むことで交渉成功の可能性が高まる。交渉の困難な場面では，礼儀正しさだけでもコンセンサス作りの勢いを持続させることが可能である。いつでも礼儀正しさを忘れないことは，国際的な交渉において重要な潤滑油となる。

　交渉相手は，提案事項に対してあからさまに合意を拒んでいる理由が官僚主義や調整不足，技術面での理解不足や単なる混乱によることを認めたがらないかもしれない。もし，手続上柔軟な措置が可能で，そうした問題を解決する時間を十分かけられる場合には，相手の自尊心を満足させ，面子を保つことで，交渉の席に引き付けておくことが出来よう。例えば，交渉相手は，早急な合意に至らない理由が，その高い地位その他の格付けにも拘わらず，実は最終決定権限を持たないか，合意結果に対して個人的責任を負わないことにある事実を相手方に教えたがらないかもしれない。後者（個人的責任を負わない点）は日本で頻繁に生じる。国によっては，売買当事者ではなくある政府機関だけが売買を実行する権限を持っていると言った方が正確である。

　相手を驚かせる手続は，相手に脅威を与え，敵意や不信を生む可能性がある。明らかな事例としては，煙草の煙幕を毛嫌いする仕草や交渉で合意した協議事項の変更，交渉要員の到着・出発の通知不足や遅刻，既に合意した内容からの後退が挙げられる。いきなり書面（投資家の最初の提案書など）を持ち込んで，交渉相手が即座に読んで考えるよう要求する場合にも，しばしば同様に相手の拒否反応を招く。交渉の記録を取ったり，合意した点を書面で要約することはコンセンサス形成プロセスを早めることが多いが，そうした文書を交渉相手にいきなり渡すならば逆効果の方が大きいこともある。勿論，書面で要約する手続はコンセンサス形成ではなく論争で交渉を行う場合に有用であろう。書面文書の相手を威嚇する効果は枚

数が多いほど大きく，もし内容を1頁で要約するならば，その文書に関心のない人にも読んでもらえる機会が増すというメリットがある。

文化の重要性

　国際交渉における手続の重要性は，交渉当事者間の文化的・言語的相違を考慮に入れるとより顕著になる。自画自賛はほとんど全ての文化において軽んじられる。あるアフリカの国際投資家は，交渉の契約書の前文として，地元政府は業務遂行できなかったが，その投資家は全世界に営業網を有し，同じ業務で技術的成功を収めたという趣旨の条項を挿入したそうであるが，アフリカの新聞は，こうした前文を，「帝国主義的態度」の証拠として報じた。

　ささやかな贈り物を渡すことはほとんど全ての文化で感謝される。幾つかの国では交渉当事者間の暗黙の前提となっている。投資家の母国の自然の美しさを描いた本など，ある種の贈り物は，国によってはより特定の贈り物が好まれるにせよ，一般的には感謝される。例えば，スコッチウイスキーのジョニーウォーカーの黒ラベルは日本では感謝されるが，タイやビルマでは赤ラベルの方が価値が高い。

　世界の大部分で，交渉相手と食事をとることは文化的に重要である。食事時間は，投資家にとって受入側の文化に興味や配慮を示すのに良い機会である。ビジネスランチやディナーが一般的なアメリカとは異なり，多くの文化において食事時間に商談をすることは礼儀に反し，逆効果を招く。

　沈黙の意味や国際交渉の遅れについてはかなり文化的に多様である。条件さえ整えば，「沈黙は承諾である」とするコモンロー上の規則は，多くの国々に広く受け入れられているとはいえない。幾つかの国で沈黙は「否定」を意味することがあり，他の国々では沈黙は考えを纏め練り直すために許される共通の機会となっている。例えば，インドネシアに投資する外国人が楽しい会話の後，完全に交渉し終えた合意の最終原稿に相手方が署名するように求め，机の上に合意文書を置いたとしよう。相手方のインドネシ

ア人は一切口を開かず，署名もせずにただ文書を投資家に返した。投資家は後になって学んだが，この日はインドネシアでは署名をするには縁起の悪い日だと考えられていた。結局，文書は翌日に署名された。何日も何ヵ月も遅れる場合，これは交渉が難航している印ではなく，交渉の費用を増加させようとしている現われでもない場合がある。そうした遅れは，交渉チーム内で必要なコンセンサスや権限を満たすのに必要な最小限の期間であることがある。

　デビッド・A・ビクター氏は，LESCANT と呼ばれる国際交渉の文化的要因についての優れた分析を行っている（*International Business Communication*（1992）参照）。LESCANT は文化的要因として，言語（Language），環境と技術（Environment and Technology），社会組織（Social Organization），関係依存（Contexting，明示や黙示のコミュニケーション依存度），権威概念（Authority Conception），身振り手振り（Non-verbal behavior），世俗概念（Temporal conception）を挙げている。アメリカの弁護士やビジネスマンは，アメリカ法律家協会が出した *Guide to International Business Negotiations : A Comparison of Cross-Cultural Issues and Successful Approaches*（1994）を是非読まれたい。このガイドは，国際ビジネス交渉の文化的側面一般及び17カ国の情報をカバーしている。

交渉の言語

　交渉相手同士の使用言語が異なることはどのような国際商取引においてもある程度の危険を生む。各々の交渉当事者はごく自然にそのニュアンスを最もよく知っている言語を好んで使用する。ある言語で明白かつ文化的にも受け入れ可能な単語が，別の言語では不明確で文化的にも不快なものになり得るし，この逆も成り立つ。例えば，フランス語の détent（訳注：détente ＜デタント＞の間違いか）は英語には簡単に訳せない。しかし，如何に困難であってもこの翻訳の仕方は国際的に重要である。手振りや身振りは，ある文化では受入れ可能であっても，別の文化では依然非常に不快

であるため，国際交渉においては適当な会話の助けとなることは稀である。例えば，北アフリカでは，相手方に向けて手を上げることは貴方が相手に理性を失うよう望んでいることを意味する場合がある。

　通訳を使うと交渉のペースが実質的に遅くなる上，翻訳者も交渉に参加する誤りを免れない人間であることから，更に問題を引き起こす可能性がある。翻訳は骨の折れる仕事で，しかも文字どおり正確ということは滅多にない。例えばロサンゼルスである国際商事仲裁を行った際，証人はドイツ語で証言したため，熟達した通訳が証言を英語に翻訳した。当事者が合意できるほど十分正確に口頭で翻訳されるためには，通訳が翻訳に努力するだけでなくドイツ語の達者なアメリカ人弁護士も加勢する必要があった。仮に正確な逐語訳が利用できたとしても，例えば日本人が質問に対する答えで Yes という場合には，それは合意を表明したのではなく「はい，質問を理解しました」ということのみを意味している場合があることに注意しなければならない。

　アメリカ人弁護士と英語を話す外国人交渉相手の間の交渉においても，言語の困難さから来る危険は同様に大きい。各当事者は，言語の問題を提起すると当惑するだろう。例えば，アメリカの弁護士とイギリスの交渉人が電話で会話している最中に，ロンドンの電話交換士が割り込んでアメリカ人弁護士に through（イギリス英語で「電話が繋っている」という意味）か否かと聞いてきた。会話を終わらせたくないので，アメリカ弁護士は No, I am not through（アメリカ英語で「いいえ，電話は終わっていません」の意味）と答えた。そこで，交換士は回線を切り，謝罪し，再び回線を繋いだことを知らせる電話をかけてきた。数分後，ロンドンの交換士は，アメリカ人の電話主の電話が繋がっているかを再び聞くために，また回線に現れ，当事者間の会話を妨げた。これ以上の中断なしに会話を続けたいと思い，アメリカ人弁護士は今回は，「はい，ありがとう」と言い，交換士も回線を繋いだままにした。

　ある外国企業はアメリカ人と交渉する際，英語を使うことを原則としている。ここで問題になるのは，彼等の英語は滅多にアメリカ英語について

行けないため，アメリカ人が細心の注意で相手方の言っていることをはっきりさせたい時に当惑する場面が生じることである。そうした明確化は，外国当事者を侮辱したり脅迫したりしないよう礼を尽くし，親切に行われねばならない。

アメリカ人弁護士や役員が国際交渉の間，アメリカのスラングで会話する場合，非常に優秀な通訳であっても困難なことがある。アメリカ人が野球場を ball park と呼ぶことは，野球が人気スポーツでない国々では理解されることはない。単純な平叙文をゆっくり明瞭に話すことで，国際ビジネス交渉は常に円滑になるであろう。

契約の言語

国際ビジネス契約のドラフトを担当する人はしばしば交渉も左右する。アメリカ人弁護士はほぼ常にこの指導的役割を果たそうと努める。アメリカ人弁護士が通常用いる商事契約上の慎重な言葉ですら論争の種になり得る。ある国の法学教育を受けた人々が当事者の権利義務をすべて述べた書面契約に親近感を覚える一方，他の多くの国々の慣習では，書面契約はより一般的な合意にとどめた上で詳細については当事者に委ねたり（例：日本），裁判所に委ねている（例：ドイツ）。詳細な言葉を尽くした契約のドラフトを日本人や中国人との交渉に持ち出すと不信感を招くことがある。彼等にとっては，契約関係は理解が進むと共に相互に形作られるものとして把握される。ドイツ人の交渉相手は，言葉を尽くした契約にはドイツの裁判所がそうした契約を嫌うことから署名したがらないであろう。ドイツの裁判所の立場は，彼等は法を知っているのだから，既に知っていることを契約で書く必要はないというものである。

国による対応の違いに注意を怠ると罠に陥る。例えば，中国人の交渉人は，「そのようなことは全て当然理解済である」とか「それは我々の法律の一部だ」と言って，契約やジョイントベンチャーの詳細条件について交渉することに反対する。彼等は，細かくビジネス上の合意をしようとする場

合に怒りを示す場合もある。しかし，後で実行する段になって中国側当事者の他の代表者は躊躇せずにこういう。「それは契約に明確に書いていないから，我々の義務ではない」と。仮に詳細条件がその取引で重要な場合，契約の中に略さないで書くべきである。中国との商取引に関与した多くの弁護士はこれを苦労して学んできたのである。

　ある国で許される契約条項は別の国では許されなかったり，その反対もある。例えば，アメリカでは法的に強制不可能な罰則条項がフランス裁判所では日常的に強制されており，フランスほどでもないが，イタリア裁判所でもそうである。一方的な（附合）契約は弁護士がドラフトするには楽しいかもしれないが，相手方に起草者が敵対的であるとの不信感を高めるか敵意や悪意を生じさせるだけであろう。附合契約をドラフトしても，国際ビジネス交渉におけるコンセンサス形成を進めることはできない。また，ドイツ裁判所は容赦なく不公正な附合契約を骨抜きにする。

　国際商事契約の最も厄介な特徴の一つは，異なる言語で書かれた複数の契約テキストが各々有効に存在することである。アメリカ企業の弁護士は常に英語のみが契約の単一言語となることを望むが，英語が国際ビジネスで優位性のある言語であることから，それが可能な場合もある。特に交渉が英語のみで行われた場合，時間，費用，明確さ，相互理解の点から英語のみを契約の単一言語とすることが好まれる。英語のネイティブではない当事者の場合でもこれらの理由で英語を使用する場合がある。例えば，日本とインドネシアの取引契約はしばしば英語で行われる。しかし，文化的な誇り（特にフランス語を話す交渉人の場合）や不公正な取引への恐れ（特に中国人の交渉人の場合）から，一旦「合意」成立に至っても異なる言語による複数の契約テキストを作成しなくてはならない場合がある。

　弁護士にとって特に関心の深い国際取引上のもう一つの重要な言語的特徴は，関連する法律について異なる言語テキストが存在することである。例えばEUでは，全ての条約，規則，指令，議会報告等について11の公式文書が存在する。NAFTAの協定書の公式言語は英語，フランス語，スペイン語である。言語のニュアンスの相違は全ての商取引の法的有効性に重要

な影響を与えかねない。また，このニュアンスの相違により，国際的な交渉人が苦労して注意深く作成した「コンセンサス」も意味が異なってくることがある。

再交渉の計画作り

　国際商事契約は，一旦締結された後は合意に従い続けるようモニタリングし，チェックしなければならない。契約は，特に期間が10年や20年に及ぶ場合，数年後には再交渉して書き直すかもしれないという認識のもとで交渉し書面化すべきである。そうしておけば仮に不公平な契約を結んでも契約が変更されるまでの間しか適用されずに済む。外国当事者は交渉の合意事項に従って注意深く誠実に取引を遂行するが，他の事柄が受入国の姿勢を変えることがある。例えば，OPECの原油価格の急騰は世界のあらゆる契約の関連条項に影響を及ぼした。中華人民共和国は，自国の外貨準備高が危険水準まで低下すると外国投資家との数十億ドル規模の契約について支払をとりやめたり遅らせることを日常的に行っている。

　受入国の政治情勢の際立った変動により，国際商取引に対する政府の態度が急変することもある。投資受入国に対する投資実施国政府の急激な政策変更は受入国の報復を招く可能性がある。受入国に不利な契約条項を地元マスメディアが取り上げると，地元の関心が現地の外国企業に及ぶ。受入国でよく知られる外国企業は，外国投資家に対する地元の怒りの捌け口となり易い。

　プラント，機械装置，その他の資産が既に「整然と据えつけられてしまっている」場合，交渉相手にとって再交渉はあまり好ましいことではない。一方，交渉相手にとっても，既に存在する資産を現地国家に没収されてしまうことはより好ましくない。そこで，例えばオキシデンタル石油会社とベルコ石油会社は，ペルー政府との間で石油営業許可契約について再交渉した。このように国家が没収するぞという圧力をかけることで再交渉を進める試みは他の国でも同様に行われている。もし最初の交渉後の合意で定

期的(例:一年に一回)に投資契約のある箇所を当事者のその後の経験に照らして「再調整」することを手続に組み込んでしまえば,予期しないショッキングな再交渉の可能性は減少し,コンセンサスが持続するであろう。

第2章　国際物品取引

国際売買法

　1980年の国連物品売買条約（United Nations Convention on Contracts for the International Sale of Goods (1980), 以下 CISG という）は, 明示的に条約の「適用排除（opt-out）」をしない限り, アメリカ合衆国と他の40ヵ国以上の国の当事者との間の物品の売買契約を規律する。CISG はアメリカ合衆国がこの条約を批准し批准書を国連に寄託してから13ヵ月を経過した1988年1月1日に発効した。自動執行条約（self-executing treaty）として, 特別の立法は必要がない。連邦法として, その適用範囲においては UCC 第二編に優先する。CISG は, アメリカの連邦裁判所でも州裁判所でも通常の商事の裁判で私人が援用することができる。

　批准のとき, アメリカは一つの留保をした。それは, CISG 第95条に基づく留保で, アメリカは CISG 第1条(1)(b)に拘束されないということである。この留保の結果, アメリカの裁判所は, 国際法上, 売買契約の両当事者が条約の加盟国で異なった国に在る場合にのみ CISG を適用する義務が生ずる。したがって, 当事者の一方の主たる営業所がアメリカにあり, 他方当事者の主たる営業所が他の締約国にある国際的物品の売買の全ての契約（当事者が第6条に従い適用を排除しない限り）に適用になる。

　1999年1月1日, 54ヵ国が CISG を批准している。[1]　アメリカに加え次の国々が加盟国となっている。アルゼンチン, オーストラリア, オーストリア, 白ロシア, ベルギー, ボスニアおよびヘルツェゴビナ, ブルガリア,

ブルンジ，カナダ，チリ，中国，クロアチア，キューバ，チェコ共和国，デンマーク，エクアドル，エジプト，エストニア，フィンランド，フランス，グルジア，ドイツ，ギリシャ，ギニア，ハンガリー，イラク，イタリア，ラトビア，ルクセンブルグ，レソト，リトアニア，メキシコ，モルドバ，モンゴル，オランダ，ニュージーランド，ノルウェー，ポーランド，ルーマニア，ロシア連邦，シンガポール，スロバキア，スロベニア，スペイン，スウェーデン，スイス，シリア，ウガンダ，ウクライナ，ウルグアイ，ウズベキスタン，ユーゴスラビアおよびザンビア。ユーゴスラビアは早い時期に批准したが，ユーゴスラビアを構成していた地域でその後独立した国に対する影響は分からない。CISGを批准した国の構成部分として前政府の行為を通じて引き続き条約に拘束されるという議論も可能であろう。しかし，国連条約局は，それぞれの派生国が加盟国と自認するためには条約に拘束される積極的意志を示さなければならない，という立場を取っている。1999年1月1日現在でマケドニアだけがまだその意志を明確にしていない。この国連条約局の見解がアメリカの裁判所で認められるかどうかは不明である。しかし，弁護士としては，加盟国の構成部分だった新生国が独立後も引き続き加盟国であると当然に考えることには，注意を要する。

　CISGを批准しそうなその他の国もいくつかある。これにより，CISGは国際的な売買法の統一に向けてそのインパクトと効果を増すだろう。現時点でのこの条約の全加盟国のリストは国連条約局に電話で問い合わせることができる。

CISG作成の簡単な歴史

　CISGは国連国際商取引法委員会（UNCITRAL）によって起草され，ウィーンで開かれた国連主催による外交官会議で採択され，署名と批准が求められた。UNCITRALの任務は国際商取引法の統一である。統一の目的は国際取引の法的障害を少なくし，新しい法のコンセプトを秩序だって発

展させ、もって国際取引のさらなる発展に資することである。同様の目的をもって活動している国際組織は他にもあるが、国連総会は、先進国からも発展途上国からも、全ての地域から、また全ての法体系からのグローバルな参加を得た組織として、1966年にUNCITRALを創設した。UNCITRALは36のメンバー国から成る。しかし、その他の多くの国および国際機関（例えばICCやIMF）も通常オブザーバーとして会議に出席している。決議はメンバーとオブザーバーのコンセンサスでなされ、決議はとらない。したがって、手続においては合従連衡より、譲歩と説得が重要な手段となる。議論は弁証法的でも政治的でもない。むしろプラグマティックである。それはあたかも質の高いロースクールのセミナーのようである。コンセンサス主義は手続の進行を耐え難い程ゆっくりなものとする。しかし、先進国と発展途上国、資本主義国と社会主義国、コモンロー国と大陸法国、それぞれのシステムの違いを調整することは容易ではない。しかし、広くコンセンサスを得るということは、CISGのようにUNCITRALの成果を国際的に広く受容してもらうためには重要なことである。

　作業の最初の段階で、UNCITRALは国際商取引法の統一プログラムのために、四つの立法案を提示した。一つがCISGであり、後述する。第二が1974年にニューヨークで採択された国際物品売買における時効条約である。この条約は一般的時効期間として四年をとりきめた。そして、コモンローの「時効（statute of limitation）」（訴権の期間制限の手続的アプローチ）と大陸法の「時効（prescription）」（実体法的アプローチ）の相違を架橋しようとしたものである。1980年の議定書はCISGの規定に合わせて時効条約の規定を調整した。

　第三の立法作業は、国際的船荷証券を規制する通称ハンブルグルールと呼ばれる1978年海上物品運送に関する国連条約である。ハンブルグルールはヘーグルール（1924年のブラッセル条約）およびヘーグウィスビールールを改定するものである。主な違いは、起草に低開発国（less developed countries: LDCs）が参加したことである。LDCsはブリュッセルでの1924年ヘーグルールの起草には参加していなかった。ハンブルグルールは1992年

に発効した。1999年9月1日現在26ヵ国が加盟している。

1987年8月1日，UNCITRALは国際的為替手形及び国際的約束手形に関する条約（CIBN）を発表した。これは1988年に国連総会で採択され，署名と批准が求められた。この条約は，統一商法典（UCC），英国為替手形法および大陸法の為替手形統一法（1930/1931年のジュネーブ条約）を含む異なった各国の銀行および法のシステムで利用することのできる，新しいオプショナルな有価証券（negotiable instrument）のための規定を作った。アメリカはこの条約を1988年に批准した。

作業の第二段階では，UNCITRALは条約よりモデル法を多く作った。第3章で説明するように，UNCITRALは独立保証及びスタンドバイ信用状に関する国連条約を作成した。これは，2000年の1月に発効した。1990年代にUNCITRALは，国際債権譲渡に関するモデル法（1992）（EU指令はこのモデル法に基づいている），物品とサービスの調達に関するモデル法（1994）（4ヵ国がこれに似た立法をした），電子商取引に関するモデル法（韓国とイリノイ州が似た立法をした）および国際倒産に関するモデル法を発表した。

さらに，UNCITRALは，28ヵ国とアメリカの4州で採用された国際商事仲裁に関するモデル法（1985年），およびバランスの良さと公平さと細かいところまで行きとどいた配慮からUNCITRALでの最終採択前から低開発国で広く使われはじめた産業建設工事のための国際契約を起草するためのリーガルガイドを採択した。UNCITRALは国際債権金融に関するモデル法を作成中で，金融取引の領域でも引き続き伝統的な法の統一の努力を継続中である。

UNCITRALは，国際法の統一と調和のために努力をしている唯一の機関ではない。私法統一国際協会（UNIDROIT）は1988年トロントで外交官会議を開催し，国際リースファイナンスに関する条約を採択した。これは8ヵ国の加盟を得て1995年に発効した。また，国際ファクタリングに関する条約も作成し，これは1995年に6ヵ国の加盟を得て発効した。これら二つの条約はCISGとCIBNとを合わせて，現在UCC第二，三および九編で検

討されている問題の国際取引における法源となりうるものである。OASも またこの分野では活発に活動をしている。

　さらに，UNIDROITは1994年に国際商取引契約原則を発表した。この原則は物品売買ばかりではなく，すべての契約に適用され，規定はより一般的な形でなされている。もしCISGが国際の分野でアメリカのUCC第二編に対応するものであるとすれば，この原則はアメリカ法における契約リステートメントに対応するものである。この原則は条約として批准されることも，モデル法として立法に採用されることも意図していない。その代わり，この原則は国際商事仲裁の仲裁人や，国内法が不明確である場合には裁判官によっても利用されることを期待されている。そのいくつかの独特の概念は本章の後の方で議論する。この原則の実体ルールはしばしばCISGと異なっている。それは，この原則が政府代表によって起草されたものではなく，個々の起草者は，商取引における「最善のプラクティス」と考えられるものを採用することができたからである。

　CISGはいくつかの組織による50年以上もの間の努力の成果である。それらの組織の全てが国際商取引法の統一と調和にいまだに関与している。1930年に，UNIDROITは，最初はイギリス，フランス，ドイツおよびスカンジナビアからの専門家による委員会を利用して国際売買に関する統一法の作成を開始した。参加国はその後増大した。草案が1935年，1936年および1939年に発表された。しかし，第二次世界大戦によって作業を進展させることができなくなった。しかし，これらの草案によっていくつかの原則がうち立てられ，CISGに引き継がれた。すなわち：（1）規定は，現存の規定を選び出しそれを改訂する，あるいは現時の異なった法律システムのルールを統合する方法で作られてはならない。むしろ，国際的に矛盾なくビジネス界の要求に合った現代的な新しいシステムを作り出すべきである。（2）規定は，国際売買にのみ対象を絞るべきである。既存の国内売買に対する伝統的な法の適用を阻害してはならない。（3）当事者自治の思想は最大限尊重されるべきである。

　1951年，第二次世界大戦後，UNIDROITは統一法の作成を再開し，1963

年に最終草案を完成した。1964年,オランダ政府は,外交官会議を開催し,そこで二つの条約が採択された。すなわち,国際物品売買に関する統一法(the Uniform Law on the International Sale of Goods : ULIS)および国際物品売買のための契約の成立に関する統一法(the Uniform Law on the Formation of Contracts for the International Sale of Goods : ULF)である。これらの二つの草案の作成に参加した主要な当事者は西ヨーロッパ諸国であり,社会主義国と低開発国からは,非ヨーロッパ諸国の利益が十分に守られていないとの批判を浴びた。ULIS は8ヵ国が批准し,ULF は7ヵ国が批准したに止まった。両方の条約とも発効はしたが,国際取引に大きなインパクトを与えるほど広範には批准されなかった。

1966年の UNCITRAL の成立後,UNCITRAL は各国政府に問い合わせをし,ULIS も ULF も広範に採用されることは将来ないだろう,との結論に達した。そこで,UNCITRAL はこれらの二つの条約の条文を改訂し,多くの政府により受け入れられるようにすることとした。1970年から1978年までの間,多くのオブザーバー国の参加を得てバランスの良い UNCITRAL メンバー国代表から成る作業部会によって,ULIS と ULF に取って代わるべき国際売買を規律する二つの新しい草案が準備された。1978年に UNCITRAL は従来の草案をさらに改訂し,新草案を採択した。新草案は単一の条約案となり,国連の六つの公式言語,すなわち英語,フランス語,スペイン語,アラビア語,中国語およびロシア語による公式版が用意された。しかし,以前の ULIS-ULF とに分割した名残りが CISG に残っている。CISG の第98条は,締約国が批准または採用のときに条約の第二部(契約成立)あるいは第三部(物品売買)(これらは ULF と ULIS の分け方に対応している)に拘束されないことを留保することができる,としている。

国連総会は,62ヵ国の参加を得て,1980年の3月から4月にウィーンで外交官会議を開催し,本文に若干の修正をした上,国際物品売買契約に関する国連条約を採択した。外交官会議は,公式コメンタリーの作成を認めなかったが多くの法学者が外交官会議用に作成された UNCITRAL のコメンタリーを利用している。これは外交官会議でなされた修正に関するコメ

ントは含んでいない。これを利用するときは注意深く慎重にする必要があり，できれば条約文の歴史に詳しい人が使うべきだろう。

CISG 第99(1)条に従い，CISG は1988年1月1日に発効した。国連の10の加盟国が批准書を寄託してから13ヵ月後である。アメリカは中国およびイタリアとともに CISG の批准書を1986年12月11日に寄託した。

UNCITRAL は実体売買法を条約自体の条文の中に規定した。そのため，条約の「私法部分」は条約の一部となっており，批准とともに直接受け入れられたことになる。このように CISG は自動執行条約である。アメリカが CISG を批准したということは自動的に，それ以上の条約を執行するための立法措置を必要とせず，売買の実体法規定を自動的に採用したことになる。CISG の主たる目的は法の抵触問題を解決することにあり，それを悪化させることではない。したがって CISG の適用範囲は，適用される状況とともに適用されない状況もまた明確でなければならない。

CISG の適用領域

CISG の最初の6条は適用範囲を規定している。第1条は，条約が適用される前提として，物品売買契約が「国際的」でありかつ締約国との間に一定の関係があることを要求している。「契約が国際的物品売買のため」であるかどうかに関しては，CISG は「契約」「売買」および「物品」の言葉を定義していない。しかし，第1条は，「国際的」を定義している。取引は「営業所が異なる国にある当事者間」[3]のものでなければならない。物品自体の所在地や当事者の交渉地は決定要素にはならない。その代わり，各当事者の「営業所」が異なった国になければならない。

「営業所」の基準は一方または双方の当事者が複数の営業所を持つ場合に問題が起きる。しかし，CISG 第10(a)条はどの「営業所」が考慮されるべきか，を規定しているので，このような状況にある程度対処している。しかし，第10(a)条はなにが「営業所」であるかを定義していない。草案作成過程からは恒久的な施設が必要であり，倉庫や売主の代理人の事務所では

「営業所」にはならないようである。

　第10(a)条は複数の事務所のどれが取引の国際性を決定するために使われるべきか，を規定する。しかし，この規定も曖昧さを免れない。「営業所とは，契約及びその履行に最も密接な関係を有する営業所を指すものとする。」(傍点原著者追加) したがって，どれか一つの事務所が契約の成立により密接に関連している場合で，他の事務所はその当事者の履行により密接に関連している場合には，どちらが関連のある「営業所」かということは解決がつかない。しかし，第10(a)条は複数の事務所の中で選択する場合に，考慮できる事実を，拘束力のある契約の成立以前に「当事者」が知っていた事情に限定している。これは，用意周到な当事者が，契約中に彼らが「契約に最も密接な関連」を有すると信ずる事務所を規定しておくことによって曖昧さをなくすことができることを意味していると思われる。

　条約は国際物品売買契約の全ての面を規律している訳ではない。一つあるいは複数の締約国，すなわち条約の当事国になるために条約を批准し，受容し，承認しあるいは接受 (acceded) した国，と実質的関係のある契約のみを規律する。CISG 第 1 条は，条約が異なった国に営業所を持つ当事者の契約に適用され，その場合 (a) 双方の国が締約国であるか，(b) 片方の国が締約国であるが抵触法ルールたる国際私法の適用の結果締約国の法が準拠法となる場合でなければならない，とする。したがって，CISG は，当事者の一方がアメリカに営業所を有し他方当事者がフランス，中国，イタリアその他条約国に営業所を有する場合に適用される。ただし，第 6 条にしたがい「条約の適用を排除する」ことを明示的に合意しない場合に限る。当事者は，この「適用排除」をすることができる。

　CISG の批准がなされたとき，アメリカは CISG 第95条にしたがって CISG 第 1 (1)(b)条に拘束されないという留保をした。したがって，アメリカ版の条約は，契約が異なった国に営業所を持つ当事者間で締結されたが，片方の国のみが締約国である場合には，抵触法ルールの適用の結果締約国の法が準拠法となった場合でも，その契約には適用されない。アメリカ当事者と N 国の当事者間の契約について，N 国が締約国ではない場合は

CISG が適用されない。もし，アメリカ法が適用になり CISG が適用にならないと，契約にはどの法が適用になるのだろう。CISG の代わりに国内売買を規律するアメリカ法が適用になる。すなわち49州（ルイジアナを除く全州）の統一商法典（UCC）が適用になる。

この留保はアメリカ代表の主張によって規定されたものである。それは，UCC が売買法として CISG より優れており，CISG は，契約上準拠法の選択について明確である場合にのみ適用することがアメリカの利益になる，と考えたからである。もし，裁判所が準拠法問題を検討しアメリカ法が適用になる，と判断した場合には，裁判所は「最良の」アメリカ法すなわち UCC を適用したいと考えるのが当然である。

この留保を草案作成段階で検討した際に明らかにされたことは，アメリカの当事者と非締約国であるN国の当事者間の契約には，訴訟が締約国でそのような留保をしていないフランスで提起された場合でも，CISG が適用されることはない，ということである。CISG 第1(1)(b)条の解釈に関してはアメリカは「締約国」ではない，ということである。

準拠法条項

CISG 第6条では，当事者は明示的に条約の適用を排除する（opt-out）ことができる。しかし，排除する場合は，排除条項の書き方には注意が必要である。「契約はニューヨーク州法に従うものとする」というような単純な表現は曖昧である。裁判所は，連邦法専占の原則（federal pre-emption rule）[4]により国際売買に関するニューヨーク法は CISG であると判断する可能性があるからである。したがって，当事者が CISG を排除しようとするなら，はっきりと，CISG が適用にならず，かつ，契約にどの法律が適用されるかを指定しておかなければならない。(「本契約には1980年の国際物品売買に関する国連条約は適用されず，国内物品売買に適用されるニューヨーク州統一商事法典およびその他のニューヨーク州法が適用されるものとする」("This contract shall not be governed by the United Nations Convention on Contracts for the International Sale of Goods, 1980, but shall be governed by the New York Uniform Commercial Code for domestic sale of goods and other New York laws.")) CISGを準拠法に指定する場合には，CISGに加えて特定の国または地域の法律を指定することも重要である。CISGは他の法律と同様に，すべての面をカバーした法律ではない。

　もし，当事者がCISGの「適用排除」ができるなら，第１条がカバーしない場合にCISGの適用を「積極的に選択」("opt-in") することは可能だろうか。例えば，アメリカ当事者と非締約国であるN国当事者間の契約で次のような準拠法条項を合意してCISGを適用することはできるだろうか。「本契約は1980年の国際物品売買に関する国連条約に従うものとする。」("This contract shall be governed by the United Nations Convention on Contracts for the International Sale of Goods, 1980")

　第一に，CISG第６条が「当事者自治」（当事者が取引条件を決めることが出来る権利）に大きな自由を与えているとはいえ，それは，条約を排除する権利を認めているにすぎない。CISG自身には「当事者自治」を通じて条約を準拠法として採用することを許す規定はない。通常アメリカの裁判所は，特に国際取引では，「当事者自治」に好意的である。広い範囲の問題にわたって，アメリカの裁判所は当事者がそれぞれの紛争解決手段を選択することを認めてきた。しかし，現在のアメリカ法では問題がある。条約は，その規定から当然には適用されない。契約当事者は二つの締約国の当事者間のものではない。CISGの適用に関しては，アメリカの留保は国際私法の抵触法ルール（「当事者自治の原則」を含む）を無関係なものにした。

　エリー事件の法理によれば，州法が抵触法ルールの法源となる。UCCでは「当事者自治の原則」を制限していない。準拠法選択に関するUCC§1-105では，当事者は「取引に合理的関連のある」法域の法を契約準拠法として選択することができる，と規定している。しかし，アメリカの留保の趣旨は，CISGの影響を締約国との取引に限定しようという趣旨であった。

学説は,そのような場合にはCISGが適用されるだろうとしているがその根拠は一致していない。CISG適用説はたぶんブレーメン事件（M/S Bremen v. Zapata Off-Shore Co., 407 U.S. 1 (1972)）とその判例法理を踏襲した一連の事件を根拠にしていると思われるが,連邦最高裁は,国際取引においては当事者が紛争に関していずれの紛争解決の場（forum）も選択できるとした。これらの事件は,準拠法選択ルールではなく管轄条項を問題にしている。条約の解釈も売買も関連していない。したがって,CISGとUCCの技術的側面に関しては,まだ検討されていない。しかし,連邦控訴裁判所はブレーメン事件判決が準拠法解釈に関しても先例となると解釈している。しかし,両者の相違について深い検討はしていない（Milanovich v. Costa Crociere, S.p.A., 954 F.2d 763 (D.C. Cir. 1992)）。したがって,ブレーメン事件の理解は,国際取引においては紛争解決方法を私的に契約で選択することを応援するという一般的政策から,アメリカ連邦最高裁判所は「国際」取引に関する契約中の当事者自治条項を尊重するだろう,ということである。CISG第95条に関するアメリカの留保を「厳格に解釈」することはこの一般的政策に反すると見られるかもしれない。裁判所は当事者の意思を尊重しようとする可能性が高いが,理論的問題は残る。

　多くの弁護士が,UCCはよく知っているがCISGはそれほど知らないという理由だけで,どんな状況でもすべての契約についてCISGを適用排除しようとする。しかし,それは依頼人の利益を損なうかもしれない。国際取引における物品の売主がUCCおよび「完全無欠の履行提供」（perfect tender）と「解除」（rejection）のルールによる方が,CISGによるよりはるかに不利な状況に追い込まれるような状況はたくさんある。そのような取引では,CISGをなにも考えずに適用を排除することは慎むべきである。少なくとも弁護士は契約の明示の条件としてより売主に有利な規則を規定しなければならない。ある学者は,CISGが依頼人の利害にどのように関わるかを理解せずに国際売買契約の交渉を行うこと,あるいは自動的にCISGの適用を排除してしまうことは,弁護過誤の理由になる,と主張している。

適用範囲に関する他の問題

ウィーン売買条約は「売買契約」を定義していない。そこで，ある種の契約に関してはその適用の有無が問題となる。すでに分かっている問題は，「買主」が売れ残り品を返品できる「コンサインメント」取引や，代金を支払うのではなく商品を交換する「バーター取引」または「カウンター・トレード」，および売主が代金の支払いを担保するために所有権を留保する「所有権留保売買」（conditional sales）が適用対象になるかどうかという問題である。UNCITRAL のカウンター・トレードに関する報告書では，それは売買と看做すことはできない，としている。CISG は所有権留保売買の売買の側面には適用されるだろう。しかし，担保取引の側面には適用されない。

ウィーン売買条約は，いままで問題のあるとされている取引に関するいくつかの規定を置いている。CISG 第3条は，「買主」が必要な資材の「実質的な部分」を自ら供給するのでないかぎり，まだ生産されていない物品についての売買契約にも適用される。売買は，物品と役務の組み合わせ含む契約は問題含みである。第3条はそのような契約の売主の義務の「優越的部分」が「労務またはその他の役務」に関わるものでないかぎり条約の対象となるとしている。

ウィーン売買条約は，「物品」も定義していない。しかし，CISG 第2条は，流通証券，投資証券，船舶，航空機，ホーバークラフトおよび電気の売買を除外している。この除外が「物品」の定義にどのような影響を及ぼすことになるかと言う点はよくわからない。UCC ではコマーシャル・ペーパーと投資証券は「無体物」とされ，物品の売買の法律は適用にならない。UCC §2-105(1)が明示的に除外したということは，他の明示されていない無体物は条約適用の対象になるということかもしれない。船舶は「不動産」と考えられており，同様に除外されている。しかし，明示の除外のより説得力ある説明は，航空機のようにそれらは通常特別の規制に従うからであ

るということであろう。しかし，材木として伐採される予定の立木や農作物や鉄道車両は同様の規制の難しい問題を発生させる。これらの扱いは明示的に規定されていない。このように「物品」という言葉は曖昧である。CISG 第2条は，これを明確にする手助けにならない。曖昧さが最も問題になるのはソフトウェアであり，特にそれが物品に組み込まれている場合に問題である。

　他方，CISG 第2条は消費者向けの国際的物品売買を除外している。したがって，CISG が，「強行法」である場合の多い消費者保護法と抵触することはない。強制執行としての競売も，おそらく同様の理由により，明示的に除外されている。さらに CISG 第5条は，売買契約から発生したとしても「生命または身体に対する侵害」を理由とした売主に対する請求の原因に関しても適用されないと規定している。それは，多くの法域での「強行法」との抵触を避けるためである。

　CISG の適用にはさらに制限がある。それは，CISG の規定は，CISG の適用のある契約のすべての問題を規律するわけではないということである。CISG 第4条によれば，条約は「契約の成立」と「契約当事者の権利義務」を規律している。それは，契約の「有効性」，物品に対する所有権あるいは権原 (title) に関する問題，契約当事者外の第三者の権利義務については規律していない。

　「有効性」に関する制限は，他のどの規定よりも CISG に関する紛争と訴訟を呼び起こす可能性がある。そもそも，これは取締法規 (regulatory law) との衝突を避けるためであったが，起草過程の記録からは，有効性の問題には詐欺，強迫，違法性および錯誤の問題も含まれる。さらに，非良心性 (unconscionability)，信義則 (good faith)，著しい不公平 (gross unfairness) およびある種の免責条項規制の問題も含むか，という問題が学者によって議論されている。ある学者は，不可抗力 (force majeure) に関するフランス法は契約の有効性を規律するものであると主張している。この論理を押し進めると，条約全体がフランス法に取って代わることに等しい。

CISG の総則規定

　CISG 第 7 条から第13条までは総則規定である。これらの規定は条約の解釈の問題を取り扱い，あるいは規定欠缺をどう埋めるかを規定し（第 7 条），国際売買契約の解釈方法について規定し（第 9 条），いくつかの定義規定を置き（第10条，第13条），詐欺防止法の代わりを規定（第11条，第12条）している。第 7 条は条約そのものの解釈に関するものであり，第 8 条と第 9 条は契約条項の解釈に関するものである。第 8 条は契約条件を示すものとして当事者の行動と表示行為のみを扱っている。第 9 条は，慣習のような当事者以外の事情を扱っている。第10条は第 1 条に関して検討した複数営業所の問題を扱っている。

　一見すると CISG 第 7(1)条は，特別の分析的内容もなく「非現実的な常套句」の羅列のようである。しかし，それは条約の下での紛争を解決する州裁判所が条約を適用せずに州法を適用しようとする傾向を抑制しようとしているのである。したがって，例えば「合理的期間（reasonable time）」のような条約に規定のある概念を解釈する場合に，裁判所に対し国内慣習または国内判例に依拠するのではなく，国際慣習を使うようにし向けるため，条約の「国際的性格に配慮する義務」が裁判所に課されている。この国際慣習優先の原則は，「その適用の統一を促進する」という指令が規定されることによってさらに強調されている。この規定は，CISG における外国判決を，国内売買に関する国内判例に優先させようとする試みである。「誠実の原則（good faith）」は多くの法で認められている原則であるが，条約では沈黙させられている。UCC § 1-203は売買契約のそれぞれの当事者に，誠実義務を課しているが，CISG 第 7(1)条は，裁判所による契約の解釈ではなく，条約の解釈の関連でのみ誠実の原則に言及しているにすぎない。

　CISG 第 7(2)条は，法の補助的原則あるいは，欠缺補充原則に関してこの原則を述べている。UCC の対応規定とは異なり，これらの補充規定はアメ

リカの国内法から集められたものではなく，条約あるいは国際法の中に見出される「一般原則」，それが無ければ通常の国際私法の原則を適用した結果指定される国内法の一般原則から導かれる。このような原則の統一的適用に関して発生しやすい問題は，各国の裁判所が，法の欠缺を意図的に探し出し，その上で条約から導かれる「一般原則」はないとし，自国法を適用しようとすることである。

　CISG 第8条は，契約と契約条項そのものを解釈するルールを規定している。それは二段階の解釈原則を決めている。(1) 当事者が，規定の意味に関し共通の意図または理解を有していた場合には，その共通の理解が解釈において使われるべきである。(2) 当事者の理解あるいは意図に齟齬がある場合で一方当事者が他方当事者の意図を「知りまたは知らない筈はなかった (knew or could not have been unaware)」場合には，第8(1)条の下では，他方当事者の解釈が優先する。(3) 当事者が理解の齟齬に気が付かない場合には，彼らの意思の表示と行動はそれぞれ，第8(2)条の「合理的人間 (reasonable person)」基準による。条約は，もし両当事者の他方の意思の表示に関する理解が両方とも「合理的人間」基準で可能であった場合の措置については規定がない。第8(3)条の下で当事者の行動と意思の表示を評価するに際しては，裁判所は契約の交渉の歴史および当事者による契約条項の運用を考慮すべきである（UCC §2-208では，「履行の過程」と呼ばれている）。

　CISG 第8(1)条は，裁判所が当事者の意思の表示と行動を解釈するにあたって主観的意図を探求するよう要求している MCC-Marble Ceramic Center, Inc. v. Ceramica Nuova d'Agostino, S.p.A., 144 F.3d 1384 (11th Cir. 1998)。第8(3)条はまた，裁判所を，アメリカの契約関係事件で一般的な契約解釈原則とは異なった契約解釈原則に導いている。条約は裁判所がすべての関連状況を考慮することを要求しているが，これは後日契約書面が作成されたとしても，口頭証拠 (parole evidence) を考慮せよ，との明らかな指示である。また，これら両規定は，書式合戦 (battle of forms) の場合でも，「最後に発砲した者勝ちの原則」(last shot doctrine)[11] を排除して，当

事者の現実の意思をよりどころに解釈する方向に導くことになろう。

　CISG 第9(1)条は，当事者が，合意した「いかなる慣習」（any usage）も契約に取り込むことを認めている。条約の起草過程からは，この条項は慣習を取り込む明示の合意（書面である必要はない）に関してのみ規定している。また，「いかなる」慣習も取り込むことができる，ということは，国際慣習のみならず，各国の慣習も取り込むことができる。取り込まれた場合には，慣習は明示の契約条件となるが，契約準拠法となる訳ではない。しかし，CISG 第6条は，契約の明示の条件が条約の規定を変更することを認めているので，合意された慣習はCISGが準拠法となった場合にCISGの規定に優先することになる。その一つの例外は，第12条である。これは，当事者の一方が第96条に従った留保を行った国に営業所を有する場合に適用される。留保した場合，締約国の国内法が契約は書面でなされなければならない，と規定している場合には，契約は書面でなされなければならない。これは「強行法」であり，契約条項で排除できない。もし，締約国の国内法で要求されていれば，契約は書面によって立証されなければならない。

　CISG 第9(2)条は，黙示的に慣習を取り込む規定である。低開発国（LDCs）および非市場経済地域は，黙示による慣習の適用を制限しようとした。当事者が明示的に慣習を取り入れることを合意していなければ，もしその慣習を「当事者が知りまたは当然知るべきであった」場合にのみ適用され，それは（国内だけではなく）国際的慣習でなければならず，国際取引に携わる人に広く知られているもので，その業界で「通常一般に遵守され」ているものでなければならない。訴訟の主たる争点は特別の「業界」を定義することになろうが，これは立証責任を負う者は誰であろうと，非常に高いハードルを課すもののようである。

　CISG 第11条は，国際売買契約は，書面でなくとも有効であり，どのような手段によってでも立証出来ることを規定している。したがって，条約にはコモンローの詐欺防止法に対応する条文はない。しかし，第12条と第96条は，締約国が，締約国の売買契約の様式要件について，「当事者のいずれ

かがその国に営業所を有する」場合には，その国の国内法を適用する権利を留保できることを規定している。この留保はいつでも行うことができる。しかし，留保はその締約国の国内法が「売買契約は書面によらなければならない」と規定している限度で有効である。アメリカはこの留保宣言をしていない。したがって，UCC §2-201の詐欺防止法の規定は条約が適用される契約には適用されない。しかし，他の国の国内法で書面を要求している法律が適用になるかもしれない。前のソヴィエト連邦は第96条の留保を最も強く主張していた国である。そして，ロシア連邦，白ロシアおよびウクライナはこの条約を採用するときにこの留保を行った。

もし，CISG 第96条の留保がなされている場合には，当事者は CISG 第10条にしたがい書面は不要であると合意することは出来ない。その結果，条約上，そのような国内法に「強行法」的性格を与えることになる。しかし，CISG 第13条によりテレックスや電報も「書面」の要件を満たすことになる。また，テレックスや電報は国内法の規定に拘わらず「書面」性の要件を満たす。CISG 第12条および第96条は，「書面以外の方法で」（条文の言葉）行われた契約を無効とするものであり，CISG 第13条は CISG で用いられる「書面」のテレックスおよび電報を含むと定義しているからである。

契約の成立

契約の成立に関する規定（CISG 第14条から第24条まで）は，CISG の独立の「部」である第Ⅱ部を構成している。CISG 第92条によると，締約国は批准のときに，CISG の他の部分に拘束されても，第Ⅱ部には拘束されない旨を留保することができる。これは ULF と ULIS に分かれていた CISG 前の歴史の残滓である。ULIS を採用した国のほとんどが ULF も採用したので，この留保はなされないだろうと期待されていた。

毎年，アメリカのロースクールの1年生は「申込み，承諾および約因（consideration）」を勉強するが，これらの契約成立の三要素は他の法体系には存在しない。大陸法では，合意のプロセスが重視され，「約因」を必要と

しない。大多数の商事取引をよく検討するなら，そのほとんどの場合に約因が真の争点になっていることはないことが分かるだろう。「約因」が問題となっている判例を調べてみると，商事契約の事件はほとんどなく，むしろ叔母が甥にタバコを吸わせない約束をさせる，といった事件である。したがって，CISGが契約成立の規定について「約因」の要件を規定しなかったことは驚くに当たらない。

　以前に説明したように，当事者の一方がCISG第96条に従って留保を行った国に営業所を有していないかぎり，詐欺防止法の書面の要件も適用されない。しかも，CISG第8(1)条により，口頭証拠原則（parol evidence rule）の「完結性」（integration）(12) の概念も適用にならない。

　CISGの第II部は「申込」（第14条から第17条）および「承諾」（CISG第18条から第22条）に焦点を当てている。条約の用語では，CISG第23条では契約は，「申込に対する承諾が有効になったときに」「締結された」（is concluded）（すなわち有効になった）ことになる。約因も様式も必要がない。

　CISG第14条は「申込」を三つの要件で規定している。第一が，それは定型的規定であるが，「契約締結の申入」でなければならない。第二に，それは「承諾があった場合には拘束されるとの意図」を示していなければならない。これは，申込と一般的なセールス・カタログや広告や買の引合（inquiry）とを区別するためである。第14(2)条はこの考えを具体的にしている。すなわち一般公衆に対してなされた申入れは「反対の意思が明らかに表示されていないかぎり」申込とはならない。第三に，申込は「十分に確定的（definite）」でなければならない。この条文は，契約中の三つの条項にのみ適用される。商品の記述と数量と価格の条項である。他の条項は決めないでおく（open）ことができる。しかし，この三つの条項に関してはそうはいかない。確定性の判定基準は少し曖昧である。商品は「示されて（indicated）」いれば，申込は確定的である。したがって，商品は必ずしも具体的に記述される必要はなさそうである。同様に，申込は，「明示的あるいは黙示的に，数量と価格を決めているかあるいは決定のための規定を設けている場合には」確定的である。しかし，この基準を満たさなければそ

れだけで申込が不確定になるかどうかは明らかではない。

　この規定は対応する，価格未決定または柔軟な価格決定条項を含む契約に関する UCC § 2-305の規定より硬直的である。これは多くの大陸法国がそのような契約を認めないために，意図的にそうしたものである。CISG 第55条が解釈の助けになりそうである。しかし，この規定は契約がすでに「有効に締結された」場合にのみ適用されるものである。有効に締結される前に，有効な申込がなければならない。しかし，条約の文言は十分に柔軟であり，大部分の柔軟な価格規定は救済されそうである。価格が契約に規定された指標にしたがって決定されるべき場合や，エスカレーション条項が規定されている場合，あるいは価格が第三者によって決定されるべき場合には，その契約は「価格の決定のための規定を設けている」と見なされるであろう。議論はあろうが，これは「最低第三者向価格」条項も含まれるであろう。これまでの分析で解決できない主要問題は，価格の決まっていない代替部品の注文ぐらいなものであろう。この場合に第55条が役にたつ。申込者は「黙示的に」その商品の売手のその時の価格で買うと申し込んだと見なすことが出来よう。CISG 第55条は，契約が「締結された」時に一般的に適用される価格によるとしている。

　必要量全量供給契約（requirement contract）や生産量全量売却契約（output contract）や排他的契約など，数量を決めないでオープンにした契約は問題が少ない。異論はあるかもしれないが，正確な数量を事前に合意できなくともそれぞれの契約成立後の事情により「数量の決定のための規定」があるということになるだろう。しかし，CISG 第14条の要件からみると，確定した数量または確定できる数量の規定として予想数量または最低購入量を決めておいた方がいいだろう。

　商品の組み合わせ（assortment）は「確定性」の最後の問題である（UCC § 2-311と比較せよ）。しかし，売主または買主が契約期間中に商品の組み合わせを変えることができるという条項は商品の数量と種類の確定に関係してくる。この場合の大きな問題は，申込が，「商品が示され（indicate）」かつ「十分に確定的」と言えるか，という問題である。しかし，CISG 第

14(1)条は申込が商品を「特定（specify）」しなければならないとは言っていない。したがって，後日商品の組み合わせを決定できるという契約条項も，もし当事者が組み合わせを選択すべき商品を合意していれば，たぶん認められるであろう。航空機エンジンが問題になった事件で，売主のオファーに，ボーイングの飛行機が選択された場合にはある特定のエンジンが組み合わされることになっており，エアバスを選んだ場合には他のエンジンセットが選択されることを規定していた場合に，裁判所はこれはCISG第14条にいう申込ではないとした。この事件では，レターオブインテントが締結されていたが，契約は成立していないとされた。

「約因」の要件を外したために，まだ承諾されていない申込の撤回可能性に関する伝統的なコモンロー上の法分析は約因理論がなくなったために変更を受けることになった。伝統的コモンロー理論では，撤回しないという約束にたいして約因のある合意（オプション契約）によるのでなければ，申込は承諾されるまで自由に撤回できる。ドイツ法では申込者が撤回可能であると書かないかぎり，撤回はできない。このように相対立する立場がある。ウィーン売買条約で妥協の末に採用された解決はそのいずれでもない。

CISG第16条では，ウィーン売買条約にしたがってなされた申込は，撤回不能である旨を「示して」いないかぎり撤回可能である。これはウィーン売買条約が，申込は常に撤回可能であるというコモンローの立場も，撤回可能と明示しないかぎり撤回不可能であるとするドイツ民法の立場もとらないということである。この基本的な考えはUCC§2-205における「確定申込（firm offer）」の概念を作り出したときに使われた考え方に似ている。しかし，ウィーン売買条約では「署名された書面」は要求されていない。CISG第16条のもとで，申込が撤回不能となる場合が二つある。一つは申込者がその旨の表示した場合と，もう一つは被申込者の信頼が生じた場合である（約束的禁反言（promissory estoppel）がまた出現したのであろうか）。しかし，撤回不能申込はCISG第14条の要件を満たさなければならない。すなわち，前述の確定的または確定しうる価格，数量および特定に関

する条件である。

　申込者は申込が撤回不能であることを,「承諾のための確定的期間を示すなどの方法により」示すことができる。前段は比較的明確である。たとえば,申込は一定期間有効であり,その期間経過後は効力を失う,というような規定が含まれるであろう。しかし,「などの方法」とはなんだろう。たとえば,一定時期以後は申込は効力を失う,という規定は含まれるのであろうか。この規定は,かならずしもその時期以前に申込を撤回することを排除していないように思えるが,外交官会議ではこのような状況でどのように解釈されるのか,合意ができなかった。第16(2)(b)条により被申込者による合理的な信頼の後の撤回可能性の判定基準は,米国の判例法と契約リステートメント第2版87条の基準にしたがっているように見える。

　CISG 第18(1)条は「承諾」を被申込者が「申込に同意を示す」表明または「他の行為」と定義している。沈黙は必ずしも承諾とはならない。ただし,交渉の過程などの申込以前の当事者の行為から肯定的な行為の後で長らく沈黙が続いた場合には承諾と了解するという暗黙の了解が成立していると解釈されるかもしれない。しかし,CISG の解釈が最初にアメリカの裁判所で問題となった Filanto v. Chilewich Int'l Corp., 789 F.Supp. 1229 (S.D.N.Y. 1992) 事件では,裁判所は,他の当事者が最終契約書案を送付したのに対して意見を言わず他の当事者が履行を始めた場合に,契約書草案の交換などの当事者の事前の関係を理由に,これは連邦仲裁法（Federal Arbitration Act）との関係で明示の「書面による合意」を構成する承諾である,と判示した。

　この Filanto 判決に対する批判は多い。その一つは,判決が売買契約とは別個の仲裁契約がありえ,それは独立に成立しうることを示していると思われる点である。紛争解決条項の基盤となる売買契約が成立していないのに,紛争解決条項だけが有効な義務を作り出す,ということは CISG 第8(1)条に反すると思われる。そのような解釈の前例は仲裁に関する事件ではあるが,売買事件ではない。しかし,仲裁契約の成立に関する準拠法は,その基盤たる売買契約の準拠法と異なるべきではない。一方当事者の沈黙

は承諾を構成するという判決の判断は，過去の行為に基づいていると思われるが，どの行為なのか明示されていない。Filanto 事件と最近のドイツの判例は，裁判所が，後で説明する書式合戦で，「最後の発砲」の原則（last shot doctrine 最後に条件を提示した者が勝つ原則）に戻ることを嫌う風潮を示すものであろう。

　CISG 第18(2)条は，契約の「締結（concluding）」に関して「受領の表示（indication）」がいつ有効になるかを規定している。したがって，CISG 第16(1)条および第22条とともにウィーン売買条約は「郵便ポストルール」に似たルールを規定しているが，これと異なっている部分もある。コモンローでは，「郵便ポストルール」により，被申込者が承諾を発信した後は，承諾の通知がどこかに紛失してしまうリスクあるいは遅延するリスクは申込者に移る。さらに，このルールは申込者の撤回権の行使期限と被申込者の承諾撤回権の行使期限の時期を画している。ウィーン売買条約第18(2)条では，承諾はそれが申込者に「到達（reach）」しないと効力を生じない。したがって，通知の伝達がなされなかった，または遅延したリスクは被申込者が負担する。被申込者は，承諾が到達したかどうかを確かめなければならない。しかし，申込者の撤回権はウィーン売買条約第16(1)条の下では承諾の発信と同時に失われれる。これはコモンローの原則と同じである。しかし，被申込者の承諾撤回権は，承諾が申込者に到着したときに消滅する。承諾を時間のかかる方法で送った場合には，被申込者は一日二日の間投機行為をすることができるが，その間申込者は拘束されつづけることになる。どたんばで被申込者が承諾を撤回しようと思えば，テレックスで撤回すればよいことになる。

　CISG 第18(1)条は，行動のみによって承諾があったと解釈することも可能であることを規定しているが，第18条の残りの文章からは，通常の場合は被申込者は，行動による承諾を予告しなければならないようである。第18(3)条からは，予告のない行動による承諾は，申込に行動による承諾も許されることが規定してあった場合，あるいは商慣習または当事者の過去の取引前例からそれが許される場合に限られる。もし，そのように許される

なら行動による承諾は，たとえば黙って商品を発送するとかのような場合には商品の発送時に効力を発する。商品の申込者に対する到着時ではない。しかし，承諾の通知は，間接的に銀行や運送会社を経由して申込者に伝達される場合もある。

ウィーン売買条約の「書式戦争」に対する処理の仕方についての伝統的な解釈によれば，それはUCCの処理の仕方と大きく異なり，それはコモンローの「鏡の原則」による解釈に近いものである。CISG第19条では，もし買主の買注文書の書式に記載された契約条件と売主の売申込確認書の書式に記載された条件が，重要な点で異なる場合には申込と承諾の一致はない。その代わり，申込があってその申込に対する拒絶と反対申込（通常は売主の注文請書書式）があることになる。CISG第17条によるとそもそもの申込は拒絶によって効力を失う。したがって，これらの書式を交換しても，当事者は契約を「締結」したことにはならない。もし，一方当事者が，履行をしなくても，履行を強制されることはないだろう。

しかし，非常に多くの取引でそのような書式の交換がなされ，書式の交換によって契約が成立していないにも拘わらず当事者によって履行されている。一旦商品が船積みされ，受領され，それに対する支払いがなされたら，取引がなされたわけで，その取引を支える契約が当事者間に成立したことになる。しかし，その契約の内容はなんだろう。言葉を変えて言えば，売主の船積みが「行為」であり，それによって買主の注文を承諾したことになるのであろうか。あるいは，買主の商品受け取りと支払いが売主の注文請書の中の契約条件を承諾することになる「行為」なのであろうか。コモンローの理論からは一方当事者から他の当事者に最後に送られた書式の契約条件が優先する。それは，最後に送られた書式（多くの場合売主の書式になるが）が通常反対申込になり，それ以前の全ての申込の拒絶となるからである。これが，「最後の発砲」原則であり，CISG第17条，第18(3)条および第19条がこの原則にしたがっているように見える。

しかし，前述のFilanto事件を見ると，書式の交換のあと，一方当事者が沈黙していたケースで，契約の成立を認定するに際して過去の取引行動が

参照された。また、「承諾」で申込に条件を付加した場合に、その付加的条件により買主が売主に商品の瑕疵を通知できないとしたドイツの判例がある。この事件では、CISG 第19(3)条の文言にも拘わらず、これらの条件は重要ではない付加的条件とされた。ホノルド教授とバンアルスティン教授は、裁判所は CISG 第8(1)条の当事者の真意を探求する原則によって、鏡の原則と最後の発砲原則の適用を回避できるだろうと主張している。このようなアプローチは前記 MCC-Marble 事件で採用されたやり方である。これらの判例や学説はすべて鏡の原則や最後の発砲原則を生き返らせてはならず、ウィーン売買条約の下では書式合戦についてはより分析的な手段を用いるべきであるという点については一致している。

要するに、UCC と比較してみると、ウィーン売買条約は、価格オープン条件を認めない点で当事者の自由を制限し、確定申込（firm offer）概念を拡張し、それをより多くの申込に適用できるようにしている。そして書式合戦では、ウィーン売買条約は、「鏡の原則」を通じて契約の成立を遅らせ、「最後の発砲」原則を通じて被申込者の（通常売主の）条件が取引に適用されるようにしている。しかし、最後の点については判例も学説もこの伝統的やり方を排除する方法を示唆している。

売主の義務

CISG 第30条の下では、売主は買主に、商品と関連する書類を引き渡し、「商品に対する所有権」を移転しなければならない。さらに、売主は、数量、品質および権原において契約に合致する商品を引き渡す義務がある。

これらの義務のいくつかは、ウィーン売買条約ではなく各国法で規制される。CISG 第4(b)条は、ウィーン売買条約は、「売り渡された商品に関する所有権」に対する契約の効果には「関与しない」と規定している。したがって、国内法が、売主から買主に契約「締結」時にあるいは引渡時にあるいはその他の時点で「所有権」が移転したかどうか、権原証券の引渡が必要かどうか、売主が売買代金その他の債権の担保目的で所有権を留保で

きるかどうか，を決定する。

　ウィーン売買条約上の「引渡」は商品の占有または支配の移転という狭い意味で使われている。ウィーン売買条約の起草者は売買の諸問題，すなわち物理的引渡，危険の移転，所有権の移転，代金支払い義務の発生，履行強制権の取得などを全部一つの概念に統合すること，あるいはこれらを単一の事件の発生に掛からしめることをしなかった。多くの国では，これらは単一概念に統合されたり，一つの事件から発生したりしている。その代わり，UCC のやり方に従い，これらのそれぞれについて別の規定を置くことにしている。

　引渡場所については，ウィーン売買条約は四つの明確な引渡条件を規定している。(1) 売り主が契約中で規定された場所まで持っていって引き渡さなければならない持届渡条件，(2)「物品運送」を含む積地契約（shipment contract: 船積地で引渡が完了する契約），(3) 運送を伴わない一定場所にある商品の売買，(4) 商品の運送は伴わないが，商品の所在地が確定していないか特定されていない売買。CISG 第31条参照。

　持届渡条件契約（delivered contract）では，売主は商品を買主もしくは再販売先の場所または特定された場所まで持ち届ける義務がある。しかし，CISG にはそのような契約に関する売主の義務を直接に規定した条文がないことに注意する必要がある。これらは，CISG 第31条により明示的に排除されている。そしてすべての解釈は契約条件だけに頼っている。商品は，CISG 第79条と第69条の不可抗力の規定にしたがって免責されないかぎり，船積みされた時ばかりではなく，引き渡された時にも契約に合致していなければならない。

　積地契約（shipment contract）では，売主は，商品を特定の場所で引き渡す義務を負わない。しかし，明らかに独立の第三者による商品の運送を予定している。商品は，買主にではなく運送人に「引き渡され（handed over)」なければならないから，買主による運送についてはこの規定の対象から外れるように思われる。しかし，運送人が介在することを（FOB または CIF のような貿易条件によって）明示しなければならないものか，ある

いは事実から黙示的に推定することができるのか(商品と売主がA国にあり,買主がB国で商品を使用するか転売することを考えている場合),あきらかではない。そこで,売買契約で第三者による運送が予定されているのかどうか明確にしておくことが望ましい。

積地契約は,売主が「引渡」義務を完了するために,複数の行動をとることを要求することができる。第一に,CISG第31(a)条では,売主は商品を第一の運送人に引き渡すことを要求している。第二に,CISG第32(3)条では,売買契約条件にもよるが,売主は運送期間中商品について「保険を付す」か,または,買主の要求で,買主が保険を付すために必要な情報を提供しなければならない。第三に,CISG第32(1)条では,もし商品が,船積書類またはシッピングマークなどで「明確に契約に充当されて」いなければ,売主は買主に商品を特定してこれを通知しなければならない。最後に,契約によって売主が商品の運送を手配すべき義務を負わせることができる。この場合には,売主は,第32(2)条によって,「適当」な運送を「通常の条件」で手配しなければならない。

商品の運送が「含まれて」いない場合には,買主は商品の存在場所を知らされるかもしれないし,知らされないかもしれない。契約に別段の規定がないかぎり,もし買主が商品の存在場所を知らされていれば買主はそこで商品を引き取らなければならない。それ以外の場合には,引き取り場所は売主の営業所である。CISG第31(b)条および第31(c)条では,CISG上の売主の義務は適当な場所で商品を「買主の処分」に委ねることである。条約からは,このために買主への通知が必要であるかどうかについては明確ではない。しかし,商品を第三者が保管している場合には,買主が占有を取得できるようにこの第三占有者にたいする通知はつねに必要であろう。

商品の引渡が書類の引渡でなされるべきときには,CISG第34条の第2および第3文が,欠陥のある書類を引き渡した売主は契約上の引渡期限にまだ間がある場合にはその間に欠陥を治癒することができる,という原則を規定している。その場合には買主は,最初の欠陥のある書類の提供にも拘わらず,また,治癒によって損害を蒙った場合でも,治癒された書類を

引き取らなければならない。

　売主の履行時期の要件はCISG第33条に規定されている。それは，全て契約条件に関係する。商品または書類は，契約に規定したあるいは契約から決定できる時期までに引き渡されなければならない。あるいは，契約に引渡時期あるいは期間が規定されていない場合には，「合理的時期」までに引き渡さなければならない。なにが「合理的時期」であるかということは規定されていない。それは，商慣習によることになろう。しかし，少なくとも即時の引渡は要求できないことになろう。

　ウィーン売買条約は，輸出許可あるいは輸出税についての売主の義務についてはなんら規定を置いていない。これらの引渡に付随する事項の決定は，契約条件あるいは商慣習に委ねられている。これらの問題に関する規定が契約中にない場合あるいは商慣習もない場合には，判例はCISGの一般原則から導かれる結果について矛盾する見解を述べている。

　CISG第35条は，売主が契約に定められた通りの数量，品質および包装の契約対象物を引き渡さなければならないことを規定している。商品の品質が契約に合致するかどうかについては，条約は，コモンローのやり方である「保証（warranties）」と「厳格製造物責任（strict product liability）」に分けて考察していない。また，大陸法のやり方である「過失（fault or negligence）」で考えることもしない。その代わり，CISGは，売主は契約条件に合致した商品を引き渡さなければならない，というより単純な考えから出発している。次に，契約の記述の意味を分析するという方法を取っている。しかし，この方法をつきつめると，UCCの「保証（warranty）」を中心にする考えに近くなってくる。また，その解釈もジョン・ホノルド教授が主張していたUCC解釈のパターンに従うものとなる。

　このような訳で，CISG第35(2)(a)条および第35(2)(d)条は，商品が通常の使用目的に合致し，適当に包装されていることを要求している（UCC §2-314に類似している）。また，CISG第35(2)(b)条は，商品が売主に知らされた特定の目的に合致することを要求している（UCC §2-315に似ている）。第35(2)(c)条は，商品が売主がサンプルまたはモデルとしている商品に合致

することを要求している（UCC § 2-313(1)(c)に似ている）。これらの義務のそれぞれが契約から発生する。したがって，当事者は別段の定めをして，商品の品質に関する売主の義務を制限することができる（UCC § 2-316(2)の「品質保証免責条項」に対応する）。

　商品が通常の使用に適合することを保証する売主の義務に関しては，条件の規定がない。CISG が適用されるすべての契約は商取引契約である。したがって，UCC のようにその適用を「商人」である売主に限定する条件は必要がない。明示の規定で解決がなされていない問題の一つは，「通常の使用」の定義が売主の国と買主の国で異なっている場合に，どちらの基準で決められるか，ということである。買主の国の基準によるべきである，という主張があるが，別の見解では，慣習が異なっている場合にはどちらの基準も「国際的」ではなく，したがってどちらの基準も「通常の」使用の条件を満足しない。したがって，両方の基準を満足しないかぎり，それは国際取引における「通常」ではなく，それは「特別の目的（particular purpose）」に適合するかどうかの基準に従うことになる。

　特別の目的に適合する保証の義務は，買主がその特別の目的を「契約締結時」以前に（明示にあるいは黙示に）売主に知らせており，買主が売主の技量と判断を信頼し，その信頼が合理的である場合にのみ，発生する。買主が，売主を信頼していることを通知する義務は明示されてない。単に特別の目的を通知することが要求されているだけである。買主が，特別の目的を達成するために商品を設計したり選んだりする場合に買主が知っている問題を売主に通知することは明示的には要求されていない。しかし，裁判所は法律の中のこれらの規定のない部分を濫用することについては「合理的信頼」基準の解釈によって容易にこれを否定することができるであろう。この問題に関する立証責任の配分については明らかではない。

　売主は，製品の品質の欠陥に関する CISG 第35(2)条の責任のいずれについても，もし買主が契約「締結」時に欠陥を知り，あるいは「知らなかった筈はない（could not have been unaware）」場合には免責される。しかし，商品引渡時あるいは商品検査時に知ったことは売主の責任に影響を与えな

い。この「知らなかった筈はない」という文言は，コモンロー学者と大陸法学者の間で激しい論争を呼んでいる。多くのコモンロー学者は，これは「主観的」基準を採用しており買主の現実の心理状態と関係すると考え，買主が知った事項から買主に推定される「推定知識」を意味しないと考える。

CISG 第35条のもとでは，売主は一般的に買主の国の行政法規に合致する商品を引き渡す義務を負わない。しかし，これには少なくとも三つの例外がある。第一にこれらの法規制が売主の国の法規制と一致するかぎりにおいて，商品はその限度で法規制に合致しなければならない。第二に，買主が買主の国の法規制を売主に通知した場合には，商品はこれに合致していなければならない。第三に，もし売主が買主の国の法規制を特別の事情により（例えば買主の国に支店を持っていたなど）知りまたは知るべかりしときは，商品はこれらの法規制に合致していなければならない。Medical Marketing Int'l, Inc. v. Internazionale Medico Scientifica, S.R.L., 1999 WL 311945を参照。

CISG 第36(1)条のもとでは，これらの義務は「［滅失の］危険が買主に移転した時に」──その詳細は後述する──開始する。しかし，この義務はいつまで続くのだろうか。発展途上国は，その義務の期間として「合理的期間」とする規定を要求したが，それは規定されなかった。その代わりに，CISG 第36(2)条は契約の規定を優先させることとしつつ「一定の期間…保証」から生ずる品質に関する長い期間の義務を定めた。しかし，危険が移転したときに存在する商品の品質に関するどんな不適合も，たとえそれがあとで発見されたとしても訴訟の対象になることは明らかである。したがって，買主は，引渡からずっと後になって適合が発見されたときでも損害賠償を求めることができる。しかし，買主は，引渡の時期に不適合が存在し，それが買主による商品の使用，メンテナンスまたは保管から発生したものではないことを証明しなければならない。

CISG 第40条は，もう一つの義務を売主に課している。買主が知っているまたは「知らない筈がなかった」不適合を買主に通知する義務である。もし，売主が欠陥を知っていて，これを買主に知らせなかった場合には，

売主は買主が速やかに検査をしなかったことあるいは発見された欠陥をすみやかに売主に通知しなかったことを抗弁とすることが出来ないかもしれない。したがって，買主は，CISG 第38条にしたがって「実際上可能な限り短い期間のうちに」商品を検査しなかったために，あるいは CISG 第39条により売主に対して欠陥の存在およびその性質を明確にした通知を，欠陥を発見したときあるいは「発見すべきであった時」から合理的期間内にあるいは通知しなかったため買主が不適合に基づく権利主張ができないかもしれない場合であっても，売主が不適合を知っていて買主にそれを知らせなかった場合には買主の不適合に基づいて主張できる権利が復活することになる。

　売主はこの商品の品質に関する義務を契約条件によって変更することができるだろうか。できるとすればどうやってできるか。CISG 第6条は，当事者は合意によって条約のいかなる規定も排斥することができることを規定する。また，第35(2)条は，商品の品質に関する義務を制限することを認めている。しかし，CISG の義務は「保証（warranties）」でもなく，「黙示的に」認められるものではないので，黙示の保証の免責のような国内契約の標準的な理論構成から考察することが不適当であることも明らかである。商品の記述とその期待される用法を直接に取り扱う新しい言語による理論構成が必要である。

　未解決の大きな問題の一つは，各国国内法の免責条項に関する法律が CISG が適用される国際契約にどのようなインパクトを与えるか，ということである。これらの各国国内法は，印刷された標準約款の免責約款の制限に関するものから，UCC §2-316に規定された免責約款の規定の仕方の「ハウツウ・マニュアル」まで，少しずつ異なっている。前者の例は，「有効性」の問題を発生させるので（CISG を排除して）CISG のもとで発生する契約に適用され，UCC タイプの規定は「有効性」の問題を生じないので CISG が優先され，従ってそのような契約に適用されない，ということについては意見は一致しているようである。その境界線は，各国の公序則がこれらの行為を全く禁止しているか，あるいは条件付きで許可しているかの

違いのようである。Hartnell, "Rousing the Sleeping Dog: The Validity of Exception to the CISG," 18 Yale Int'l L. 1 (1993)。アメリカの裁判所がこのような区別を認めるかどうかは現時点ではわからない。しかし，少なくとも裁判所は，保証責任免責条項について「明確（conspicuous）」に規定することを要求している UCC の規定と，「商品性（merchantability）」という言葉を使うことを要求するような特定の言語を使った方式を要求している規定とを区別すべきである。上記の理由で，後者は CISG のもとでは不適切である。

CISG 第41条に基づく権原に関する売主の義務としては，売主は，権原に関して担保権など負担がついていないばかりでなく，第三者の権利の対象にもなっていない商品を引き渡さなければならない。したがって，UCC §2-312のように，売主は商品の「平穏な占有（quiet possession）」を引き渡す義務を負う。この義務の範囲は非常に広いが，明らかに濫用的（frivolous）なクレームや商品の使用について国の規制があったとしても，たぶんその違反とされることはないであろう。当事者は，CISG のこれらの規定を合意で排斥できる。しかし，受寄者が商品に留置権を持っていることを買主が知っていたとしても，その事だけで必ずしもこの合意があったとは見なされないであろう。反対に，買主は売主が商品の提供前にこの留置権を外すことを要求する権利が認められるであろう。

瑕疵のない権原と「平穏な占有」に加えて，売主は，商品に関して，買主の「営業所」または両当事者が商品の最終的に売られまたは使用されることを予定している場所での法律上，特許権，商標権および著作権の侵害のない商品を引き渡す義務がある。しかし，この義務にはいくつかの条件がついている。第一に，売主の義務は，「売主が知りまたは知らないはずはあり得なかった」クレームに関してのみ発生する。第二に，売主は，契約締結時に買主が知っていた知的財産権あるいはそれにもとづくクレームに関しては何の義務も負担しない。第三に，売主は，売主の行為が買主の仕様に「従って」いれば，買主が提供した技術的図面，デザインその他の仕様から発生したクレームについては責任を負わない。この規定は，売主が

契約で要求された仕様にしたがっているときも適用される。しかし，売主が契約のより一般的な規定によりよく適合するために買主の「示唆」にしたがっているだけの場合には，その適用ははっきりしない。第四に，売主は，もし買主が第42条の違反の通知をしなかった場合，売主がそのクレームを知らなかった限り，これらの義務から免れる。第41(1)条では，そのクレームを知っていたことがそもそも責任を発生させる条件となる。最後に法の錯誤が売主を免責する，あるいは少なくとももし売主が商品の使用または転売が侵害となるような権利はないという弁護士の信頼しうる情報を信頼していた場合には知的財産権に関する義務を履行したことになる筈である，ということが主張された。そのような場合には，売主は侵害クレームを「知る」ことができないからである。

売主の違反に対する救済方法

　もし，売主がその義務に違反した場合，買主は基本的に三つの救済方法を使うことができる。履行そのものの強制（特定履行：specific performance），契約の「解除」(avoidance)，そして損害の賠償である。さらに，CISG第50条による自力救済がある。これら全ては，UCCにおける売主が義務に違反した場合の買主の救済におおまかに言って対応するものである。条約の起草者が直面した困難をつぎのような事実で説明してみよう。第一に，履行そのものの強制は大陸法では原則と思われている。しかし，コモンローでは損害賠償が原則である。第二に，大陸法では，損害の賠償を命ずるためには，原則として「過失」が必要である，と考えている。コモンローでは，損害を受けた当事者は相手方の「不履行 (nonconformity)」を立証すればよい。CISGはこれらのギャップをつなぎ合わせなければならなかった。

　履行そのものの強制については，CISG第46条は商品を受け取ることができなかった買主に履行そのものを要求する権利を与えているが，二つの条件がついている。一つは，買主は「矛盾する」救済方法を利用していな

いことであり，第二に履行そのものの強制をコモンローの国の裁判所に求めないことである。この規定は買主に損害賠償に代えて履行の強制を求める権利をあたえるものであるが，そうしなければならないものではない。その選択は買主の判断でなされるのであって，裁判所の判断でなされるのではない。大陸法国でも，買主はしばしば損害賠償を請求し，それで代替品を買う。それは，履行の強制のための裁判手続に費用と時間が掛かるからである。裁判所が，履行の強制の方がいいと思っても，買主が，契約を解除すれば，それは履行そのものの強制を求めることと矛盾するので，これを選択する余地はなくなる。

　商品が引き渡されたが契約に適合していない場合には，買主は，不適合が「重大な契約違反（fundamental breach）」を構成する場合にのみ，契約に適合する代替品の引渡を要求するという形で，履行そのものの強制を要求することができる。同様に，買主は，「全ての状況から見て」合理的である場合にのみ，売主に商品の修補を要求することができる。なにが「重大な契約違反」なのか，誰もよく分からないようだが，CISG第25条に定義がある。それは，「契約の下で相手方が期待するのが当然であったものを実質的に奪う」ような結果をもたらすような不履行である。ただし，予見した場合と予見できなかった場合を除く。ホノルド教授は，引渡時に動かない機械の例を挙げるが，この概念は明らかにコモンローの「不適合（nonconformity）」以上のものを必要としている。

　「契約の解除（cancellation of the contract）」に対応する「契約の解除（avoidance）」に関してはCISGはもし売主に「重大な契約違反」があった場合に限って買主にこの救済を認めている。違反がいつ発生したかを問わない。したがって，CISGでは，UCC（§§ 2-601, 606, 608, 612）に規定されている「商品の受領（acceptance）」，「拒絶（rejection）」，および「受領の撤回（revocation）」を区別することはしていない。CISGの起草過程からは，「重大な契約違反（fundamental breach）」は，UCC §§ 2-608, 612における「実質的侵害（substantial impairment）」基準より厳しい基準を設けたと考えられる。しかし，起草者が昔のイギリスの「重大な契約違反

(fundamental breach)」と同じものを考えていたとする根拠もない。このイギリスの昔の基準は，違反が契約の「根本に影響する (go to the root)」ことが必要であるとしていたが，1980年貴族院判決によって変更された (Photo Production Ltd. V. Securicor Transport Ltd. [1980] 1 All Eng. Rep. 556)。

　「重大な契約違反」基準が不明確であるので，なにか具体的に売主の違反があった場合にどのように対処すべきであるかあるいは契約の「解除」ができるのかどうかを考える場合に，買主または買主の弁護士は非常に困難な状況に置かれる。判断を間違うと，逆に買主の対処方法が売主に対する「重大な契約違反」を構成しかねない。CISG 第47条および第49(1)(b)条は，これらの不確定さを緩和するために，買主が厳格な（と考えられた）履行の基準を設定する方法を提供している。買主は，（契約上の履行期の後に）売主に新しい履行期を通知することができる。売主が新しい履行期に履行をしなければ，これは重大な契約違反となる（これは，ドイツの催告 (Nachfrist) から来たものである）。しかし，この催告の規定は，売主が引渡をしなかった場合にのみ適用され，商品の不適合の場合には適用されない。また，解除は通知によって与えられた追加期間内に売主が履行しなかった場合に限られる。しかも，追加期間内に不適合の商品を引渡したときに，買主に解除権があるのかどうか，はっきりしない。すなわち，売主による時期遅れの引渡の場合の商品の品質は，「不適合」の厳格な基準を満たさなければならないのか，それとも「重大な不履行」の基準を満たさなければならないのか，ということである。最後の問題は，どれほどの長さの追加期間を売主に与えなければならないか，ということである。第47条は，「合理的期間」であることを要求する。しかし，特定の問題に関して慣習がない限り，催告でどれだけの期間を与えたら良いのか分からない。特に，輸送距離が長い場合にはなおさらそうである。あるドイツの判例では，買主は CISG 第47(1)条に従い，11日の追加期間を与えた。しかし，それは「海上運送を手配するにはあまりに短かすぎる」と判断された。買主が不適合の商品の引渡から7週間後にした解除の宣言は，その間に売主は契約に適

合した商品の一部だけを引渡しただけだったので，裁判所によって認められた。

買主が売主による「重大な契約違反」の後に「契約の解除」を求めたとしても，売主は CISG 第48(1)条に従い解除が宣言されるまでの間に，その履行における欠陥を「治癒（cure）」することができる。もし，売主の契約不適合の引渡が期限前になされた場合には，その不適合が重大な契約違反を構成するようなものであったかどうかに拘わらず，売主は契約上の引渡期限までに契約に適合した提供をすることによって治癒することができる。しかし，買主が現実に「契約解除」を宣言してしまった後でも売主の治癒の権利が残っているかどうかは問題である。条文の文言からは，売主が適時に治癒の申し出をした場合でも「重大な契約違反」を認定できるかどうかについて，疑問がある。もし，売主の提供または治癒の申し出が契約上の期限後になされた場合にも，売主は時期遅れの履行によって治癒する権利をもつというべきであろう。ただし，それが「不合理な遅滞（unreasonable delay）」あるいは不合理な不便や買主の前払い費用につき償還につて不安を生ぜしめずにすることができる場合でなければならない。治癒として申し出られた履行は，厳格な「不適合」テストをパスしなければならないのか，あるいは依然として「重大な契約違反」基準が適用されるのであろうか。CISG はこの問題についてはなにも規定していない。したがって，これらの買主の救済方法に関する CISG の規定全体は，適時の引渡と商品の品質についての紛争解決にあたって当事者相互の協力を要請する方向にあるといえる。

そこで，売主が提供した不適合商品についての救済方法を買主が確保するためには，買主は，「実際上可能な限り短い期間」の内に商品を検査し（CISG 第38条），売主に不適合を「合理的期間」内に通知し（第39条，第49条），そして治癒が「不合理な遅滞」または「不便」（第48条）を生ずることがない場合には，売主に不適合を治癒する機会を与えなければならない。いままでのところ，この通知の有効性については，他のどの問題より多くの訴訟が提起されている。ある事件では，買主は商品（靴）の「製造

不良（poor workmanship）と付属品不良」を売主に通知した。裁判所は通知は十分ではないとした。明らかに，これでは通知が十分に具体的ではない，ということであろう。

　しかも，解除を根拠づける重大な契約違反に関しては，買主は，不適合の結果が「その契約の下で期待するのが当然であったものを買主から実質的に奪うような」もの（CISG 第25条）であったことを確認しこれを立証できなければならない。もし，商品が正当に拒絶された場合，買主はすでに前払いをしていた場合でも CISG 第81条の原状回復義務に関する規定にしたがい，代金を取り戻すことができる。しかし，CISG 第82(1)条に従い，「商品を受け取った当時と実質的に同等の状態で」返還することを要する。

　またさらに，契約の「解除（avoidance）」による商品の受領拒絶に加えて買主は自力救済権を与えたと見られる非公式な救済方法を持つ。CISG 第50条では，不適合の商品を受領した買主は，売主に支払う代金を「減額することができる」。売主に対する事前の通知をする必要はない。減額の金額をどう決定するかの基準は示されていないし，商品の価値が減耗したことについてどのような証拠を売主に示すべきかということの規定もない。この条文は，品質不良の引渡の場合よりも数量不足の事件によく適合するように思われる。しかし，ある学者はこの条文は品質不良についてのみ適用される，と言っている。買主がこの自力救済の規定を利用しようとする場合には，売主が要求する場合には売主に治癒の機会を与えなければならない。このタイプの自力救済の規定は大陸法ではよく見られるもので，UCC にも規定されている（§ 2 -717）。しかし，コモンロー国の弁護士はあまりこれを利用していない。買主が欠陥商品を転売した場合には，転売価格がその商品の引渡時の価値の証拠となる。

　CISG 第74条から第78条は，買主に損害賠償請求権を与えている。損害賠償は契約が「解除」された場合にも利用することができる。また，売主が不履行を治癒した場合にも利用することができる。損害賠償請求の必要前提条件として，買主に「故意過失（fault）」があったことも立証する必要はない。直接損害も結果損害（consequential damage）も請求することがで

きる。期待利益も信頼利益も原状回復利益も保護されている。結果損害賠償（consequential damages）は一般的な方法で規定されている。すなわち，損害は，現実に予見されているか，あるいは予見すべきであった場合以外は回復できない。これは，コモンローのハドリー対バクセンデール事件（Hadley v. Baxendale）により確立した基準と同じではない可能性がある。なぜなら，もし，損害が「契約違反から生じる可能性のある結果」として予見可能であった場合にも損害賠償請求が可能だからである。損害を蒙った買主は，CISG 第77条にしたがい損失を軽減するために合理的な措置を取らなければならない。利息に関する付随的損害は CISG 第78条にしたがって別に回復することができる。

　市場で，同じような商品が購入できる場合には，買主にとって最も利用しやすい損害賠償の算定方法は，(1)「カバー」（代替商品買い付け）の価格と契約価格の差額を請求するか，(2)商品の市場価格と契約価格の差とする方法である。条約はこれらの救済方法のそれぞれについて規定するが，買主がカバーの方法を取ると，第一の損害算定基準しか利用することが出来ない。買主のどのような買い付けがカバーとなり，どのような買い付けがカバー目的ではなく単なる追加在庫の買い付けにすぎないのかについての基準は示されていない。市場価格との差が使われる場合には，「解除」のときの市場価格が基準となる。しかし，解除の前に買主が商品を引き取ったときには，引き取りの時の市場価格が基準となる。

　商品の売主は，買主が比較的軽微な違反を申し立てて来たときは UCC が適用される場合より CISG が適用された方がかなり有利な立場に立つことができる事に注意する必要がある。売主はいずれの場合も欠陥を治癒することを請求する権利があるとはいえ，UCC の規定では，期間制限に服するかあるいは CISG にはない期待（expectation）の要件が必要である。UCC 上では，提供が「完全」ではないという理由だけで，提供を拒絶することができるように見える。これは CISG ではできない。したがって CISG では，些細な契約不適合を理由に商品の引き取りを拒絶され，法的救済もなく商品が海外で放り出されてしまうようなことになるチャンスはより少な

いことになる。

買主の義務

　売主は，売買契約においては CISG 第53条に基づき二つの主要な義務を負担する。その一つが代金を支払う義務であり，他の一つが商品を引き取る義務である。代金支払い義務の方が二つの中ではより重要である。さらに，ホノルド教授が「準備ステップ」と呼ぶ派生的前段階の義務がある。

　売買契約が買主に明確に後払いを認めていない限り，売買は商品引き替え同時履行の現金払いである。さらに，代金は商品またはそれを表象する権原証券が「契約条件に従い買主の処分に委ねた時」に支払い時期が到来する（CISG 第58(1)条）。もし，売買契約が商品の運送を含む場合には，当事者間で特定の代金支払い方法について合意がなされていない場合でも，売主は商品を船積みし譲渡可能な権原証券を取得し，CISG 第58(2)条に従い，これらの書類引き替えに代金を支払うべきことを要求することができる。そのような場合にも，買主は支払い前に商品の検査を要求することができる。しかし，もし，買主が明示的に「書類引き替え払い」(pay against documents) を合意した場合には（CFR 条件や CIF 条件を利用した場合のように），買主は商品が到着していようといまいと商品の検査なしに書類の提供があったときに代金を支払うことを約束したものと見なされる（CISG 第58(3)条）。

　もし，買主が書類の「引渡 (handing over)」，または商品の引渡と引き替えに代金を支払うことを合意した場合には，「引渡」の場所は支払い場所に一致する。その他の場合には，別段の規定がないかぎり売主の営業所が支払いの場所となる（CISG 第57条）。 この規定は，買主が資金を売主まで「輸出」することを意味する。これは，買主の国が「ソフト」カレンシーの国である場合あるいは送金に規制がある国である場合には重要な問題となる。さらに，買主は，支払いがなされるよう協力しすべての手続をとる必要がある。例えば買主の国で要求される必要手続をとることとか，海外支

払いのための当局の許可を得るなどの行為である(CISG第54条)。このような手続をとらなかった場合には代金支払い期限前でも契約不履行となる。

支払いの規定に加えてCISG第55条は，前に本書で論じた価格未定の契約（オープンプライス契約）の問題を扱う。ホノルド教授は，CISG第55条が当初の価格の不確定性を許容し，裁判所がそのような契約を「契約締結時に一般的に取引されている価格」で有効とすることを許容していると考えている。しかし，他の多くの学者はCISG第55条は，契約締結時には価格を決める方式が合意されていたが，契約の途中で発生した契約の不確定性に関する規定であると理解している。たとえば，契約である価格指標により価格を決定することとしていたところ，その価格指標が発表されなくなってしまったことはよく起こることである。しかし，CISG第55条の解決方法は，契約が締結された時の価格を採用する方法を取っているから，これは売主に不当に厳しい結果をもたらすことになる。このような結果になることを避けるため，契約で変動価格を採用した場合には，そこで採用した指標が利用できなくなった場合の次の手段を何段階にも用意しておく必要がある。

買主の第二の義務は商品を引き取ることであるが，協力義務も発生させる。それは，売主が引渡をすることができるようにするための期待された準備行為をすることも含まれる。たとえば，コンテナーを提供したり，運送を手配したり，荷揚げを手配したり，輸入許可を取得したりすることが含まれる（CISG第60条）。

滅失のリスク

CISGと各国法の基本原則は，契約に別段の規定がないかぎり，買主が運送人による運送の途上の商品滅失のリスクを負担する，ということである（CISG第67条）。契約はしばしば，FOBとかCIFとかの，明示的にリスクを分配する条件を含んでいる。このような特約はCISGの規定に優先する。このような，デリバリー条件の規定がない場合には船積地契約（shipment contract) では，商品が最初の運送人に「交付された」(handed over) ところで危険が買主に移転する。商品が輸送手段に積み込まれる必要もないし，本船の欄干を越える必要もない。運送人の受領証だけで十分である。さらに，それは海上運送人あるいは国際運送人に引き渡される必要もない。港まで運送するローカルな運送人の占有に帰するだけで十分である。しかし，売主が港まで自分のトラックを利用した場合には，売主は商品が独立の運送人か買主に交付されるまでは危険を負担する。

売主が商品を買主の場所に持参して買主に引き渡すことを契約が要求している場合，または売主が運送の一部を提供し特定の場所で運送人に商品を引き渡すべきことを契約が規定している場合には，売主がその場所あるいはその特定の場所までの間売主は商品の減失の危険を負担する。そこで，ニューヨーク州バッファロー市の売主と中国北京の買主との契約で，(1) 船積地契約（FCA Buffalo）であればリスクはバッファロー市で最初の運送人に商品が引き渡された時に買主に移転する。(2) 仕向地契約（destination contract；例えば DES Beijing）では，売主は運送途中のリスクを負担する。そして，商品が北京で引き渡されるまで買主にリスクが移転することはない。(3) 積替契約（transshipment contract；例えば FAS New York City）では，売主はバッファローからニューヨーク港の「船側」("along side" a ship）までリスクを負担し，それ以降は買主がリスクを負担する。

商品が運送人によって運送されない場合（例えば，買主またはその代理人が売主の近くにいる場合で，商品を直接引き取りに行く場合）リスクは買主が商品を引き取ったときに移転する。また，買主が商品の引き取りを遅延した場合には，商品が買主の「処分に委ねられ（at his disposal）」た場合にリスクが買主に移転し，その遅延は契約違反を構成する（CISG 第69条）。しかし，商品は契約の目的物として特定されるまで，「処分に委ねられた」ことにはならない。

たいていの場合，所有権とリスクは別々に扱われる。譲渡可能船荷証券などの権原証券（documents of title）を利用して，所有権の移転時期を調節しても，これはリスクの移転時期には影響を与えない。しかし，CISG 第

68条では，もし商品が売買された当時すでに運送途上にあった場合には，リスクは売買契約が「締結された」時に移転するものとされる。この原則は，実際には本船の船倉内の商品に損害が生じたとしても，それが売買契約の調印前に発生したものかその後に発生したものか確定のしようがないことが多いにも拘わらず，リスク分配に「所有権」概念を持ち込んだものである。

　リスクと所有権が別個に取り扱われる結果，契約不履行とリスクも別個に取り扱われる。売主が商品の船積み時に契約不履行を起こしていた場合でも，これらのリスク分配の原則は変わらない。これは，UCC §2-510の立場と異なる。したがって，CISG第25条にいう重大な違反であるかどうかに拘わらず，売主の違反はリスク分配あるいはリスクが買主に移転する時期の決定とは無関係である。しかし，売主が船積地契約において重大な違反をしていた場合には，運送途中でさらに損害が発生したとしても，CISG第79条による買主の解除権に影響を与えない。同様に船積地契約において重大な契約違反ではない違反に運送途上の損害が加わったとしても，買主に契約解除権を発生させるものではない。

買主の違反に対する売主の救済

　買主が違反をし売主が損害を蒙った場合によく使われる救済方法は，代金の支払い請求である。これは基本的に売主にとって特定履行の請求と実質同じである。損害賠償の請求は明らかに二次的である。さらに，売主は商品が引き渡されていれば，その取り戻しを請求するであろう。あるいは，商品の引き取りが拒絶されれば，商品の保全を求めるであろう。

　売主が代金を取り立てる権利については，CISG第62条は，売主が無条件で買主に代金を請求することができる，と規定している。しかし，どのCISGの条文も，売主が代金支払いの請求権（cause of action）を有していることを明示的に規定してはいない。もちろん，黙示的にはこの権利は条件付きである。第一に，売主が契約で規定する義務を履行していなければ

ならない（CISG 第30条）。第二に，代金支払い時期が到来していなければならない（CISG 第58条）。しかし，もし売主が代金を請求する権利を持っているなら，それを CISG 第28条に基づく「特定履行の請求」と構成することができるだろうか。もし，それが特定履行の請求なら，権利の侵害を受けた売主が，アメリカの裁判所から損害の賠償ではなく代金支払い命令を得るためには，CISG 第62条の要件のみならず，UCC § 2 -709の要件をも満たす必要があるだろう。しかし，代金の支払い請求の訴えが「特定履行判決」を必要としないとすれば，CISG 第28条は適用にならないように思われ，売主は CISG 第62条の要件だけを満足すればよいように思われる。ホノルド教授とファーンズワース教授はこれに反対の意見を表明している。したがって，この問題は今のところ決着がついていない。

　もし，代金を払ってもらっていない売主が（理由のいかんを問わず）代金の支払いを得ることができないとすれば，売主は契約を「解除」し商品の取り戻しを要求することによって，違反を起こしている買主から商品の返還を受けることができるであろうか。そのような商品取り戻しはコモンローでは難しい（例えば UCC §§ 2 -507, 2-702を見よ）。しかし，条約はそのような取り戻しを認めているようである。CISG 第64条は売主に契約を解除する「権利」を規定しているが，この条文は商品の引渡前か引渡後かを区別していない。そして CISG 第81条は解除した後に「自己が…既に供給し」たものの返還を請求することを認めている。しかし，この分析は第三者が（買主の債権者や破産管財人）が関与していないことを条件としている。その理由は CISG は商品の所有権あるいは第三者の権利に関与せず（第4条），自国法で認めない場合には特定履行を認めなくともよいこととしている（第28条）からである。

　損害賠償請求については，CISG 第74条から第78条が，代金をまだ受領していない売主（と違反を受けた買主）は損害賠償を請求することができることを規定しており，一般原則は売主の違反があった場合の買主の救済方法と同じである。違反を受けた売主のもっとも簡便な損害の算定は，(1)もし，商品が実際に他に売却処分された場合には契約価格と売却価格との差

額，あるいは，(2)契約価格と契約解除時の市場価格との差額，である。条約は，これらのそれぞれの算定損害賠償の回復を規定するが，売主が商品を売却処分した場合には前者の算定損害のみが回復できる。代金の支払いを受けていない売主に関するより現実的な問題は，上記どちらの算定方法でも，売主の「失われた取引機会 (lost volume)」が十分に補償されていないことである。しかし，これらの損害の算定に関する CISG の規定は他の算定方法を排除するものではないことを規定する。CISG 第74条の基本原則は，特に得べかりし利益の回復を認めているが，売主に対して失われた取引機会の十分な補償を裁判所から得られるようにすべきである。あるアメリカの裁判所は「失われた取引機会」の補償を認める判決を下したが，これを契約価格から売買の解除により支出を免れた変動費のみを差引いた金額と査定した。これは正当である（Delchi Carrier SpA v. Rotorex Corp., 71 F.3d 1024 (2nd Cir. 1995)）。

　商品を受け取った後で買主がこれを拒絶する場合には，買主は拒絶した商品の保存のために合理的手順を踏まなければならない。それは，商品を売主の勘定で倉庫に保管することが含まれる（CISG 第85条）。　もし売主が買主の営業場所に代理人を持っていない場合には，いったん仕向地で買主の処分に委ねられた商品を拒絶した買主は，「売主の代理人として」商品の占有を取得することが，代金を支払わずに（すなわち譲渡可能船荷証券引替払いではないようなとき）かつ「不合理な不便」または出捐を伴わずにできるときは，その占有を取得しなければならない。このように買主が売主の代わりに占有を取得した場合には，商品を保存するためにさらに「合理的な」措置を取らなければならない。もし，商品が劣化しやすいものである場合には，商品を拒絶し占有を取得した買主は商品を売却し，売却代金から保存費と売却費を差し引いた残りを売主に払わなければならないかもしれない。しかし，CISG は，商品を拒絶した上で占有を取得した買主が，外観上合理的であるかどうかを問わず売主の勘定で転売するなど，売主の指示に従わなければならない，とする規定は置いていない。

UNIDROIT 国際商取引契約原則

　UNIDROIT（国際商取引契約原則）は，国際商取引法の統一と調和の目的のために異なったアプローチをしている。CISG とその他の分野に関する同じような条約は，国際取引の特定の問題に関する法を扱っており，各国の「同意」を取り付けることのできる規則を採択することによって，これを達成しようとしている。このアプローチは統一州法典のための全国委員会会議（National Conference of Commissioners on Uniform States Laws）のやり方に似ている。UNIDROIT（ローマにある私法統一国際協会）はちょっと違ったことを考えた。それは国際商取引契約のための「契約リステートメント」のようなものを作ろうとしたのである。それは，国際商取引契約の諸タイプには限定されないし，条約のように批准も要求されない。どの国の承認も必要がない。

　CISG が適用される取引類型では裁判所は CISG を適用するであろう。しかし，CISG が適用されない場合や，CISG がなにも規定していない問題や，CISG の規定が曖昧である場合には，CISG ではその第 7 (2) 条によって裁判所は国際商取引の「一般原則」を参照することになっている。そして，UNIDROIT の原則はそのような一般原則の一つの根拠を提示するものである。さらに，商品の売買契約以外の契約でも，その「原則」を参照することができる。さらに，仲裁人が当事者による準拠法指定がなければ，この「原則」を使用することができる。あるいは，当事者自身が「原則」を彼等の契約の準拠法として明示的に指定することができる。最後に，起草者は「原則」が，とくに発展途上国において，モデル法としても機能することを希望している。これらすべての利用方法に関してそれが普及するかどうかは全てその内容が説得力のあるものであるかどうかに掛かっている。

　その説得力を最大にするために，UNIDROIT は個々の著名な専門家を集め，彼等に現在の商取引慣行を反映する原則を起草するよう依頼した。これらの慣行は，CISG のような条約や，私的な契約の一般約款や，企業が使

っている（国際的）標準契約に反映されている。共通の取引慣行がない場合には，起草者達は，国際商取引に最もよく適応するような原則を，それがどこかの国の実定法にあるかどうかに拘わらず，作り出すよう要請された。したがって，この原則は必ずしも多数の国の実定法を書き出したものではない。

この原則は,20年以上の期間を掛けて作成され,1994年5月のUNIDROITの統治評議会(Governing Council)で採択された。これは,CISGより網羅的であった。たとえば,契約の成立の仕方について,書類の確認(confirmation of documents)について，一定の事項を未決定のままにしている条項（open term clause）について，誠実義務に反する交渉について，秘密保持義務について，他の契約の取り入れ条項（merger clause）について，標準約款の利用について，また書式合戦（battle of forms）についての新しい規定を含んでいる。また，新しい概念も提案されている。たとえば，契約の効力の一つの分析基準としての「重大な不均衡（gross imparity）」や契約不履行の免責原因としての「ハードシップ」である。「小切手」による支払いについての規定ばかりではなく，送金やその他の手段による支払いの規定もあり，別段の規定のない場合の支払い通貨に関する規定もある。

本書では，この原則についての詳細かつ包括的な解説はできない。そこで，三つの有名な問題に関する原則のアプローチの仕方を例として説明しよう。それは書式合戦と標準約款の一方的使用と事情変更による履行の免責である。

書式合戦では，UNIDROIT原則の第2.22条は，伝統的な「鏡の原則」も「最後に発砲した者勝ち」の原則も採用しなかった。鏡の原則の代わりにUNIDROIT原則は，契約が標準約款に書かれた条件を除いたすべての条件について合意されたときに成立する，とした。Eコマースでは，当事者間の通信でコンピューターにより読み込まれた契約条項が問題になる世界では，なにが標準約款かという定義については問題があろう。しかし，この規定はすくなくとも印刷された契約書フォームを利用する場合には良くできている。また，UNIDROIT原則は，契約書フォームが受け入れられなけ

れば契約は成立しない，とする条項（「マイウェイかハイウェイか条項」）の一般的使用についても規定を置いている。そのような条項が，標準約款の中に含まれている場合には無効である。しかし，そのような条項が，一般条項ではなく個々に規定された特約のなかにある場合にはその条項によって契約の成立が阻害される。このUNIDROIT原則の規定の理由は，当事者が個々に問題を提起し交渉した条項については当事者は拘束されるということである。

どんな条項がその契約に含まれるだろう。伝統的な「最後に発砲した者が勝ち」の原則あるいはUCCの修正された「最初に発砲した者の勝ち」の原則でもなく，UNIDROIT原則は「ノックアウト」原則を採用した。契約内容には次の条項が含まれる。(1)「標準約款」以外の条項，(2)拒絶されていないかぎり「実質的に共通している」標準約款に含まれている条項，(3)UNIDROITのデフォールト規定（当事者が別段の合意をしない限り原則として適用される規定）である。UNIDROIT原則がそのようなルールを採用した理由は，当事者が個々に問題を提起し交渉した条項についてはそれは契約条項となる，ということである。電子商取引では，なにが「標準約款」かということは，ますます確定が難しく，しかも重要な問題となるであろう。「矛盾する条項」の問題は，解決は簡単である。しかし，「追加的条項」の問題は特に電子取引ではやっかいである。（「慣習」にまでは高まっていないが）通常含まれている条項についてなにも書いていないということは，矛盾あるいは異議が推定されるのであろうか。大企業にとっては「当社の条項のみに従うことを条件に承諾いたします」という一般的な戦略的条項を契約締結前に使うやり方から，契約締結されそうになった後に一般的な異議申立条項を利用するように変わるかもしれない。

一方当事者だけが標準契約書フォームを使った場合には，「書式」戦争はない。しかし，このフォームは一方的なものかも知れない。UNIDROIT原則の第2.20条では，定型条項（standard term）は，「それを相手方が合理的に予期し得なかった」場合には，「効力を持たない（ineffective）」。条項は，それが一般的にかつ反復的な使用のため予め準備されたものであるときは

定型条項とされる。従って，UNIDROIT 原則は，現代では定型条項はめったに読まれることはないという広く行き渡った現実をベースに，契約条項の効力を起草せずたぶん読みもしなかった当事者の期待に結びつけている。

しかし，UNIDROIT 原則のコメントによると契約書の条項を起草しないし読みもしなかった方の当事者は全部とは言わないまでも多数の業界の標準になっている条項に拘束される。コメントの中での「不意打ち条項（surprising term）」の一例は，旅行会社のパッケージ・ツアーの標準約款の中の条項で，旅行会社は包括的パッケージ・ツアーを売り出していると広告しておきながら，他方で旅行会社はホテルの代理人でありホテル宿泊に関しては責任がない，とする条項である。もう一つの例は，契約の直接の相手方の営業地または住所地を管轄する裁判所以外の地の裁判所を管轄するまたはそのような地を仲裁地とする裁判管轄に関する条項である。このように，不意打ち条項は，その内容から，または，提示の仕方から，不意打ちと判断される。これは，不誠実（unconscionability）の議論と似ている。しかし，不意打ち条項の判断においては，「過酷な条項（harsh terms）」あるいは契約締結過程での「不公平な不意打ち（unfair surprise）」は要求されていない。

UNIDROIT 原則は，事情の変更があった場合に明確に区別された二つの履行免責主張の道を認めている。一つは，「不可抗力（Force Majeure）」と名付けられたものであり，もう一つは「ハードシップ」と名付けられた条項である。これらのものは，コモンローの原則で，履行不能（impossibility）と履行困難（impracticability）の原則に対応するものである。しかし，UNIDROIT 原則のこれらの概念は大陸法に根ざすものである。

UNIDROIT 第7.1.7条に規定する不可抗力条項は，「障害（impediment）」という言葉を含めて CISG 第79条のそれと似ている。不履行は，不履行を起こした当事者が「克服・回避できず（制御できず；could not control）」かつ「考慮に入れておくことも…合理的にみて期待できなかった」障害によるものでなければならない。したがって，これらの規定で不履行が免責されるためには，完全な履行不能が要求されており，単なる履行困難

（impracticability）では足りないと思われる。また，不履行を起こした当事者は，「障害」について通知しなければならない。通知をしない場合には，損害について責任を負う。しかし，UNIDROIT 原則はいつ，通知を出さなければならないか，規定していない。

UNIDROIT 第6.2条のハードシップの規定は CISG あるいはコモンローのいかなる概念とも異なっている。ハードシップは，約束された履行の費用または価値に「重大な変更をもたらす事由」が発生したとき，発生したと認められる。例としては，引き渡すべき商品の価格が10倍になってしまったとか，支払い通貨の価値が99％も下落したとかの場合である。50％の変化でもこの理論を主張できると多くの人が認めているようである。これはアメリカの「価格の非良心性（price unconscionabiliy）」判例の流れに合っているようである。

しかし，UNIDROIT 原則では，「ハードシップ」自体は履行を免責しない。その代わり，第6.2.3条では，ハードシップの効果はそれによって損失を蒙った当事者が要求すれば，契約の再交渉を義務づけるだけである。再交渉の試みが失敗した場合には，どちらの当事者も「裁判所」の介入を求めることができる。その場合，どこの裁判所が管轄権をもつのかということについては規定がない。また，裁判の代わりに仲裁を求めることができるかどうかについても規定がない。裁判所はハードシップが発生したと判断した場合，「均衡」を回復させるため契約を「改訂」させることができるし，契約を解消させることができる。

貿易条件

商品が売買取引の履行の一部として，ある場所から他の場所に運送されなければならない場合には，当事者は売主の引渡の義務を表すために，しばしば貿易条件を利用する。このような条件には，F.O.B.（Free on Board），F.A.S.（Free Alongside）および C.I.F.（Cost, Insurance and Freight）が含まれる。これらの条件は UCC §§ 2-319, 2-320に規定されている。しか

し，UCC の定義は国際取引では意識的に使われない。実際，これらの短縮表現の貿易条件は船を利用した運送にもっぱら用いられているため，UCC の規定は国内取引に関してすら古くなってしまった。UCC の規定は，航空運送やコンテナー化，あるいは複合運送に使われる貿易条件をカバーしていない。

国際取引では，貿易条件の解釈基準をもっぱら提供しているのが，国際商業会議所（I.C.C.）が発行したインコタームズ（INCOTERMS）である。最新のものは1990年版である。（訳者注：現在2000年版が出ている。）インコタームズは国際貿易基準（International Commercial Terms）の略称であり，F.O.B. や C.I.F. のような各種の貿易条件が使われた場合の売主と買主の義務を定めている。この規則は，引渡に関して売主がなにをしなければならないか，買主が引渡に協力するためになにをしなければならないか，それぞれの当事者が負担しなければならないコストはなにか，引渡の過程のどの時点で滅失の危険が売主から買主に移転するか，というようなことを規定している。このようなそれぞれの義務は，それぞれの貿易条件によって異なっている。そこで，売主と買主の F.O.B. における義務，コスト，危険は，C.I.F. におけるそれと異なっている。

定義に関して，UCC とインコタームズの他にも基準を定めたものがある。例えば，改正米国貿易条件定義（American Revised Foreign Trade Definitions (1941)）である。これは，太平洋貿易では広く利用されたが[14]，最近では改訂されたインコタームズに取って代わられたのかも知れない。

I.C.C. は政府機関ではないので，インコタームズは法律でもなければ条約でもない。従ってそれは契約の「準拠法」にはなり得ない。その代わりそれは，貿易に関する書かれた慣習法であり，それは当事者が国際売買契約の中に取り込むことができ，実際そうすることが多い。あるいは，それが明示的に契約に取り込まれていないとしても，インコタームズは国際慣習として黙示的契約条件となっているとみることもできるかも知れない。フランスとドイツのいくつかの裁判所はそのような解釈を取っている。そして，参考書も UNCITRAL の事務総長も，インコタームズが貿易条件に関

して広く遵守されている慣習であると言っている。これらの評価から，インコタームズは，グローバルな慣習ではないにしても，CISG 第 9 (2) 条にいう「国際貿易において（国際売買契約の）当事者に広く知られ，日常的に遵守されている慣習」と言えるというべきだろう。

UCC は，いくつかの貿易条件について定義を設けているが（F.O.B., F.A.S. や C.I.F）これらの規定は，当事者が別段の取り決めをしない場合に適用される。したがって，インコタームズに関する明示の引用があれば，これは UCC の規定に優先する。そして，判例もそう解釈している。そのような明示の引用はアメリカの国際契約でしばしば行われている。とくに，大西洋での取引においてそうである。明示の条文がないとしても，また準拠法が CISG ではなく UCC であったとしても，インコタームズの包摂は UCC § 1 -205 の「業界慣習（usage of trade）」として可能かもしれない。UCC 上，業界慣習であるためには，それが「問題の取引に関して遵守されるだろうとの期待を正当化するような，日常遵守されている慣習」であればよい。慣習は，「普遍的」である必要も「歴史がある」必要もなく，「まともな商人の大多数によって現在遵守」されていればよい（UCC § 1 -205, 注釈 5 ）。

インコタームズは，売主の引き渡し義務とそれに対応する買主の引き渡し協力義務を規定するための13の異なった貿易条件の選択肢を提供している。それらは以下のものである。[15]

1）EXW（Ex Works）
2）FCA（Free Carrier）
3）FAS（Free Alongside Ship）
4）FOB（Free On Board）
5）CFR（Cost and Freight）
6）CIF（Cost, Insurance and Freight）
7）CPT（Carriage Paid To）
8）CIP（Carriage and Insurance Paid To）
9）DAF（Delivered at Frontier）

10) DES（Delivered Ex Ship）
11) DEQ（Delivered Ex Quay）
12) DDU（Delivered Duty Unpaid）
13) DDP（Delivered Duty Paid）

これらの13種の条件をいくつかのタイプに分けることができる。最初の分類は，運送を含まない EXW とその他12の条件に分けるやりかたである。次に，海上または内水輸送を含む6種の条件（FAS, FOB, CFR, CIF, DES 及び DEQ）と，複合運送を含むどの運送手段についても適用できる他の6種の条件（FCA, CPT, CIP, DAF, DDU 及び DDP）とに分類する。UCC は後者の条件についてはこのタイプの取引が日常的に行われているにも拘わらず，なにも規定していない。これらのタイプの取引について UCC では "F.O.B. place of shipment", "C.&F.", "C.I.F." 及び "F.O.B. named place of destination" 条件を利用することになる。

運送を利用する12種の条件はさらに「積地契約（shipment contract）」（FCA, FAS, FOB, CFR, CIF, CPT, 及び CIP）と「仕向地契約（destination contract）」（DAF, DES, DEQ, DDU 及び DDP）に分類できる。UCC も CISG もこの用語法を採用している（CISG 第31条）。共通の考えは，積地契約では売主は商品を運送人に引き渡し，その運送を手配する。しかし，運送は買主の危険と費用で行われる（UCC §2-504）。他方，仕向地契約においては，売主は運送人に商品を引き渡し，運送を手配し，運送の危険と費用を負担する。困ったことに，運送に関する慣習が1952年以来多くの点で変わった。UCC の考えは，インコタームズに現在規定されている実務に必ずしも適合しなくなっている。

I.C.C. は，この13種の条件を四つの種類に分類している。これは，貿易条件の頭文字に対応する。すなわち，E 条件，F 条件，C 条件及び D 条件である。E 条件（EXW）では，買主に対して商品の提供はしなければならないが運送人の使用は明示的には要求されていない。他のすべての条件は運送人の利用が前提となっている。F 条件（FCA, FAS, FOB）では，売主は，商品を，買主が指定した運送人に引き渡すまでの危険と費用を負担す

る。C条件では，売主は運送人に商品を引き渡すまでの危険と費用を負担し，「主たる運送」（と場合によっては損害保険）を手配し，その費用を支払わなければならない。しかし，売主は，船積み以降に発生した事由による危険を負担しない。したがって，C条件では，売主は運送途中のある一点（運送人への引き渡し）まで危険を負担するが，その地点とは異なった地点(合意した地点)までの費用を負担する。D条件(DAF, DES, DEQ, DDU 及び DDP)では，売主は商品を運送人に引き渡し，運送を手配し，合意された仕向地国に商品が到着するまでの危険と費用を負担しなければならない。

　インコタームズは定期的に改訂されている。最近は10年毎に改訂されている。最近の改訂は1990年であり，それは I.C.C. 出版物460号として発表されている。[18] 最後の改訂の際に，I.C.C. は電子メッセージと，エアウェイ・ビル，鉄道運送・道路運送のコンサインメント・ノートなどの新しいタイプの運送証券および「複合運送証券」にも言及している。I.C.C. は，これらの変更は，電子取引（EDI）の普及と，コンテナー化，複合運送，ロールオン・ロールオフ運送などの「進化した運送技術」に対応するものである，と説明している。

　しかし，他にも1990年版では改訂があったがこれは説明がされていない。多くの貿易引き渡し条件は，その定義の中に支払い条件と検査条件を含んでいた。特に，船積書類引換払条件（payment against documents）の場合には，船積後で支払前の商品検査の権利を排除する趣旨が含まれていた。インコタームズのそれ以前の版では，これらの義務と検査ができないことはCIFやC&Fの定義に含まれていた。1990年の改訂では，支払条件と船積後の検査に関する規定が削除された。そして，買主は船積前の検査費用を負担しなければならない，という規定が残っただけである。なぜこれらの規定が削除されたか，説明はない。

　この削除によって，他の根拠で埋めなければならない空白が生じた。少なくとも三つの根拠がある。支払条件と検査条件の一つの根拠は，インコタームズの古い版である。例えば，1980年版では貿易条件の定義には支払

条件と検査条件が含まれていた。インコタームズ1990年版の定義では，「通常の運送書類（usual transportation documents）」と表現されているが，これは以前の版の定義を含むものであるという議論を展開することも可能であろう。しかも，支払条件と検査条件に関する記述が削除された理由は，運送に関してEDIメッセージが利用されるようになることを阻害してはならない，という以外にはなにも示されていない。他方，1990年版では，いくつかの新しい貿易条件が作り出されたが，それについては同じアプローチがなされているのかどうか，不明確である。そして，時間がたつにつれこのアプローチはEDIを使うことを阻害することになる可能性もある。しかし，これらの事情に拘わらず従来の支払条件と検査条件が引き続き利用されることになりそうである。

　支払条件と検査条件に関する第二の法源はUCCのような国内法である。§2-319および§2-323では，UCCは貿易条件に関するいくつかの「デフォールト・ルール」（別段の取り決めのないときに適用されるルール）を規定している。インコタームズの旧版では，これらのデフォールト・ルールは，もし当事者がインコタームズを選択した場合には当事者は「別段の取り決めをした」ということで，適用がなかった。しかし，今では，この解釈は当てはまらない。当事者は，インコタームズの規定がある限りUCCに優先すると合意した。しかし，インコタームズは現在では支払条件と検査条件を含まない。したがって，UCC貿易条件の定義中の支払と検査に関する規定はインコタームズによって代替されていない可能性がある。このような解釈には問題が残っている。第一，インコタームズの貿易条件の多くはUCCの貿易条件の命名と異なっている。第二に，当事者はインコタームズを指定したことによって制定法と慣習上の貿易条件の定義の全ての面についてこれを排斥する意図であったと解釈することもできる。しかし，やはり，インコタームズから支払条件と検査条件が削除された結果発生する問題について，UCCや他の法律が法源として引用されることになろう。

　もし，インコタームズの旧版あるいは準拠法国の貿易条件に関する定義規定のいずれもが根拠として不適切であるならば，UCCであろうとCISG

であろうと準拠法国の法律は頼りにならないことになり，裁判所は商慣習を根拠とすることになろう。したがって，商慣習はこれらの貿易条件の第三の法源になりうる。しかし，商慣習は事実問題として立証されなければならない。通常，立証は鑑定人証言（expert testimony）による。そして，証拠は裁判所に受け入れてもらうためには，いくつかのハードルを越えなければならない。しかし，当事者はこの証言とハードルを避けることを期待してインコタームズによると契約に規定するのである。したがって，すくなくとも支払条件と検査条件に関してはこの期待は裏切られる可能性がある。インコタームズの貿易条件定義を利用すれば，UCC の定義を使った場合には起こらない商慣習の立証の問題が生ずることになる。

　以下の簡単な説明はインコタームズの貿易条件の説明である。

　インコタームズでは，工場渡（EXW）条件（倉庫渡を含む）では，売主は指定された引渡場所で商品を買主の処分に委ねることにより，商品を買主に「提供する」必要がある。売主は商品を運送人に引き渡す必要もないし，車両や船等に積載する必要もない。売主は，買主に何時商品が提供されるかということを通知しなければならない。しかし，売主は運送や保険を手配する必要はない。商品滅失のリスクは商品が買主の処分に委ねられたときに買主に移転する。売主は通常は商業送り状（commercial invoice）あるいはこれに代わる電子メッセージを送るが，権原証券も輸出許可も取得する必要はない。インコタームズの定義では，引渡前の検査費用を買主が負担すること以外には，契約上の支払条件や検査条件に関することは規定されていない。インコタームズでは，滅失の危険の規定が，UCC の原則（§2-509）とも CISG の原則（第59条）とも異なっている。UCC と CISG では，危険の移転時期は買主が商品を受領したときとなっている。その理由は，売主は通常保険を掛けていることが多いし，売主の方がよりよく商品を保全することができるからである。

　インコタームズの運送人渡条件（FCA）では，売主は運送品を運送人の管理下に置かなければならない。複合運送を利用する場合は通常最初の運送人の管理下に置く。インコタームズでは「運送人」はフレイト・フォア

ワーダー（運送取扱人）を含むことになっている。売主は運送賃または保険料を支払う義務を負わない。通常，運送人は買主によって指名され，起用される。しかし，もし買主からの要請があれば，あるいは売主が運送を手配することが「商慣習」であるなら，売主も運送を手配する「ことができる」。しかし，そのような場合でも，売主は買主に通知してそのような手配をすることを拒絶することができる。売主が運送を手配した場合であっても運送期間中の保険を手配する義務を負わない。そして単に買主に対して「商品が運送人の管理下に引き渡された」（傍点著者）ことを通知すればよい。滅失のリスクは運送人への引き渡しと同時に買主に移転する。しかし，買主はもっと後になって通知を受けることになる。売主は商業インボイスまたはこれと同等な電子メッセージ，必要な輸出許可および買主が商品を引き取ることができるような運送書類またはこれと同等なEDIメッセージを提供しなければならない。

　このFCA条件は，インコタームズの取引条件の中でUCC§2-319(1)(a)が規定する「FOB積地条件」にもっとも近い。しかし，これには二つのレベルの誤解がみられる。一つは，インコタームズは別にFOB条件を規定しており，UCCのFOB条件はインコタームズのFOBにより近い，という誤解である。別の誤解は，FCA上の義務とUCCのFOBの義務とは異なる，というものである。確かに，UCCのFOBの原則は売主が運送を手配する。しかし，FCAでは売主は例外的にしか運送を手配しない（UCC§§2-319, 2-504)。さらに，売主が船積をするとUCC§2-504では，買主から別段の指示がない限り売主が保険も手配しなければならないことになる。インコタームズのFCAでは，売主が保険を手配しなければならないような義務はないようである。伝統的に，1980年版のインコタームズのFASおよびUCCの「FOB積地」条件では，黙示の特別の支払い条件も検査条件も推定されず，また，特別の支払い条件も，書類引換払い条件も，検査前の支払い条件も推定されなかった。現在のインコタームズのFCA条件の解釈に関してもこの態度が望ましいと考える。

　インコタームズの船側渡条件（FAS）では，船積地で，売主は買主が指

定し手配した本船の船側で商品を引き渡さなければならない。したがって，これは船を使った運送を前提としている。そして，売主が指定された船積地までの内陸輸送を自己のリスクと勘定で手配しなければならない。売主は「主たる部分の」運送（洋上運送）の手配あるいはその間の保険の手配の義務はない。しかし，買主に対して「商品が船側で引き渡された」（傍点著者）ことを通知しなければならない。滅失のリスクも，商品が船側で引き渡されたときに買主に移転する。売主は，通常，商業インボイスと買主が商品の引渡を受けることができる運送書類またはこれに代わる電子メッセージを買主に引き渡さなければならない。しかし，売主は輸出許可を提供する必要はないが，輸出許可の取得の援助をする義務を負うのみである。

　インコタームズの定義には契約上の決済条件も船積後の検査条件についても規定がない。しかし，インコタームズは，別段の合意がないかぎり運送書類によって「買主が，次の買主に対して書類を引き渡すことにより，あるいは，運送人に通知をすることにより，運送途上の商品を売却できるようにする」ようなものでなければならないことを規定している。船荷証券に関して後に説明するように，「現金引換払条件」の取引あるいは信用状取引において，このことを可能にする伝統的な方法は，売主が運送人から譲渡可能の（有価証券たる）船荷証券を取得し，いくつかの銀行を経由してこの有価証券を買主に提供することである。銀行は買主が商品代金を支払ってはじめて書類の占有を（すなわち商品の支配権を）買主に移転する。このようにして，買主は商品がまだ洋上に浮かんでいる間に「書類引換払い」をすることが可能となり，商品の船積後の検査前に支払がなされることになる。このような取引はインコタームズのCIF契約では原則と考えられていると思われる。そして1990年版のインコタームズでは譲渡可能の（有価証券としての）船荷証券の利用が規定されている。

　1980年版のインコタームズでは，この点の義務はより明確であり，それは買主は「売主によって提供されたときに書類を受領し，契約の規定にしたがって支払をしなければならない」と規定していた。この規定が意味す

るものは，前に説明したように，買主はこの書類引換払いの前には商品を検査する権利はない，ということである。UCCもCIFを定義しているが，そこでは買主は「要求された書類の提供に対して代金を支払」わなければならない（UCC§2-320(4)）。UCCのCIFはその他の点ではインコタームズと同様である。UCCでは，船積地で運送人に商品の引渡を行わなければならず，船積地までリスクを負担しなければならない。しかし，売主は揚地までの運賃と保険料を支払わなければならない。

インコタームズの運送賃込（CFR，C&F）条件はCIF条件に近い。しかし，CFR条件では運送途中の保険に関しては手配の義務も保険料支払いの義務もない。CFR条件の下では，売主は指定された港まで運送を手配する義務を負う。そして，売主が手配した本船の甲板上で商品を引き渡す義務を負う。したがって，この条件は船舶による運送を前提としている。売主は運送を手配し，目的地港までの運賃を支払う。しかし，商品の引渡義務は商品が船積地で「本船の欄干を越えたとき」に完了する。売主は航海中の保険を手配する義務を負わない。商品の滅失のリスクは商品が船積地で本船の欄干を越えた時に買主に移転する。売主は買主が商品を受領できるように「本船の甲板上で商品が引き渡された」ことを（傍点著者）買主に通知しなければならない。売主は，商業送り状またはこれに相当する電子的メッセージ，必要な輸出許可証，並びに揚地までの「通常の運送の書類」を提供しなければならない。CIFと同様にインコタームズのCFRの定義は契約上の支払条件あるいは船積後の検査に関する規程を含んでいない。しかし，運送の書類は「買主が次ぎの買主に書類を引き渡すことによって運送途上の商品を売却できる」ようにするものでなければならない。このことは，伝統的には譲渡可能の船荷証券の利用と書類引換払いを意味する。UCCもインコタームズの以前の版もこの条件は商品がまだ洋上にあるときに書類引換払いをすることを考えていたものと了解されている。従って，船積後かつ支払前の商品検査権は制限されることになる。これらの規定はインコタームズのCFR条件でも原則と考えられるべきである。

インコタームズのCIP（輸送費保険料込）およびCPT（輸送費込）条件

は，CIF 及び CFR 条件に似ている。しかし，これらは複合運送を含むどの運送形態にも利用することができ，船舶輸送に限られるわけではない。CIP 条件では，売主は約定の目的地までの運送と保険の両方について手配しその費用を払わなければならない。しかし，売主は，船積地で第一の運送人に商品を引き渡すことによってその引渡義務を完了し，商品の滅失のリスクは買主に移転する。そこでこの条件は複合運送に適していることになる。CPT 条件も同様である。ただし，売主は運送期間中の商品の保険について手配し保険料を支払う義務はない。

　CIP および CPT 条件の下では，売主は買主に対して第一の運送人に「商品が引き渡された」ことおよび買主が「商品の引き取り」ができるようにするために必要な他の通知をしなければならない。両方の条件において，売主は，商業送り状またはこれに相当する電子的メッセージ，必要な輸出許可証，および「通常の運送の書類」を提供しなければならない。この条件にあう運送の書類がリストされている。そして，運送途上で買主が商品を転売できるようにするという要件はない。インコタームズの定義では支払に関する規程も，船積後の検査に関する規程もない。UCC でもこれらの条件を定義していない。しかも，インコタームズの序文では，CIP および CPT を CIF および CFR と対置させつつ，CIP と CPT においては譲渡可能な船荷証券を提供する必要がないとしている。そこで，当事者が明示に「書類引換払い」を合意しない限り，CIP および CPT 条件においては書類引換払いおよび支払前商品検査を制限すること，を予定はしていないと思われる。

　インコタームズは「目的地契約」あるいは「到着地契約」に 5 種類の条件を提供している。その内の二つ，すなわち本船持込渡し（DES）条件と埠頭持込渡し（DEQ）条件は船舶輸送による場合にのみ利用されるべきものである。他の三つ，すなわち国境持込渡し（DAF），関税抜き持込渡し（DDU），関税込み持込渡しは複合運送を含むどのタイプの運送にも適合する。これらすべてについて，売主は運送を手配し，運賃を支払い，指定された目的地までの商品の滅失のリスクを負担する。これらの定義は運送途

上の保険については言及していない。それは，売主がその間のリスクを負担するので，売主が運送途上の保険を手配して保険料を負担するか，または自家保険を付さなければならないことになる。また，ここでも支払条件と船積後の検査に関する規定がない。しかし，譲渡可能船荷証券を使えという規定もない。引渡は，商品が目的地に到着したのちに行われる。したがって，明示の規定のないかぎり「書類引換払い」を推定する理由もない。他方，当事者は目的地条件の場合でも書類引換払いを合意することはできる。

インコタームズのDES条件においては，引渡と滅失のリスクの移転は，指定された揚地で商品が甲板上で買主の処分に委ねられたときに完了する。「買主の処分に委ねられた」ということは，商品は（売主のリスクと勘定で）「適切な」荷揚げ設備を使用して移動できる状態に置かれたことを意味している。しかし，商品は通関をすませている必要はない。通関は買主の責任である。［UCCの定義による「船上渡し（ex ship）」条件では売主が荷揚げまでしなければならない。］ DEQ条件では，商品は指定された揚港の埠頭で買主の処分に委ねられなければならない。しかし，DEQ条件を利用する当事者は，さらに関税込み（DEQ Duty Paid）か関税抜き（DEQ Duty Unpaid）かを明確にすべきである。実際にその両方が利用されている。もし，関税込み条件が示されていれば，あるいはなにも規定がなければ，売主は「通関手続き費用，関税，その他輸入時に支払うべき租税」を支払わなければならない。

DESおよびDEQ条件では，売主は買主に対して本船の揚港での入港予定日を通知しなければならない。また，DESおよびDEQ条件では，売主は買主に対して，商業送り状またはこれと同等の電子メッセージ，「デリバリー・オーダーあるいはその他の通常の運送書類」および輸出許可を提供しなければならない。DEQ条件では，売主はさらに別段の合意がなければ輸入許可を提供しなければならない。

インコタームズのDAF条件は，典型的には鉄道輸送またはトラック輸送に利用されるが，引渡と滅失のリスクの移転は，商品が指定された国境で

買主の処分に委ねられたときに，しかし，輸入国の通関前に買主に移転する。DDU条件では，引渡とリスクの移転は，「輸入国の合意された目的地で」商品が買主の処分に委ねられたときに発生する。しかし，売主は関税の支払い義務を負わない。インコタームズのDDP条件では，引渡とリスクの移転は，輸入国の合意された目的地で，商品の輸入手続が完了した状態で，商品が買主の処分に委ねられたときに発生する。売主は，そのリスクと負担において，輸入関税その他輸入諸費用を支払い，輸入通関手続きを完了させなければならない。UCCの規定する唯一の揚地条件はFOB揚地条件である (UCC§2-319(1)(b))。これはDDU条件に類似している。しかし，詳しいことについては規定がなく精密性に欠ける。

　これらDAF条件，DDU条件およびDDP条件のいずれの条件においても，売主は商品の発送の通知の他，買主が「商品を受領できるようにする」ために必要な通知をしなければならない。それぞれの場合，売主は商業信用状またはこれに代わる電子メッセージを提供しなければならない。DAF条件では，売主はさらに「通常の書類またはその他の引渡の証拠」および輸出許可証を提供しなければならない。DDU条件の引渡においては売主はさらに「デリバリー・オーダーあるいはその他の通常の運送書類」および輸出許可証を提供しなければならない。DDP条件では，売主はデリバリー・オーダーあるいはその他の通常の運送書類ならびに輸出許可証と輸入許可証の双方を提供しなければならない。

国際電子取引

　最近のEコマースの発展は世界の法律システムに不意打ちを食らわすことになった。新方式による契約締結，支払，履行および情報の交換によって生み出された問題にたいして法律は全くなすすべがなかった。法律界は，伝統的な規範を新しい現象に合わせるべく最大限の努力をした。しかし，それぞれの法律分野でばらばらに対応した。その結果，国境を越えるEコマース取引に適用されるルールに整合性が欠如することになった。

このような整合性の欠如は新しい問題ではないが，その欠陥がEコマースの二つの性質から拡大されるようになったものである。第一に，当事者は，いつ取引が国境を越えたのか分からないことが多いという事情である。「.com」を付けたウェブサイト・アドレスは，実際上世界中に存在しうる。したがって，両当事者のウェブサイト上のアドレスは双方にとって相手方を特定する唯一の情報であることが多いが，これだけでは当事者の取引の国際性を明らかにしない。第二に，スクリーンが小さく，スクリーン上の記述量は限定されている。長い複雑な，多くの書式の切り張りの条項はEコマースでははじき出されてしまう。特に，ほとんどのE商人は準拠法規定より他の沢山の規定の方が大切であると思っている。そこで，準拠法条項は多くのEコマース契約には入らない。そこで，ここでもまた取引が国際的なものであるかどうか外見から判定がむずかしいことになる。

　Eコマースによって生み出される新しい契約問題の中には，書面と署名の要件，認証と個人的接触をしないで当事者確認をする問題，電子メッセージのセキュリティと改ざんの無いことの確認の問題，商事契約と消費者契約の明示と黙示の条件の問題がある。さらに，それは裁判管轄の問題，準拠法の問題，送達のための管轄地内の在籍，行政手続の関連での住所や本拠地の問題，等の管轄問題も発生させる。政府はE商人による詐欺事件を防止しなければならないし，プライバシーの保護，知的財産問題，課税問題にも配慮しなければならない。これらすべての領域でほとんど制定法も判例もない。わずかにあるものも，その規制の方法がバラバラである。

　このようにして，Eコマースをより問題の少ないものとするための制定法の必要性が叫ばれている。また，当事者の所在がはっきりしないのでそのような法律が全世界で似通っていることが望ましい。ルールの統一性を促進するためには，国際的多国間協定によるか，あるいはモデル法による方法がある。Eコマースの実務は，まだ生成発展過程にある。UNCITRAL（CISGをまとめた機関）は，Eコマースについてのモデル法をまとめ1996年に採択された。モデル法は，立法に関して最低限の内容に限って盛り込む方針をとっている。目的はEコマースをやりやすくすることにあり，こ

れを規制することにあるのではない。いまや，どの国あるいは地域でも，E 商人とその顧客に対するガイダンスを提供する目的で，モデル法を採用することができる。

　UNCITRAL のモデル法は，紙の書類と電子メッセージの平等取り扱いを決めている。「データ・メッセージ」は，それが電子的であるという理由では法律的効果を否定されない，と規定し，さらに後日のリファレンスができるデータ・メッセージはすべての「書面」の要件を満たすことを規定している。「署名」の法律要件については，もしデータ・メッセージはメッセージ送信者とメッセージ受信者を特定する「その状況下で合理的な」方法がある場合には，署名要件が満足されたものとする。電子的データ・メッセージは証拠能力を認められる。また，「原本」としての証拠能力も，情報の不改ざんが確保され，情報が表示できる場合は，認められる。最後に，記録保持義務についてはデータ・メッセージが適切な電子記録による場合には満たされたものとしている。

　UNCITRAL モデル法はより詳細なルールも持っている。当事者はこのルールを契約で変更できる。これらのルールは，契約の成立，メッセージの帰属，メッセージの受領の確認と時間に関するものである。帰属については，メッセージは，それが権限のある者あるいはメッセージ作成者から自動的に作動するようにプログラムされたコンピューターから発信された場合には，特定の作成者から発信されたと見なされる。データ・メッセージの名宛人は，それが合意されたセキュリティ手段がとられ，あるいは作成者が現実の発信者に特定方法にアクセスすることを許諾した場合には，作成者から発信されたものであると信頼することができる。

　電子的データ・メッセージの大きな問題は，それが信書を US ポストオフィス経由で送る場合よりはるかに多い頻度で相手方に届かないことである。したがって，電子的メッセージの受領通知は，当事者にとって紙ベースのメッセージの場合より，ずっと重要となる。そこで当事者は契約中に，当事者がデータ・メッセージの受領を確認すべきことを規定する。UNCITRAL モデル法では，当事者が合意すれば受領確認は合意された方法

で可能であるし，特別の確認方法が合意されていない場合には，どんな通信手段あるいは行為によっても確認することができる。当事者が，確認を要求していない場合でも，データ・メッセージの作成者は，メッセージ本体に確認を条件とすることを規定することで，一方的に確認を要求することができる。そのようなメッセージは，確認が受領されるまで，発信されなかったものと見做される。メッセージが受領されたとされるためには，メッセージが少くとも作成者またはその代理人の管理外の情報システムに入ることが必要である。

　UNCITRAL モデル法には，他にも商品の運送契約や運送書類についての特別の規定がある。これらの規定は，制定法で書面が要求されている場合であっても，電子データ・メッセージで船荷証券や運送状（way bill）を代替しようとするためのものである。モデル法は，運送契約で書面が要求されている場合でも，電子データで要件は満足されているものとすることが規定されている。

　電子商取引に関する UNCITRAL モデル法は，1999年1月1日現在，韓国，シンガポール，イリノイ州が採用している。採用国あるいは地域はさらに増えるだろう。アメリカでは，統一州法全国委員会が電子取引を推進するために，二つの異なった統一法を採用している。一つは統一電子取引法（Uniform Electronic Transactions Act: UETA）であり，これは，内容と範囲において UNCITRAL モデル法に近い。これはすべてのタイプの電子メッセージと契約に適用される。そして，電子メッセージと契約をできるだけ有効にし，その利用を促進しようとしている。他の一つは統一コンピューター情報取引法（Uniform Computer Information Transactions Act: UCITA）である。これは，主にソフトのライセンシング取引に適用され，取引のあらゆる面に亘って詳細な規定を置いている。その形式は売買に関するUCC 第2編に似ている。一時はこれを UCC 第2 B 編とする考えもあった。しかし，この考えはアメリカ法律協会（American Law Institute: ALI）から十分にバランスが取れていないとの理由で拒否された。UCITA はまたUNCITRAL モデル法と UETA の考えの多くの点についてこれを拒絶して

いる。そこで統一州法全国委員会委員達は，認証や個人の確認などの基本的な点で食い違っている二つの統一法を提示することとなった。互いに矛盾するEコマースを規律するための法が州レベルであるいは国レベルで採用されることになると，当事者の所在地を特定できないEコマースの当事者に問題を発生させることになろう。これらの問題は，アメリカ以外の当事者がますますEコマースを利用するようになり，多くのこれらの取引が国境を越えて行われるようになると，ますます大きな問題となろう。

「書類引換払い」[20]（payment against documents）取引

　書類引換払い取引はどのようにしてなされるのだろうか。買主と売主が商品の売買契約を締結する場合に，売主は，引渡後に買主が商品を検査してから支払いをする条件よりも，書類と引換払いをすることを要求するであろう。このような条件は交渉をして契約中に規定しておかなければならない。放っておけば自然と書類引換払いが推定されるものではない。
　売主は，それが合意されると，商品を包装して商業送り状（commercial invoice）を用意することになる。もし，貿易条件が要求するなら（例えばCIF条件のように），売主は運送中のリスクを担保する保険証書（insurance certificate）（別の契約である）[21]を取得しなければならない。そののち，売主は商品を運送人に引き渡す。運送人は譲渡可能な運送証券（bill of lading）を発行する。これは，商品の受取証と運送契約が合体したものである。この運送証券が発行されると，運送人は商品を通常「売主またはその指図人（seller or order）」すなわち売主か売主が適切な裏書で指定した者だけに引き渡さなければならないことになる。
　運送証券による契約の条件によれば，運賃を対価として運送人は，商品を，(1)「記名式」（straight）（または譲渡不能）運送証券では指定された荷受人（consignee）に引き渡すか，あるいは，(2)譲渡可能（negotiable）運送証券の場合は正当な裏書きで「指図された」証券の占有者（所持人）に，引き渡さなければならない。書類引換払の取引では譲渡可能な指図式運送

証券が利用されるべきである。その結果，買主は買主が正当に裏書きした運送証券を現実に占有している場合にのみ商品の引渡を得ることができる。このような運送証券は「権原証券（document of title）」として商品に対するアクセスと引渡をコントロールする。

さらに，もし運送証券が譲渡可能であるなら，運送人から商品を受領する権利もコントロールする。そこで，売主が代金を回収する役目を委託された銀行に譲渡可能な運送証券を引渡した場合には，売主と買主は以下のことを確約したことになる。(1)商品が運送人に引き渡され，(2)それは買主向けの運送途上にあり，(3)代金回収をする銀行は単に指図式運送証券を留置するだけで運送人から買主に対する商品の引渡を押さえることができる。すなわち，銀行が売主のために買主から商品代金の回収を引き受けた場合，銀行は売主から運送人の発行した「権原証券」（運送証券）を受領する。それは，銀行に，運送人からの商品の引渡のコントロール権を与える。買主は，譲渡可能運送証券の物理的占有を取得しないかぎり商品の引渡を受けることはできない。そこで，銀行が売主からこの証券を取得すると，買主が運送人から商品を受領する前に商品代金の支払いを受ける（あるいは支払の担保を受領する）ことができるようになる。

売主が譲渡可能運送証券を取得した後に，どのようにして売主は代金の支払いを受けるのだろうか。まず第一に，売主は，運送証券に"為替手形（draftまたはbill of exchange）"，送り状（invoice）およびその他の買主から要求された書類をセットする。つぎに，売主は代金回収代理人として銀行システムを利用する。「為替手形」は通常一覧払手形である。これは，買主に提示し，「請求時（on demand）」に支払がなされるべき手形である。為替手形金額は売買契約の代金額であり，売主の指図人にたいして支払がなされるようになっている。

銀行では売主が為替手形と譲渡可能運送証券を，売主の銀行宛に裏書きをし，他の書類とともに銀行にこれらを引き渡す。信用状取引ではない場合には，通常銀行はこれらの書類を「取立委任（for collection）」として受け取る。銀行がこれらの書類を「買い取り」（discount or buy），これらの

所有者となることも可能である。

　銀行システムによる取立委任取引を理解するためには，109頁のフローチャートを参照していただきたい。売主の銀行は，為替手形と付随する書類を買主に提示する必要がある。これは，「通常の銀行チャンネル」を通じて書類を送付することで行われる。売主の銀行は，「取立委任」案件を支払われないかもしれないことを前提として個々に取り扱う。したがって，買主が為替手形の支払をするまでの間，売主に一時的に代金を立て替えることはしない。

　為替手形は付随する書類とともに，「通常の銀行チャンネル」を通じて買主の銀行（提示銀行）に送付される。買主の銀行は，買主に書類の到着を通知する。買主の銀行は買主に手形を honor することを請求する。すなわち，honor は一覧払い手形であれば支払を意味し，一覧後払い手形であれば「引受」（一定期間後に支払をする確約）を意味する。買主は銀行に対して手形と書類の照会（exhibit）を要求することができる。ここで買主は書類が契約に合致しているかどうかを検査する。もし，単なる通知がなされた場合には買主は通知がなされてから3銀行営業日間に手形を honor するかどうかを決定しなければならない。しかし，手形と書類が直接買主に照会のために送られた場合には，買主は当日の営業終了時間内に手形を honor するかどうか決定しなければならない。

　買主は「書類引換」に代金を支払わなければならず，商品引換に代金を支払うのではない。したがって，商品の売買契約中に，書類の明細を規定する必要がある訳である。買主が買主の銀行に支払をしあるいは支払を確約した後にはじめて買主は書類の現実の引渡をうけ，運送人から商品を受け取ることが出来る立場を取得する。買主はそれまで商品を見ることはできず，書類だけを見ることができる。そこで，買主は，売買契約に正確に適合しているかどうか書類を入念に点検する。書類の提供に関しては，実質的に書類が契約に適合しているだけでは不十分であり，完全に一致していなければならない。

　書類引換払いによる国際的商品売買のダイヤグラムは次ページに掲載し

国際的書類売買のダイヤグラム

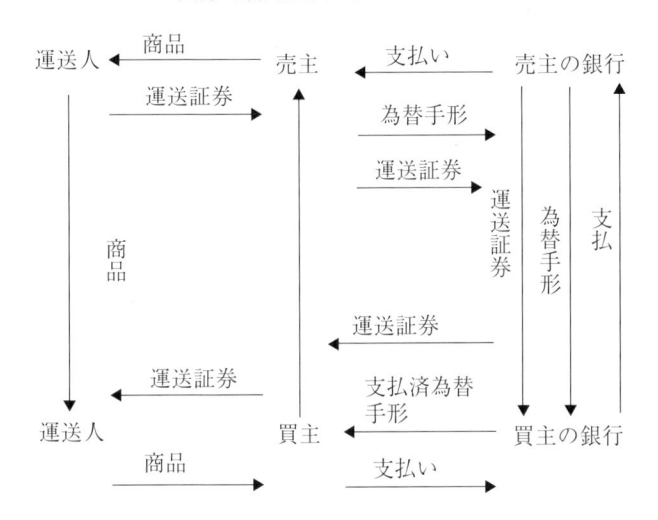

た。

　各当事者に発生するリスクに注目していただきたい。もし，売主が契約に適合する商品を発送すると，商品に関する書類または商品そのものが買主に引き渡される前に代金が支払われる。したがって，売主は代金の支払いがないかぎり，商品に対する支配権を失わない。もし，買主が買主の銀行に支払をすれば，その金は直ちにかつ自動的に売主の国の売主の銀行口座に送金される。売主の視点からは，どういうリスクがあるのだろうか。売主は発送前に支払を受けることなく商品を外国に発送しなければならない。また，支払について確約している者は買主だけである。買主は，書類が添付された一覧払い為替手形の支払いを拒絶するかもしれない。売主は買主に訴訟を提起することができるだろう。しかし，現実問題として実効性のある訴訟が提起できるのは買主の国の法廷においてであり，それは外国での訴訟ということになり，費用と不確実性をともなう。特に，原告は外国での訴訟提起に関して差別待遇を受けるのではないかと心配になるであろう。

　しかし，為替手形の支払拒絶の後運送証券は売主に返却されるので，売

主はまだ商品に対する支配権を留保している。しかし，商品は外国にある。そこには，売主の代理人がいるわけでもなく，転売の具体的見込みもない。さらに，もし売主がその商品を通常の営業区域に戻そうとすれば，帰路の運送賃を支払わなければならない。これは，商品価格からみて相対的に高額となるかもしれない。そこで，買主が為替手形の支払と商品の受領を拒絶すると，売主は買主の国でその商品を投げ売りしなければならない状況に追い込まれるかもしれない。売主のこのリスクは，買主に信用状の発行を要求しない限り，書類引換払い条件に本質的なものである。(信用状については第3章に詳しく論じている。)

　他方，代金の支払と引換に買主は，商品の引渡を受けることができる運送人からの書類と，偶発事故の損害から守る保険証明書と，場合によっては商品が契約に適合していることを保証する検査証明書を取得する。すなわち，買主は，取引の対価たる契約に適合した商品または滅失をカバーする保険金を受領できなければならない。しかし，支払前に商品を検査することができないために，買主は商品が契約に適合することを十分に確かめることができない。

　買主の視点からのリスクはなんであろう。少なくとも六つの事態が起こりうる。

　　(イ)　商品が滅失又は盗難に遭うかもしれない。
　　(ロ)　運送人の積付または扱いが悪く，運送途上で商品に損害が生じるかもしれない。
　　(ハ)　発送された商品が売買契約に適合していないかもしれない。契約に合致しない態様は，(1)売主がスクラップペーパーのような全く別の無価値の商品を発送する場合から，(2)商品のラベルに間違いがあった（これは輸出入国双方で通関上トラブルの原因になる）場合まで様々である。
　　(ニ)　運送証券と添付された書類が盗難にあい，それが裏書きを偽造されて運送人に提示されるかもしれない。
　　(ホ)　商品が運送証券に記載されたものと異なるかもしれない。すな

わち，運送証券ではある特定の明細の商品が発送されたことになっているが現実に引き渡された商品とがこれと異なっている。
(ヘ)　運送証券が偽造されていたかもしれない。そして，商品の発送自体が行われていなかったかもしれない。

これらの問題が書類引換払い条件では，現実に起こっており対策が取られている。例えば，減失または盗難に関して付保することはCIF契約では一般的慣習となっている。他の問題，たとえば商品検査前の支払については買主にとって頭の痛い問題である。これらに対しては契約の範囲内でなんとか対策を講じようとしている。現代の取引でよく利用されている手段は検査証明書である。

上記の内，三つは運送証券を利用する取引特有の問題である。次のような問題を含む。

(イ)　運送証券を紛失し，その後裏書きの偽造がなされ，運送人がこれに気づかず商品を引渡してしまった。(運送証券に基づいて間違った者に商品を引渡してしまった。)

(ロ)　荷送人により商品が運送証券上間違った記載がなされ，商品が運送され，契約とは異なった商品が運送人によって引き渡された。

(ハ)　運送人が知らない間に，運送証券が完全に偽造された。

運送証券

運送証券の権利移転の法規範については，UCC第7編がこれらの関係を規定している。しかし，実際には州内通商を除いて，連邦法がUCCに優先する。連邦運送証券法（Federal Bills of Lading Act〈旧名 Pomerene Act〉, 49 U.S.C.A. §§ 80101-80116）が，国際及び州際運送のための全ての運送証券の譲渡及び譲渡可能性について規制している。運送証券の様式と内容はハーター法（46 U.S.C.A. §§ 190 - 196）および海上物品運送法（Carriage of Goods by Sea Act, 46 U.S.C.A. App. §§ 1300 - 1315）が規制をしている。

このようにいくつかの法律が運送証券とその利用について多重に規制しているので，相互に矛盾する事態も考えられる。議会は最近連邦運送証券法を大改正した。改正では本質的部分を変えてはいないが，表現を改め以前の条文を統合し条文番号を改めた。

連邦運送証券法は運送業者が運送証券を発行するすべての州際運送と国際運送に適用される。文言上，この法律は物品がアメリカから他国向けに発送される場合に適用される。「運送人」は定義されていない。したがって，運送取扱人（freight forwarders）が発行した書類に適用されるかどうか定かではない。さらに，「運送証券（bill of lading）」の言葉も定義されていない。したがって，航空運送状（air waybill）あるいは内航運送書類にこの法律が適用されるかどうかも不明である。運送証券には二種類ある。「記名式（straight）」または譲渡不能（non-negotiable）運送証券と「指図式（order）」または譲渡可能（negotiable）運送証券である。（使用されている紙の色から，これらを商人は「白」または「黄色」と言っている）。それぞれ通常荷送人と運送人間の契約を表象する。そして，直接に契約条件を記載し，あるいは他の文書を引用することによって運送人の約款と運賃表を取り込んでいる。

誤配

譲渡不能または「記名式」運送証券は特定の者，すなわち荷受人宛てに発行される。譲渡不能運送証券では，運送人は物品を仕向地で運送証券に指定された荷受人に引き渡さなければならない（49 U.S.C.A. §80110）。記名式運送証券を現実に持っているだけでは，荷受人以外の者は物品に対するあるいは運送人に対するなんの権利も持ったことにならない。さらに，そのような記名式運送証券に裏書きをしても運送証券を譲渡可能にするものでもないし，被裏書人に権利が移転するものでもない。簡単に言えば，運送人が商品を記名式運送証券の荷受人または荷受人が授権した者以外の者に引渡した場合には，運送人は荷受人に対して誤配の責任を負うことに

なる。そこで，記名式運送証券は，「書類引換払い」の取引には向かないということになる。そして判例集には，弁護士が記名式運送証券を書類引換払いの「安易な」手段として選択し依頼人の利益を損なっている事例が満載されている。記名式運送証券は，商品の主たる運送手段にしたがい，「航空運送状（air waybill）」あるいは「運賃受領証（freight receipt）」などとも呼ばれている。

「指図式（order）」または譲渡可能（negotiable）運送証券は，指定された者またはその指図人（order）宛てに発行される。そこで，指定された者（荷受人）は裏書きをして商品の引渡を第三者宛てに行わせるように指図する（order）ことができる。もし，運送証券の占有が第三者に移転され，運送証券がその第三者に裏書きされれば（第三者の名前を書いてあるいは白地式で），その第三者が仕向地での運送証券の「所持人（holder）」となる（46 U.S.C.A. §80110）。このようにして，譲渡可能運送証券の占有が非常に重要な問題となる。運送人は運送証券を実際に見て誰が占有しているか，また誰に裏書きが最終的になされているかを確認しなければならない。

したがって，適切に裏書きされた運送証券の現実の占有は商品に対する権利と運送人に対する権利を証券の占有者すなわち「所持人」に与えることになる。第一の荷受人は，譲渡可能運送証券を単に署名するだけで（たとえば"Ralph Folsom"と）「白地式」で裏書きすることもできるし，意図した所持人の名前を特記して「記名式裏書（special indorsement）」（「Michael Gordonまたはその指図人に，Ralph Folsom」というように）をすることもできる（46 U.S.C.A. §80104）。白地裏書きの場合は，運送証券を占有している者は誰でも所持人になることができ，運送人に対して貨物の引き渡しを要求することができる。記名式裏書の場合は，指定された被裏書人のみが所持人となることができる。そしてその者だけが，運送人に対して貨物の引渡を請求し，あるいは他の第三者に運送証券をさらに裏書きすることができる。したがって，記名式裏書は，白地裏書きより当事者を窃盗あるいは偽造者から関係者をよりよく保護する。

言いかえれば，運送人は，もし貨物を所持人以外の者に引渡した場合は，

譲渡可能運送証券の所持人に対して誤配の責任を負担する（49 U.S.C.A. § 80111)。この意味で譲渡可能運送証券は，その占有が適切な裏書きを伴えば書類に対する権原と貨物に対する権原と運送人の書類所持人に対して貨物を引き渡すという直接の義務を移転させるので,「権原証券（document of title)」である。この理由で譲渡可能運送証券は「書類引換払い」取引に適合している。代金回収の委託を受けた銀行はこのような運送証券を保有することで，代金の支払いを受けるまで貨物と書類に対するコントロール権を保有する。いくつかの貿易国は記名式運送証券しか認めず，譲渡可能運送証券を認めない。多くの学者はアメリカのシステムの方がよいと考えている。

　運送証券の所持人は常に貨物に対する絶対的権原を持つとは限らない。しかし，だいたいの場合は絶対的権原を持っている。もし，荷送人が貨物の所有者でなければ，たとえば貨物が真正な所有者から拳銃を突きつけて奪取されたものである場合には，荷送人に権原がないので運送証券のいかなる所持人も貨物に対する権原を持たない。しかし，荷送人に騙されて所有者が任意に貨物を引渡した場合（たとえば荷送人が所有者の代金を小切手で支払ったが，その小切手があとで不渡りとなったような場合)，荷送人は取り消しうる権原（voidable title）を取得する（UCC § 2-403)。しかし，事情を知らないで対価を支払った善意の買主に対して完全な所有権を移転することができる（49 U.S.C.A. § 80105)。そのような対価を支払った善意の所持人の権利は，売主のリーエンあるいは運送途上の商品の取戻権に優先する。

　連邦運送証券法（Federal Bill of Lading Act）では，UCC のように，必要な裏書きの偽造は，偽造が完全であろうと不完全なものであろうと，権利を創造したり移転したりすることはない。また，権限のない代理人の署名も，それが現実の授権あるいは表見代理権によらない限り，偽造と扱われる。例えば，泥棒が記名式裏書を得て保持していた所持人から譲渡可能運送証券を盗んだとする。所持人が裏書きをすれば書類あるいは貨物に対する権利を第三者に移転することができる。そのような裏書きがなければ窃

盗犯は所持人とはならず，貨物に対する権利を取得することにはならない。もし，窃盗犯が所持人の署名を偽造すれば，この偽造は効力をもたないから窃盗犯はそれでも所持人にはならないし，貨物に権利を持つこともない。もし，窃盗犯がその書類を第三者に譲渡しても，正当な所持人の署名なしには第三者もまた所持人になることはなく，貨物に権利を持つこともない (Adel Precision Products Corp. v. Grand Truck Western R. Co., 332 Mich. 519, 51 N.W. 922 (1952))。運送人はまだ窃盗の被害者である所持人にのみ貨物を引き渡す義務を負担している。

　したがって，代金回収の委託を受けた銀行または第三者が記名式で書類を受け取った場合には，遺失や窃盗や偽造からも，さらには代理人による無権限の譲渡からも保護されることになる。

　もし，運送人が偽造者または所持人の裏書なしに偽造者から書類を受け取った者に貨物を引渡した場合，運送人は49 U.S.C.A. §80111に従えば誤配の責任を負う。偽造者もまた見つかれば責任を負う。貨物を受領した者およびその他の（運送証券の）譲受人は，49 U.S.C.A. §80107によって彼らが「運送証券と貨物に対する権原を譲渡する権利」を持っていることを保証したことになっている。[23]

　この考えは，運送証券を受領した者は「裏書人を知っている」筈である，という前提に成り立っている。もし，商品が誤配された場合には，商品を受け取った者をつかまえ，責任を負わせるのが最もてっとり早いだろう。彼は彼に対する譲渡人に対して保証責任を追及することができるし，彼がその譲渡人をもっとも発見しやすい立場にある。その譲渡人はこんどは，彼に対する譲渡人に保証責任を問うことになる。このようにして譲渡の鎖を遡ることになる。これはあまり効率的なやりかたではない。しかし，目的は譲渡の連鎖を遡り，偽造者から譲渡を受けた者，さらには偽造者自身に対して責任を追求しようということにある（その間に，所持人は運送人から損害賠償の支払いを受け，運送人は保険会社から保険金を受け取る）。対価を得て書類を譲渡した代金回収受託銀行もまたこの保証責任を負担する。もし，買主が代金を支払いそしてその代金が偽造者に支払われれば，

代金回収銀行は対価を受け取ったことになる。しかし、そのような立場の銀行には少なくとも三つの安全弁が用意されている。一つは譲渡可能運送証券を裏書するときにする免責条項である。もし、「別段の意思が表示されている」場合には制定法による保証責任は発生しない。そこで、「XYZ 銀行、前裏書不担保」と記載して裏書をするとこれは明らかにこの保証責任を免責したことになる。第二の方法は、銀行が書類を「債権の担保のため」に保有しているという主張である。制定法はそのような所持人を保証責任から免除している。この方法も問題は、代金回収受託銀行は代金を受領してから売主にその回収した代金を支払う点である。そこでは銀行は債権者にならない。第三の方法は、国際商業会議所 (I.C.C.) の1978年信用状統一規則による方法である。これは、銀行は、「代金回収委託の指示に適合するかどうか」の目的のため以外には書類を点検する義務がないと規定している（信用状統一規則第2条）。これは、包摂された白紙的な制定法にいう「別段の意思」に当たるかも知れない。保証責任を問われた銀行は、前譲渡人を特定できるかぎりその者に責任を転嫁することができる。

誤記

　運送契約上の運送人は売主と買主間の商品売買契約の当事者ではない。従って、運送人は売買契約に適合した貨物を引き渡す義務がない。運送証券に記載された貨物が運送契約の対象である。運送人は運送証券の記述に合致した貨物を引き渡す義務を負う。連邦運送証券法では、運送人は数量についてであれ、品質についてであれ、運送証券に記述された通りの貨物を引き渡すことができなかった場合に責任を負う（49 U.S.C.A. §80113）。この義務は記名式運送証券であれば貨物の所有者に対して負担し、譲渡可能運送証券であれば所持人に対して負担する。

　この責任の問題は運送人は運送品はしばしばコンテナーに入っているから通常何を運送しているか知らないことである。運送人は「IBM ワープロ・コンピューター100台」とラベルが貼ってあるコンテナーを受領した

ことは知っている。運送人は，コンテナーを開けてコンピューターが入っているかどうか，あるいは100台あるかどうかを確認しないし，確認を期待されている訳でもない。運送人がコンテナーを開けたところで，それぞれのコンピューターが問題なく動くかどうか検査することはできない。検査したところで，ワープロとしての通常の機能を発揮するかどうかを検査する専門的知識もない。したがって運送人が包装された貨物が記述に合致するかその能力はどうかということを保証することは期待できない。

　この問題を解決するために，運送人は連邦運送証券法上，記述に合致する貨物を引渡す義務を有効に免責することを認めている（49 U.S.C.A. § 80113(b)）。免責文言は法律に規定されており，つぎのような文言が免責約款として認められている。「包装内容物及びその状態不知（contents and condition of contents unknown）」「内容物は申告による（said to contain）」「荷主申告の重量および数量による（shipper's weight, load and count）」同様の趣旨を示す文言を使うこともできる。法律に書かれた表現を使う必要はない。

　免責文言は，もし運送人が，運送品が（運送証券に）合致していないことを知っていた場合には効力がない。免責文言は，事情を知らない運送人のみを免責する。しかし，運送人が積込をし，運送人が包装の数を勘定する義務がある場合には，運送品の状態についても記述しなければならない。運送人は，運送人が積込をする貨物が撒物の場合には，積み込んだ貨物の「品物の種類と数量」（品質は含まれない）を確かめなければならない。撒物の貨物の場合は，荷送人が積込をした場合でも，荷送人が要求し貨物の数量を計測する十分な機会を与えた場合には，貨物の種類と数量を確認しなければならない。運送人が梱包の数を勘定または検量しなければならない場合には，免責文言（例えば「荷主通告の重量および数量による」）は効力がない。

　したがって，現在のシステムでは，運送人は，カートンの数や貨物の重量のような一定の数量条項を確認しなければならない。これらは，いずれにしても運送人は，積み残しがないかどうかを確認するため，および適切

な運賃をきめるためにも,いずれにしても計測しなければならないことである。しかし,運送人は品質条項については確認する義務はない。これには,包装の内容を検査する義務と内容物に欠陥がないかどうかについて検査する義務がふくまれる。後者については,運送人は,梱包を開けて見る必要はなく,IBM ワープロ・コンピューターが内容物であると「申告された(said to contain)」100カートンの貨物を受領した,と真実通り記載することができる。この中間の問題も生ずる。運送人が35トンの,2000の錫のインゴットが入っているはずの封印されたコンテナーを受領したような場合に発生する。コンテナーが実際には空で,重量が1トンにも満たない場合,免責文言があっても運送人は免責を受けられないであろう(Berisford Metals Corp. v. S/S Salvador, 779 F.2d 841(2d Cir. 1985))。

　法律の規定では,これらの免責文言は売主が積込をした場合にのみ有効である(49 U.S.C.A. §80113(b)(1))。この制限は,「荷送人申告の重量および数量による」という免責文言については適切である。しかし,「内容物は荷送人の申告による(said to contain)」あるいは「包装の内容物および内容物の状態については不知(contents or conditions of contents unknown)」のたぐいの免責文言に関しては不適切である。場合によっては荷送人自身が積込をしなければならない。しかしもし運送人が運送証券を発行し荷送人が運送人の車両に実際に積込をしていないなら,「荷送人申告の重量および数量による」という免責文言があっても運送人は誤記について責任を負う場合がある。たとえば,Chicago and N.W. Ry. Co. v. Stephens Nat. Banks, 75 F.2d 398(8th Cir. 1935)を参照せよ。

偽造運送証券

　貨物がないのに運送人が運送証券を発行した場合,運送人は所持人に対して有責となるであろう。しかし,運送人が運送証券を発行しなかった場合はどうだろうか。そして,運送に無関係の第三者が運送人からの授権もなしに(偽造の)運送証券を発行した場合はどうだろうか。この偽造の運

送証券を買い取った買主は偽造者に，多分いくつかの銀行経由で代金を支払ったことであろう。そして結局運送人は貨物を受け取っていないことに気が付く。この場合は，運送人は荷受人に引渡すべき貨物も状態を記載すべき貨物も受け取っていないので，運送人に対して誤配や運送証券記載違反を問うことはできない。もし，運送人が運送状を発行せず，その「署名」が偽造または無権代理によるものであった場合には，署名は「無効」である。そして，運送人は訴訟原因となるような過失のようなものがないかぎり，その運送証券上の責任を負わない。

偽造した者が見つかれば，彼は詐欺として不法行為責任を負う。裏書の偽造と異なり，引渡すべき貨物自体がないのだから，貨物を受け取った者はいないはずである。しかし，偽造裏書の場合のように対価を得てその運送証券を譲渡した者は後の者に対して保証責任を負う。最初の保証責任は「運送証券が真正なものである」という保証である (49 U.S.C.A. §80107)。もし，運送証券が偽造されたものであれば，この保証責任の違反となる。したがって，その運送証券を譲渡し対価を受け取った者はすべて，後の者から保証違反の責任を追及されうる。その理由は，その運送証券を買い取った者は「直前の裏書人を知っている筈」であり，前の者から補償を受けることができるだろう，ということにある。その裏書人は今度は彼に対する譲渡人から補償を受けることができる。そして，譲渡の連鎖を遡り，損害の追求は偽造者あるいは偽造者と取引して運送証券を取得した者に至る。

対価を受け取って書類を譲渡した代金回収銀行もこの責任を追及されうる。しかし，偽造裏書責任を回避する場合と同様に，三つの逃げ道がある。(1)「別段の意思」を明示することによって保証責任の免責を得ること，(2)銀行は書類を「担保目的で」所持しているにすぎないと抗弁すること，(3) I.C.C. 回収規則に規定してある「銀行は書類の外見のみを検査する義務に任ず」との責任制限条項を援用することである。このそれぞれの方法には，前に述べたように，それぞれの問題がある。しかし，法律上の保証責任を白地で免責する黙示の意図を立証することができるかもしれない。保証責任を負わされた銀行は，その責任を直前の譲渡人をつかまえることができ

れば，彼に追求することができる。

電子運送証券

　連邦運送証券法は「運送証券」を定義していない。それは，誰かによって署名されていることも，書面であることも要求されていない。そこで，電子的運送証券が技術的に可能であるように見える。しかし，連邦法の主要な規則は，運送証券が書面であることを前提とした規定に満ちている。(白地にしろ記名式にしろ) 裏書や証券の引渡や「所持人」の言葉は書面を前提にしてはじめて意味をなす。

　しかし，通信技術は運送証券の主たる機能を果たす電子的情報をやりとりすることができる。例えば，受領証，運送契約およびその機能である。そこで，運送証券に対応するいくつかのタイプのものが現在利用されている。しかし，その多くは運送人による貨物の受領証としてのみ利用されている。その利用価値は，「記名式」あるいは譲渡不能運送証券 (あるいは運送状) のような貨物の引渡のために提示の必要のない書類の場合により高まるであろう。問題は，連邦運送証券法上，運送人は記名式運送証券が発行された場合であっても，貨物を「運送証券を所持している者」に対してのみ引渡すことを要求している点である (49 U.S.C.A. §80110(a)(2))。もし，貨物を運送証券引換でなしに引渡した場合，運送人は損害賠償責任を負わされることがある (49 U.S.C.A. §80110(c))。運送人は，実際ではこの義務をしばしば無視し，当事者は印刷された一定のフォームを交換するだけで貨物を引渡している。しかし，法律上は，アメリカでは電子的運送証券を利用することができない。

　このような要件にも拘わらず，州際通商委員会 (Interstate Commerce Commission) は統一的な電子的運送証券の利用を公に認めている。これは，譲渡可能運送証券も譲渡不能運送証券も，トラック運送に関するものも鉄道運送に関するものも対象である。これは，1982年と1988の二度に亘って公認された。これは，そのような電子的運送証券が単に貨物，荷送人およ

び荷受人に関する情報を伝達するだけだという前提に立っている。したがって，この証券では運送途上の貨物の売買はできないし，取引の金融を得ることもできない。規制上は譲渡可能統一電子運送証券は「裏の部分に裏書」が出来るようにしなければならないことになっているが，電子メッセージがどうしたら「裏の部分」を持つことができるのか，どうしたら裏書ができるのか，説明はない。

　運送人が発行する電子的国際的貨物の受領証を創設するプログラムが幾つか試みられた。アトランテック・コンテナー・ラインズはそれぞれの港のターミナルにある事務所同士を専用線でつないでこれらの事務所間でメッセージのやりとりを試みた。それは，荷受人または着荷通知先（notified party）にデータ貨物受領証（Date Freight Receipt）が発行される。その受領証は譲渡不能であり，荷送人による転売あるいは仕向地変更のリスクに関して買主あるいは銀行の利益を保護するものではない。カーゴ鍵受領証（Cargo Key Receipt）も同様のものである。しかし，前のものより進化している点もある。それは，荷送人と運送人の間の契約で「処分禁止」条項が規定されているからである。その結果，この電子メッセージは，運送途上で売主が第三者に転売したり，仕向地を変更したりするリスクから保護することになる。それでも，電子受領証は銀行を荷受人として記載したとしても正式な権利証券ではないので，売買の金融には利用できない。その受領証は買主に対する貨物引渡留保させる権利を銀行に与えるだけであり，銀行に対して貨物の支配権を与えるものではないからである。

　チェース・マンハッタン銀行は，シー・ドックス・レジストリーを創設した。これは，石油の運送に関して譲渡可能な運送証券を作り出そうというものである。レジストリーは運送人が発行した実際の紙の運送証券の保管者（custodian）の役を演ずるものである。そして，その運送証券の最初の荷送人から最終の「所持人」に至る譲渡の記録を管理する。譲渡は一連の電子メッセージによって行われる。すべての譲渡のメッセージはシー・ドックによって作られた「テスト・キー」あるいはID番号によって認証される。シー・ドックはつぎに代理人として保管している紙の運送証券に

裏書をする。最終的にシー・ドックは電子的に譲渡可能な運送証券の紙コピーを電子的に最終被裏書人に送付し，彼が運送人から貨物を受け取る。シー・ドックは法律的には成功し，このようなプログラムも可能であることを示した。しかし商業的には失敗に終わり，一年ももたなかった。

　万国海法会 (the Comite Maritime International : CMI) は電子船荷証券規則 (1990)[26] を採択した。この規則では，すべての運送人はそれが後の譲渡に関して決済機関 (clearing house) として働くかぎり，電子的船荷証券を発行することができる。貨物を受け取ると，運送人は荷送人に対して，貨物の記述と運送契約条件と第三者に荷送人の権利を譲渡するときに使う「プライベート・キー」を内容とする電子的メッセージを送る。CMI 規則では，荷送人はそこで貨物に対する「支配権と譲渡権」を取得することになり，「所持人」と呼ばれる。CMI 規則第4条と第7条によると，荷受人の権利を第三者に譲渡する場合には，荷送人からのプライベート・キーを付した（運送人宛の）電子メッセージで譲渡が行われる。この第三者が新しい所持人となる。運送人は荷送人の「プライベート・キー」をキャンセルし，別のプライベート・キーを新しい所持人に発行する。本船が到着すると運送人は所持人から指定された現在の所持人または荷受人に対して貨物を引渡す。最初の当事者は CMI 規則が取引の「通知」に関して適用されることを合意する。全当事者は同様に電子メッセージが，船荷証券が書面でなければならないとする各国法を満足するものであることを合意する。これは，契約と禁反言による譲渡可能権原証券である電子「書面」を作り出そうという試みである。一部の学者達はこれは私人による流通証券の創設である，それは，通常は立法府の管轄に属することである，とコメントしている。

　EC 委員会は，CMI 規則に則っている電子船荷証券運動 BOLERO を応援している。BOLERO では，銀行も運送人も電子船荷証券で表象される商品を誰が買って売ったかという重要な情報のレポジトリーにならない。その代わり BOLERO では運送人，荷送人，最終的買主および全ての中間介在者から独立した第三者を中央登録所の管理人とした。アメリカの銀行は

CMI 規則によって作られたこの方法を信頼していない。それぞれの運送人により管理されている登録所は SWIFT 手続と同レベルの安全策を維持していない（第 3 章の「電子信用状」の項を参照）。詐欺的取引の他，メッセージが間違った宛先に流れてしまう危険もある。そのような場合には，銀行は「運送人になりすました者によって銀行に流された詐欺的な情報に基づいて存在しない権利」を信頼してしまう危険がある。銀行は，そのような詐欺的行為による損害を，電子登録所としての新しい役割から発生する責任として，運送人がこれを引き受けるかどうか関心を持っている。Winship, in Current Developments Concerning the Forms of Lading （A.N. Yiannaopolis ed. 1995）参照。銀行はまた，運送契約の全条項が，二番目以降の「所持人」に開示されないことも心配している。したがって，CMI 規則はまだ広範に受入られているということにはなっていないようであり，船荷証券はまだ「書類引換払条件」においても信用状取引でも主として紙ベースで行われている。

　上記の試みは紙ベースの運送証券を電子メッセージで代替しようとしている。しかし，その他の点では運送証券システムを変えようとしていない。全く異なったアプローチがトレード・カードと呼ばれるものである。これは第 3 章で詳説する。

第3章　国際物品取引の資金調達

——国際的な荷為替売買と荷為替信用状——

問題

　大部分の国内における商取引とは異なり，国境を跨ぐ物品売買では，輸出業者＝売主と輸入業者＝買主は，それ以前に互いに取引した経験がなかったり，互いに相手や相手国の法制度を何も知らなかったりする場合がある。売主は，（1）買主が信用または信頼できるか，（2）買主の仲間から得た情報は信頼できるか，（3）資金払いが為替管理上妨げられることはないか（特に「ハードカレンシー」による決済の場合），（4）買主国の通貨での支払が許された場合，為替リスクはどの程度大きいか，（5）買主から契約どおり資金を受け取るまでどの程度遅れるか，について何も知らない。
　他方，買主は，（1）買主が先払いした場合，売主が商品をきちんと搬送するものと信じて良いか，（2）搬送された商品は質量ともに契約どおりか，（3）商品は適当な運送業者によって搬送され，きちんと保険がかけられているか，（4）商品は輸送中に損傷しないか，（5）売主は買主に対し，税関の役人から商品を受け取るのに必要となる所有権を示す文書を交付しているか，（6）売主は輸出管理規制や輸入税関，評価に関する規制上必要な書類（例：原産地証明書，健康または他の検疫証明書）を交付しているか，（7）完全な所有権を得るまで，すなわち買主＝輸入業者の場所で商品を使用できるようになるまでどの位かかるか，について何も知らない。
　当事者が見知らぬ者同士の場合，これらのリスクは重要で，場合によっては圧倒的な影響力を持つ。売主と買主は互いに遠く離れているため，

「第三者の助けを借りなければ」商品にかかる支払い代金を同時に交換できない。これから述べる信用状を使った荷為替売買においては，こうした潜在的に大きなリスクに対して専門知識を持って各々のリスク評価を正当に行い，取引リスクを分散して些細なレベルに減少する第三者の役割が明らかになる。

荷為替取引

隔地者間売買において，買主と売主以外に関与する第三者仲介機関は，銀行（少なくとも買主国の銀行が一つ，そして通常は売主国にもう一つ）と，最低限一つの運送業者である。従って，関与する当事者は，（1）買主（それと同時に「顧客」であることも多い），（2）買主の銀行，（3）売主，（4）売主の国に事務所を持つ銀行（以下，「売主の銀行」），および（5）少なくとも一つの運送業者である。これら当事者間で大きなリスクを引き受けることができる。このリスクは，全体では厳密な評価に馴染まないが，これを幾つかの小さく計算可能なリスクに分割することで，その各々を各当事者が容易に引き受けることが可能になる。このように，荷為替売買は，全てのリスク分散が「ゼロサムゲーム」であるわけではなく，実際には「全当事者にとって好ましい」状態になり得ることを示す実例である。

これら当事者は，一連の契約によって結び付けられるが，取引に関わる全当事者が各契約の当事者になるわけではない。契約には，(A) 買主と売主の間の商品売買契約，(B) 運送証券（訳注：アメリカでは運送証券の中に船荷証券と同じ機能を有する証券が含まれる），つまり運送業者が発行する契約書，および (C) 信用状，つまり売主が商品を荷送したことの証明に関する一定の条件を満たせば買主の銀行（そして確認が得られた後は売主の銀行も含む）が売主に支払う旨の約定，が含まれる。

(A) 取引の全過程に関わる契約は，買主と売主の商品売買契約である。この契約の当事者は買主と売主であるが，銀行と運送業者は当事者ではない。売主は契約に定められた数量・品質の商品を届ける責任を有し，

買主は商品を受け取り，定められた価格を支払う責任がある（その際の条件や，この点に関する更なる検討については，第2章の国際物品売買条約の議論を参照）。

(B) 荷為替売買においては，買主と売主は通常は互いに離れているため，商品を移動することが必要になる。そこで，商品の国際的な運送業者が雇われるのが普通で，売主か買主の一方が運送業者と商品の輸送契約を結ぶ（説明の便宜上，売主が契約を結ぶものとする）。売主（または，運送契約上の文言によれば「荷送人（shipper）」）は運送業者との間で，商品が買主（「荷受人（consignee）」）の場所まで輸送される旨の契約を結ぶ。

　この取引における二番目の契約は，運送業者が発行する「運送証券」の中に記載される。運送証券契約の文言によれば，貨物運賃を支払う見返りに，運送業者は（1）「譲渡不能（straight）」（または流通性のない）運送証券で指定された荷受人，か（2）「譲渡可能または指図式（order）」（または流通性のある）運送証券を所有しているもの（所持人）に対して商品を配達することを約束する。（流通性のある）指図式運送証券は，荷為替売買（信用状取引）で用いる必要があるため，買主は運送証券を物理的に所有した場合にのみ商品を配達してもらうことが出来る。そうした運送証券は商品へのアクセスや配送を支配するため，運送証券は「権原証券」でもある。

(C) 売主（荷送人）は，商品を運送業者に配達する前に，支払いがすぐ行われることの保証を必要とする。仮に買主との約定があっても十分ではない。たとえ買主の国にある銀行との間で約定があっても，売主は買主や銀行をよく知らないので，やはり不十分である。その代わり，売主は自分が知っている銀行，望むらくは売主の場所にある銀行との約定を必要とするのである。

　売主にとって必要なものが，我々の取引における第三番目の契約，すなわち，確認済みの取消不能信用状である。信用状は，銀行（通常は買主の銀行）が，契約上の金額を売主に支払う（もしくは「売主のためにこの銀

行から支払代金を引出す内容の為替手形を引き受ける」)ことを約した契約である。銀行との契約が発効する条件は，商品が，商品売買契約上必要な全ての書類とともに，運送業者の手で買主の港に輸送されたことの証拠を売主が提示することである。では，何がそうした証拠になるか。売主と運送業者との間の運送証券，すなわち我々の取引における二番目の契約が，売主が商品を輸送したことの証拠となる。

　さらに，それが流通可能な運送証券である場合，運送業者から商品を得る権利をも支配する。ゆえに，売主から売主の銀行に渡される運送証券は，銀行に対し，(1)商品が運送業者に渡されたこと，(2)商品の引渡先は買主であって第三者ではないこと，(3)銀行は指図式運送証券を保有していれば運送業者が買主に商品を渡すか否かを支配できること，を保証するものである。言葉を換えれば，銀行が売主に支払う場合，銀行は売主から運送業者の発行した「権原証券」を受け取るが，それは運送業者から買主に商品を渡すか否かを支配するものである。買主は，運送証券を物理的に所有しない限り，商品を保有することは出来ない。従って銀行は，売主に代金を支払った後，買主が運送業者から商品を受け取ることが出来るようになる前に，買主から支払いを受ける（または買主が銀行への支払いを保証する）。

　国際的な荷為替売買取引ではどうなるか。国際的な荷為替売買を図解すると次頁の図のようになる。買主と売主が商品売買契約を締結する際，売主は契約に「価格」条項と「支払」条項を盛り込むよう主張するであろう。リスクを最大限避けるためには，売主は「確認済みの取消不能信用状」による支払いを求め，微に入り細に入りどのような文書が必要かを明言すべきである。この支払い条項を売買契約に挿入する理由は，買主が信用状を開設し，商品そのものの配達と検査を済ませるよりも前に「文書に対して支払う」ことが期待されているため，支払い条項の内容を予め設計し，売買契約の中に盛り込むことが必要であるからである。支払い条項は通常は明示される。

　必要とされる文書に何があるか。通常，含まれるものとしては，

第3章　国際物品取引の資金調達

<国際的な荷為替売買の図解>

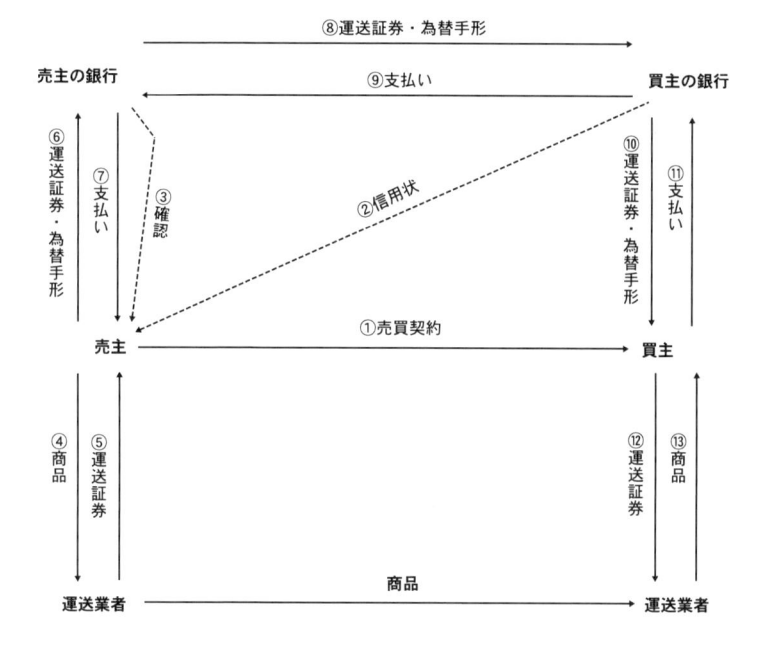

```
                    ⑧運送証券・為替手形
売主の銀行  ────────────────────→  買主の銀行
            ←──────── ⑨支払い ────────
  ↑  ↑                                    ↑  ↑
  ⑥  ⑦     ③                     ⑩      ⑪
  運  支    確    ②信用状          運      支
  送  払    認                     送      払
  証  い                           証      い
  券                               券
  ・                               ・
  為                               為
  替                               替
  手                               手
  形                               形
            ①売買契約
  売主  ────────────────────→  買主

  ④  ⑤                           ⑫   ⑬
  商  運                           運   商
  品  送                           送   品
      証                           証
      券                           券
            商品
  運送業者 ──────────────────→  運送業者
```

（1）流通性のある運送証券（運輸会社が，荷送する商品を領収し，当該文書の所持人のみに配達する義務を持つことを示すもの）
（2）商業送り状（商品の品質，数量，価格等，購入条件を示したもの）
（3）海上保険証券（商品が海上輸送される場合）
（4）検査証明書（検査会社が発行し，必要な数量や種類の商品が荷送されたことを確認するもの）
（5）輸出許可証および検疫証明書（商品が輸出手続きを通過したことを示すもの）
（6）原産地証明書（輸入国の税関職員が関税額を決定するために用いる原産地の規則に関して必用になるもの）

買主が信用状の支払い条項に同意した場合，買主（信用状の文言上は「勘定当事者（account party）」または「顧客（customer）」）は買主の銀行（「発

行者(issuer)」または「発行銀行(issuing bank)」)との間で，信用状(「credit」)を売主(「受益者（beneficiary)」)に発行する契約を結ぶ。信用状は，売主が発行銀行に信用状の文言（及び当初の売買契約）に明示された文書を提示すれば，発行銀行が直接，売主（「受益者」）に対して契約上の価格を支払う約定である。買主の銀行は，買主の信用状態を知っており，買主から（即時払もしくはローンによる後払で）資金を受け取るための適切な契約を結んでおく。買主の銀行は信用状が取消不能の場合には信用状発行後は信用状の条項に拘束されてしまうため，こうした契約は信用状を発行する前に結ばれる。

売主が自分の知っている銀行に対して支払いを求める場合，信用状を売主の銀行（「確認銀行（confirming bank)」)によって確認してもらう必要がある。買主の銀行はもう一つの銀行，すなわち売主の銀行を通じて信用状を売主に渡す。単に「我々はこの信用状を確認しました」と示すことで，売主の銀行は，売主が必要書類を銀行に示せば契約上の価格を支払うことを売主に対して直接約束することになる。売買契約の中で信用状の確認が要求されない場合，買主の銀行は，売主の近くにいる「通知銀行」(notifying bank または advising bank）を通じて信用状を渡す。通知銀行は売主に対する義務は負わないが，取立目的のみのために，書類を得て買主の銀行に手渡す。

信用状が一旦発行され確認されると，売主は商品を荷造りして商業送り状を用意し，商品の輸送をカバーする保険の証明書（別形態の契約）を調達する。検疫証明書が必要な場合，商品は売買契約が指定する検査人に渡され，検査会社は商品が売買契約の記述に合致することの証明書（別の契約）を発行する。売主はまた，税関の役人に見せる必要のある書類を，自国の税関用（例：輸出許可証）および買主国の税関用（例：原産地証明書）の分について用意する。その後，売主は商品を運送業者に送り，運送業者は，受取証と契約書の結合体として，流通性のある運送証券を発行する。この運送証券は，一般に運送業者が商品を「売主または指定された者」のみ，すなわち売主または売主が適切な裏書きによって指定した者のみに対

し，配送することを要求している。

　この段階で売主は必要書類を完全にそろえ，売主の銀行にこれらの書類を持参する。売主の銀行は，（確認銀行として）書類が提示されれば売主に対し，契約上の価格を支払う義務がある。支払いを受けるため，売主は書類に「為替手形」(draft) を付けるが，銀行は信用状の中でそうした為替手形を引き受けることを約束している。為替手形（時々 bill of exchange とも呼ばれる）は売主が署名し，売主の銀行か買主の銀行から契約額で引き落とされる小切手に似ている。為替手形は要求に応じて（一覧払い (at sight)）現金売買で支払われるか，または後払いの信用売買のかたち（例：一覧後30日）で支払われる。一覧払為替手形 (demand draft) が用いられると，銀行は，通常は売主の銀行勘定に対して付替えするかたちで即座に金額を支払う。確定期払為替手形 (time draft) が用いられる場合，銀行はそれを「引受け」する（銀行が後日支払う旨の確約を手形に記載する）。後者の場合，売主は，銀行の信用を利用して手形を売却することにより，即座に資金を調達することができる。

　売主の銀行は，商品を実際に見ることはなく，書類のみを見るため，書類が唯一の拠り所であることから，書類が信用状の要件に正確に合致するかを厳密に審査して決める。売主が実質的履行の法理 (substantial performance) を主張しても受け入れられない。そのため，信用状が「100％アクリル糸」を要求し，商業送り状が「輸入アクリル糸」と記載している場合，たとえ荷造りリストに「100％アクリル糸」と記載されていても信用状の要件が満たされたことにはならない (Courtaulds North America, Inc. v. North Carolina Nat. Bank, 528 F.2d 802 (4th Cir. 1975))。

　銀行の支払いと見返りに，売主は，売主の銀行宛の為替手形と流通性のある運送証券に裏書し，他の書類も売主の銀行に送る。反対に売主の銀行は，信用状に裏書して付属書類を付して買主の銀行に示す。買主の銀行は，信用状の記載に基づき，為替手形を「引受け」(honor)，為替手形に付された書類が確認された場合に，売主の銀行に支払をする義務を持つ。その後，買主の銀行は買主に連絡を取り，書類を示して買主から支払いを受ける。

買主は銀行と同様，商品そのものではなく「書類と引き換えに」支払う義務がある。元の商品売買契約で書類の条件を明示し，その後，明示条件を信用状にも繰り返し正確に記載する必要があったのは，こうした訳なのである。買主が買主の銀行に一旦支払うか支払う取り決めを行うと，買主は運送証券を得ることができ，そこでようやく運送業者から商品を受け取る権利を得る。

　各当事者のリスクが限定されていることに注目されたい。売主が確認済みの商品を荷送する際，買主と二つの銀行から各々独立に支払いを得る約定を結んでいる。銀行との約定では，書類が合致している限り，商品が実際に合致していなくても強制的に支払われる。そのため，実際には，売主は売主の銀行が（そして買主の銀行と買主も）倒産した場合にのみリスクを負う。そうしたリスクは多分評価可能な範囲にとどまるであろう。仮に売主の銀行が不当に義務の履行を拒否した場合，売主は地元の裁判所で「支払能力の高い（deep pocket）被告」を相手とする訴訟原因を得たことになる。

　売主の銀行は，書類に基づいて売主に支払う義務があるものの，売主の銀行は買主の銀行や買主から補償を受ける権利を有するため，実際にはリスクは買主の銀行（および買主）が義務を履行できないか拒んだ場合にのみ存在し，売主の銀行はそのリスクを正確に評価することができるはずである。買主の銀行は，買主が倒産した場合や支払い義務の履行を拒んだ場合にのみリスクを負うが，そのリスクは買主の銀行が信用状を発行する前に審査する機会があり，それを価格（金利）に反映させることのできるものである。

　他方，買主は運送業者から，価格を支払う見返りに，買主に商品の配送を受ける権利を与える書類や買主を不慮の災害による損害から守る保険の証明書や，場合により商品が売買契約に合致することを保証する検査証明書をもらう。言葉を換えれば，買主は取引した内容物，すなわち確認済みの商品の配送やあらゆる損害を十分カバーする保険金を受け取るべきなのである。

準拠法

　信用状に関する法律は，第一次世界大戦前から主にイギリスで発達し，その後はアメリカの裁判所で発達した。アメリカで通常適用される法は，UCC 第5編を州法化したものである。しかし，州法化した UCC 第5編の大部分は強行法規ではなく，それゆえ第5編の多くは，契約に明示された当事者間の契約条項に従うとしている。国際商業会議所（ICC）は荷為替信用状に関する統一規則及び慣例（信用状統一規則：UCP）を作成・公表したが，これは大部分の国際的な信用状に取り込まれている。信用状統一規則は銀行の業務に関するかなり詳しいマニュアルで構成されているが，それは銀行界の「慣習」のリステイトメントであって法律たらんとしたわけではない。それらは契約条項や銀行取引慣行を明示的に述べたもので，UCP の条項は当事者の行為を通常決定する規則を示したものである。ニューヨーク州，アラバマ州，アリゾナ州，ミズーリ州では，UCC §5 - 102 (4)の修正条項として，UCP が信用状の中で準拠されている場合は UCP のみが適用される旨，明記している。この条項は，そうした信用状を1940年代の判例法に服させようとするものだが，これに関与した裁判所では，必要に応じて，賢明にもこの条項を空文化または UCC 第5編の類推解釈を行ってきた。

　UCC 第5編と UCP は共に最近になって改訂された。改訂された UCC 第5編は1995年に（州法委員全国会議）とアメリカ法律協会によって採択され，40州で州法化されたがニューヨーク州はまだである。UCP の最新版は1993年改訂版（ICC Pub. No.500）である。UCP と UCC の規則は相対的に似通っているが，いくつかの相違点もある。UCP の規定は詐欺以外の問題に関する分析により力点があるが，UCC 第5編の規定は詐欺の主張に関する問題を解決するために用いられるものである。それゆえ，本章では詐欺以外に関する全ての問題を UCP 規則で叙述し，詐欺については UCC 規定で説明する。

UCPは信用状取引における銀行を四つの範疇，すなわち発行銀行（issuing bank），通知銀行（advising bank），確認銀行（confirming bank），指定銀行（nominated bank）に分類している。発行銀行は，信用状に記載された書類（適合書類）の提示を受けた場合は自ら為替手形を引き受けることを約束している。通知銀行は，受益者（通常は売主）に荷為替信用状を通知するが，書類と引き換えに支払う約束はしない。通知銀行は，通知する前に信用状の真偽を「相当の注意（reasonable care）」をもってチェックする義務を負うだけで，その他の義務は負わない。確認銀行は，発行銀行から信用状を受け取り，適合書類と共に為替手形を示せばそれを引き受けるという約束を自ら付加する。指定銀行は，必要書類を備えた為替手形の支払または流通のため，発行銀行によって指定された売主の所在地にある銀行である。それは確認銀行である場合とそうでない場合がある。

　UCP（及びUCC第5編）にいう信用状規則には二つの基本原理がある。第一に，信用状に基づく銀行の義務は，売買契約に基づく買主と売主の義務とは独立して存在するということである（UCP第3条）。第二に，銀行は書類のみを取り扱い，背後にある売買契約の履行には携わらないということである（UCP第4条）。発行銀行や確認銀行の約定は，受益者（売主）が売買契約上の義務を履行しなかったとして買主がクレームまたは抗弁してきても，それには従わない（UCP第3(a)条）。しかし，後述するように，銀行の約定は買主が受益者（売主）の詐欺を主張した場合には別である。UCPは詐欺については規定していないため，アメリカ法が適用される場合はUCC第5編に基づいて解釈する必要がある。

　銀行は受益者（売主）に対し書類と引き換えに支払い，商品を実際に見ることはないため，全ての書類条件について「完全履行（perfect tender）」や「厳格一致（strict compliance）」を強調する。荷為替買取引で商品について記載する主な書類は商業送り状である。商業送り状の記載は明確であると共に「信用状の記載に対応」していなければならない。他の書類の記載については，一般的であっても，単に信用状の記載と「矛盾しない」だけであっても足りる。イギリスの裁判所は，「機械で殻を剝いた落花生

の実」という記載と「コロマンデル海岸の落花生」という記載とは，たとえどちらの表現によっても同じ商品を指すことで合意を見たとしても同一ではないとの判断を示して有名になった。銀行はその二つが同一物だということを知ったり，見つけることは期待されていなかったからである（J.H.Rayner & Co.Ltd. v. Hambro's Bank, Ltd. ［1943］1.K.B.36 （Court of Appeal））。

　書類の厳格一致に関してさらに難しい訴訟上の問題は，運送条件において現れるようである。積載，提示その他の行為で，ある時点までに遂行しなければならないと信用状に明示された条件は，厳格に執行される。「フルセット，無故障，海上運送証券（Full Set Clean On board ocean bills of lading）」を信用状が要求している場合に，「トラック輸送の運送証券（truckers bills of lading）」を提示した場合，たとえその運送証券がメキシコの税関書式によるもので，メキシコのトラック運送業者が運送証券に商品が「船積完了（on board）」と明示しなかっただけであるとの証拠が示されても，やはり不十分である（Marine Midland Grace Trust Co. of N.Y. v. Banco Del Pais, S.A., 261 F. Supp.884 （S.D.N.Y. 1966））。

　しかし，状況によっては，裁判所は別の基準を用いているように思われる。売主＝荷送人がCIF（運賃保険料込条件）契約で海上運賃を前払いせず，その代わり商業送り状の金額に対して海上運賃を負担するかたちで差し引きした書類を発行銀行に提出した場合はどうなるか。発行銀行は書類の受け付けを拒否し，確認されていないとして書類が添付された為替手形の支払いを拒むべきなのか。そうした書類は厳密にはCIF条件に合致していないが，Dixon, Irmaos & Cia, Ltda v. Chase Nat. Bank, 144 F.2d 759 （2d Cir. 1944）で裁判所は，「古い慣習（ancient usage）」では荷送人がそうした行動をとることを認めているため，書類は合致すると判示した。支払拒絶を正当化しなかったと思われる不一致としてその他に，運送業者の責任を制限する運送証券中の技術的には無効な条項が含まれる（British IMEX Indus., Ltd. v. Midland Bank Ltd. ［1985］1 All Eng. Rep. 264）。なお，受益者による実質的履行に基づく支払いを認容したと思われる一連のアメリカ

の判例（Banco Espanol de Credito v. State Street Bank & Trust Co., 385 F.2d 230（1st Cir. 1967），cert. denied（上告棄却）（390 U.S. 1013（1968））は，現在では修正 UCC 第 5 編（修正 § 5 -108 とそのコメント）により拒否された。

　提出された書類の不一致は日常的に起きる。ある事件で専門家は，全ての荷為替取引のうち約半分で不一致が見つかっていると証言している（Banker's Trust Co. v. State Bank of India, [1991] 1 Lloyd's Rep. 587, affirmed [1991] 2 Lloyd's Rep. 443（C.A.））。他の注釈や判例は，そうした書類の提示の半分から 3 分の 2 で少なくとも一つの不一致が見つかっているとする。この誤りの起きる確率の高さは，上記 Banker's Trust の事件の場合，提出された書類が967頁にも及んでいたことを考えれば驚くには値しない。しかし，「厳格一致」基準そのものが問題を孕むことは明確である。

　UCP の第13(a)条では，「銀行は全ての書類を検査しなければならない。……相当の注意を払って，表面上一致しているように見えるか否かを確かめ，……一致‥‥はこれらの条文に反映された銀行慣習の国際基準によって決められる」。起草者によれば，「銀行慣習の国際基準」を参照させている意図は，厳格一致基準の運用が「過剰（sharp），不正（dishonest），過失（negligent）」になることを防ぐことにあり，それゆえ従来の基準に比べて幾分柔軟性を持たせている。しかし，「銀行慣習の国際基準」は「これらの条文に反映されている」とするが，UCP の他の規定はこの問題を取り扱っていないため，変更が意図されていたのか否かを確かめることは難しい。さらに，ロンドンの慣習は発展途上国の慣習とは異なっているため，「銀行慣習の国際基準」など存在しないであろう。ゆえに，先の「厳格一致」基準は，その問題を孕みつつも今後も持続する可能性が高い。

　書類が発行銀行か確認銀行（またはそれらのために行動する指定銀行）に提供された場合，銀行は二つの義務を負う。一つは書類を検査し，信用状の条件に適合しているか否かを決めること，もう一つは不一致が発見された場合に対処することである。

検査は，全て行うだけでなく早く行わなければならない。銀行が不一致を発見した場合には，顧客である開設依頼人（買主）に相談せずに書類を受領拒絶できる。しかし，多くの場合，不一致は些少のものか誤植で，不一致があるにも拘わらず顧客は支払いを望み，商品は配達される。そこで，UCP 第14(c)条は，銀行が開設依頼人，つまり顧客と見つかった不一致を見逃すことについて相談することを，容認している（相談は義務ではない）。この条項は，銀行が更なる不一致を見つけるために開設依頼人の助けを求めることは認めていない。上記 Banker's Trust 事件の証拠によれば，開設依頼人が発行銀行から相談を受けた回数の約90％で，開設依頼人は銀行が発見した不一致を実際に見逃している。銀行システムが課した技術上の難しさに拘わらず，銀行でない当事者（買主と売主）が取引の履行を望むため，この仕組みがうまく機能しているようである。

UCP 第13(b)条は，銀行に「書類を受領するか拒絶するかを決めるのに……7営業日を越えない相当の時間」を与えている。もし，銀行が不一致を発見しなければこの期限に間に合うにはさして困難なことはなく，「相当の期間」はかなり短くて済むであろう。上記 Banker's Trust の事件で，967頁の書類は発行銀行が2日半をかけて2回検査している。一旦，銀行が書類を受領することを決めれば，銀行は書類を渡した当事者に対して通知しなければならない。

しかし，銀行が不一致を発見した場合，時間の圧力に直面することになる。「7営業日」以内という期限には，提示された書類を検査する時間に加えて，不一致を見逃すか否か，及び書類を渡した当事者に通知するか否か，について銀行の顧客（買主）と相談する時間も含まれる。この顧客と相談する二つの要件があるために，難しくなるのである。事務職員が書類を検査するのに必要な時間を計算するのは，顧客，すなわち開設依頼人と相談し，返答を得るまでの期間を決めることよりも易しい。発行銀行はまた，もとの当事者に対する不一致の通知について，慎重を期するあまりに遅らせるかもしれない。

UCP 第14(d)条は，提示された書類を拒否した銀行に対し，書類を提示し

た者に対する通知の中で，拒否の原因となった「全ての不一致を記載すること」を要求している。UCP 第14(e)条では，全ての不一致を記載しなかった場合，記載しなかった不一致に関しては，権利放棄や禁反言を証明しなくても，銀行による不一致の主張は「排斥される」。従って，書類を拒否した銀行には，自らの主張の拠り所になる全ての不一致を確認する機会は1回のみである。この規則の根拠は，受益者（売手）に一度に全ての不一致を通知することで，受益者は，それらの不一致が全て修正できるか，そうした修正はコストに見合わないかを決めることができるからである。しかし，この規則があるために，発行銀行は全ての欠陥が発見されたことを確認するために追加的な再検査を行うため，通知もまた遅れることになる。

　7営業日という期限は，全取引において「相当の期間」となるべきではなく，特に全ての書類が1, 2時間で検査可能な単純な取引についてはそうではない。仮に7営業日が規範となったとすれば，受益者は3週間にわたって地元の指定銀行との間の未確認の信用状を含む取引においては資金が入ったか否かを知り得ないであろう。現行の慣行では，それよりもかなり早い。

　UCP では，銀行は書類のみを扱う（UCP 第4条）。当事者は，書類上の証拠と一致する限り，信用状に条件を付すことができる。従って，信用状には書類と書類の支払い条件について，正確に記載しなければならない（UCP 第5(b)条）。各条件が書類の証拠によって満たされるものであることを確保することは，発行銀行とその顧客，すなわち発行依頼人（買主）の責任である。さもないと，条件は満たされる必要がない。UCP 第13(c)条によると，信用状の中の条件で書類によって条件との一致が決められないものがある場合，銀行はその条件が書かれていなかったものとして無視することができる。

　信用状に必要となる最も重要な書類は，輸送に関する書類である。UCPの前の版では，この書類は，商品は海上輸送によるという前提のもと，海上船荷証券（ocean bill of lading）として言及されていた。しかし，運送業が新たに発達を遂げ，新技術による輸送手段が出てきた。そのため，UCP

の1993年改訂版では，流通性のある海上船荷証券，流通性のない海上貨物輸送状，傭船契約船荷証券（charter party bills of lading），複数手段による（multimodal）輸送書類，航空輸送書類，道路・鉄道または国内海上輸送による運送書類，およびクーリエや郵便受取証，というように条項を分けている。

　UCP 第23条によれば，海上船荷証券は，積荷港，陸揚げ港，運送業者について記載し，正当な署名者となる当事者を明示しなければならない。しかし，銀行は，別途特約がない限り，署名や「船積完了（on board）」の記載のあるイニシャルを審査する義務を負わない。船荷証券では指定船舶（intended vessel）を示すことがある。そうした場合, on boardの記載は全て商品が積荷された船舶を明示しなければならない。「数通の」船荷証券を発行し，そのうちの一つが到着して引き受けられるという中世の慣習は今や存在しない。そして UCP は単一の原本となる船荷証券を持つことを原則とするよう努めている。

　傭船契約船荷証券は運送業者は特定しないが，信用状と共に運送書類として許容されている。UCP 第25条(b)条は，傭船契約の当事者は貿易に関するかなりの知識を持ったプロ同士であるとの前提に基づき，傭船契約を検査する義務を銀行から免除している。

　複数手段による運送の取り決めの場合，船荷証券は運送業者ではなく貨物取扱い業者（freight forwarder）によって発行される可能性が高い。従って，運送業者の名前を記載しないし，権原証券としての原則である貨物の受取り人（bailee，受寄者すなわち運送人）の受取証も含まれない。しかし，信用状がそのような船荷証券の使用を許可した場合，もし貨物取扱い業者が船荷証券を複合運送人あるいは運送業者の代理として発行すれば，そうした船荷証券もUCP第30条に従い使用可能である。そうでないと，そのような貨物取扱い業者の house bills は，UCP 上，信用状によって受容可能な運送書類とはならない。

　原本となる書類が紛失または破損した場合，コピーが署名されていれば，銀行はコピーを正本として受け入れることができる。UCP の第20条(b)条に

よれば，手書き，ファックス，ミシン目の入った署名，切手，シンボル，その他機械的・電子的方法による署名が認められている。しかし，多くの大陸法諸国(例:ドイツ)では，ファックスによる署名は受け入れられず，手書きでない署名は皆無効となる。

確認銀行の責任は，発行銀行の責任とは分離独立している。確認銀行の責任は，受益者から確認銀行かUCP第9条にいうその他の指定銀行へ書類が提示されることで生じる。UCP第9条は，確認銀行自身が書類を検査する機会を得られない点で確認銀行にとって困難な責任を負わせる可能性がある。しかし，UCP第42条により，信用状には書類の提示場所と書類提示の失効日の両方が記載されていなければならない。そのため，確認銀行は指定銀行が確認銀行であると主張するだろうが，それが常に可能とは限らない。代わりに指定銀行でない確認銀行は，自行の事務所こそが書類の提示場所に指定されていると主張することができる。

電子信用状

電子的な意思伝達は信用状の慣行のある部分を代替しているが，別の部分ではそうではない。電子的な意思伝達は，銀行間の意思伝達の発行過程で行われ，発行依頼人が発行過程に関与する際に用いられることもある。しかし，現在はまだ多くの理由で完全にペーパーレス化した取引は実現できていない。第一の理由は，受益者が依然として，銀行が特定の条件下に支払うことを約した書面を所持したいと欲するからである。第二に，次章以下で論じる様々な理由により，電子的な運送証券は貿易の大部分で流通性のある権原証券として受け入れられてはいないからである。従って，信用状の回収においては物理的な書面が提出される一方，資金決済は電子化されている。

銀行間の信用状に関する意思伝達の4分の3，他の銀行の発行，通知，確認または信用状の交渉はペーパーレスで行われ，意思伝達自体は電子化されている。銀行間の意思伝達が電子化されている一方で，銀行と受益者

(売主) との意思伝達は依然紙ベースで行われている。しかし，信用状の発行者は今や受益者のコンピューターと直接交信できるため，電子ベースでの慣行が今後増加することが予想される。UCP の規則は今や紙ベースの術語を用いず「電信 (teletransmissions)」という術語で書かれており，そのことが電子的な慣行を促進している。

信用状に関する大部分の銀行間意思伝達は，SWIFT (the Society for Worldwide Interstate Financial Telecomunications) の専用回線を用いて行われている。SWIFT は，金融取引メッセージの交信のために複数の銀行が共同出資して所有しているベルギーの非営利機構である。SWIFT はそうしたメッセージを統一フォーマットに入力することを要求し，メッセージスペースやメッセージテキストの標準入力項目を使っている。従って，変換しなくてもコンピューター同士で意思伝達を済ますことができる。

信用状の発行銀行は，最も近い SWIFT のアクセスポイントにメッセージを伝達する。その後，メッセージは専用データ回線で地域ごとのプロセッサーに運ばれ，そこで有効となる。地域のプロセッサーからは，アメリカかヨーロッパに位置する二つのメインスイッチの一つに専用回線で運ばれる。そこから地域プロセッサー，SWIFT のアクセスポイントを通じて受信銀行へと送信される。金融メッセージのフォーマットの標準化が十分発達し，包括的になっていれば，メッセージスイッチを起動させたり，時には待ち電文として蓄えたりすることはコンピューターで行うことができる。SWIFT はこのレベルの標準化に達しているようである。

SWIFT の電子信用状のメッセージを受け取った銀行は，信用状の通知要求や流通性の認証要求，支払い要求について受け入れた場合に返答を送信する必要はない。通知，流通性の認証，支払いの履行のみを必要とし，発行銀行から求償を受ける権利を有する。しかし，SWIFT のメッセージは信用状やその認証や要求を送信するのみである。SWIFT メッセージが発行銀行と他の銀行との間における信用状や他の資金移動の決済に効力を発するものではない。SWIFT は，CHIPS (Clearing House for Interbank Payment Systems) のような銀行間決済の清算機関ではない。SWIFT の信用状シス

テムでは，参加銀行は他の取り決め（CHIPSなど）に従って勘定を決済し，資金移動を終わらせる。

　利用者の安全確保のため，SWIFTはメッセージの暗号化と電子認証を行っている。SWIFTメッセージの認証には，メッセージの内容を最初から終わりまで暗号化する数学の公式であるアルゴリズムが用いられる。SWIFTメッセージと信用状の全てのメッセージが認証を必要とする場合，発行銀行はその内容を数式化し，その結果を文字数やデータフィールドに編集する。各地域のハブポイントでSWIFTは認証の文字数で認証結果をチェックする。しかし，より厳密な認証は発行銀行から渡された認証キーに含まれるアルゴリズムを用いて受信銀行が行う。メッセージが不正であったり，変更されている場合，認証手続の計算結果はミスマッチとなる。「入力開始（log in）」手続，アプリケーション選択手続，メッセージの番号付け及びエラーチェック，ハードウェアへのアクセスコントロールもある。概して，安全装置は巨大で複雑である。

　SWIFTメッセージは場合により2時間までの遅れはあるものの，大部分は銀行が発行してから数分で配信される。そのため，システム内での遅延は少ないものの存在はする。では，電子的な信用状の発行者はいつ義務を負うか。UCPの規定はこの問題につき何も規定していないが，修正UCC第5編は，そうしたメッセージは発行者による発信時点で効力を有し，強制力を持つのであって，受信銀行に到達した時点ではない。修正UCC§5－106(a)とSWIFTの規則は返答を義務化していない。このUCC規則は実際に取引を行う銀行員の理解と合致している。

　SWIFT規則では，SWIFTとその利用者との法律関係はベルギー法で規律される。SWIFTはSWIFT従業員や代理人の過失や詐欺，SWIFTが管理する地域プロセッサー，メインスイッチ，それらを繋ぐ専用回線といった伝達システムについて責任を持つ。しかし，SWIFTが管理しない銀行のメッセージの送受信を行うコンピューターや銀行と地域プロセッサーを結ぶ専用回線といった伝達システムについては責任を負わない。たとえSWIFTに責任があっても，その責任は「直接」損害（利用料の損失）に限

定され，間接的（結果的）な損害に対する責任は負わない。SWIFT と銀行以外の取引当事者との関係や銀行とその顧客との関係にベルギー法が適用されるか否かはまだ裁判所で争われていないようである。

　これで開設依頼人（荷為替信用取引における買主）は自らが設計した電子信用状を要求することが可能になった。要求された電子信用状はその後，SWIFT システムを使って発行するために発行銀行に送られる。この手続は通常，開設依頼人が複数の信用状を欲し，発行銀行と開設依頼人との間にマスターアグリーメントがある場合に使われる。発行銀行は最初に，要求された信用状が認証済みか，必要なセキュリティーコードを含んでいるかをチェックする。その後，発行銀行は，それ以前に認めている与信限度の中に収まるか，電子メッセージの統一フォーマットに必要な標準入力項目が記載されているかを判断する。SWIFT と UCP の要件は必ず満たさなければならず，場合によっては当初要求されたメッセージの変更が必要になる。従って，手続きはいまだ全て自動的に行われるわけではない。

　電子的な意思伝達のもう一方の端では，銀行約定に基づいて対価（Value）を手放さなければならない（すなわち商品を発送しなければならない）受益者（荷為替売買における売主）は「ハードコピー」，すなわち伝統的な書式に基づく書面による信用状を欲する。それゆえ受信銀行は，SWIFT 電文を書面化された紙ベースの信用状に換えるであろう。しかし，SWIFT 電文は銀行間で用いるためのものであり，必ずしも受益者によって用いられるものではないことから，問題が生じる。まず第一に，SWIFT 電文は，コンピューターの取引メカニズムの中で徹底的に認証されていたとしても，伝統的な意味での署名がない。そのため，受益者は送信銀行が受益者に対して SWIFT 電文から派生した書面による信用状に従って履行する義務を有するのか否かに合理的疑いを持つかもしれない。

　通常言われるかたちで問題を整理すると，「SWIFT 電文は，受益者に関する限り，有効な信用証明書と考えられるべきなのか」。この問題は，当初の信用状の発行においてのみならずそれに続く無数の信用状の修正において，受益者にとっては重要な問題である。SWIFT の規則によれば，SWIFT

の利用者は電文を強制力のある義務として扱い，認証を署名と同等の機能を持つものとして扱う。しかし，受益者はSWIFT利用者ではなく，銀行慣習によれば受益者は正当に署名または他の方法で認証された紙ベースのフォーマットで発行された後にのみ電文に頼ることができる。修正UCC§5-104は，信用状は電子的なフォーマットを含む「いかなる書式でも発行できる」としているが，規定からは必ずしもSWIFT電文の受領書から作成した署名のない紙ベースのSWIFT電文に対し，有効な信用状として発行銀行を拘束するか否かについて答えが得られない。

UCP規定によれば，電文が有効な信用状か否かは，メッセージそのものの述語に依存する。UCP第11(a)(ii)条は，電文に「全ての詳細事項は後に述べる (full details to follow)」または確認レターが有効な信用状となる旨記載されている場合，電文は信用状ではなく，後に続くメッセージが信用状になる。しかし，UCC第11(a)(i)条は，信用状を通知または修正する他の認証された電文は，使用可能な信用状になるとしている。後者の取引では，確認レターは送ってはならず，仮に送られても効果はない。

しかし，SWIFTが作成する写しがUCPに服するのか否かについては些か疑問がある。SWIFT国際規則に拠れば，SWIFTシステムで発行された信用状はUCPに服するが，ハードコピーに写したものについてはUCPの規定にないからである。UCP第1条によれば，UCP規定は「信用状の文言に記載された場合」に適用される。この言葉は，世界のある部分では，受益者に対するメッセージの中にUCPを明示的に参照することを要求しているものと考えられる。

電子運送証券形成の試みについては第2章で既に論じた。これが成功した場合，電子運送証券によって電子信用状取引も促進されよう。しかしながら現在，電子運送証券が譲渡不能運送証券をうまく代替している一方で，譲渡可能運送証券をどの程度代替しているかについては疑問視されている。SEDOCSが電子的アプローチが技術的に可能であることを示したものの商業的には成功していない。アメリカの銀行は，万国海法会（CMI）規則に基づく電子運送証券を用いた取引上の権利の有効性に関して依然懐疑的

である。しかし，欧州で CMI 規則に基づく BOLERO プロジェクトが開始され，以前よりも成功を納めるかもしれない。この点は第2章で詳しく論じている。

　上記の実験はすべて電子的なメッセージで紙ベースの運送証券を代替する試みであるが，運送証券に基づく伝統的な信用状システムまでは変更しない。Trade Card と呼ばれる実験では，これと非常に異なるアプローチが取られている。このアプローチでは紙ベースのシステムにおける電子的なメッセージに止まらない電子的なシステムを提供しようとしている。すなわち，ここでは銀行が用いるクレジットカードやデビットカードシステムに基づいている。しかし，このシステムが実現可能となるには全ての当事者が Trade Card システムのメンバーにならなくてはならない。この取引の当事者には荷送人や関係する全ての銀行だけでなく売約前の商品の潜在的な買主まで含まれる。Trade Card が成功するか否かはパイロットプログラムしか行っていない現在は何とも言えない。Trade Card が仮に成功すべきでないとしても，伝統的なモデルとは異なり，電子運送証券を伴う電子的な電子信用状取引のモデルを創設する新たな試みである点は期待される。

スタンドバイ信用状

　第三世界の政府は，商品を供給するか建設プロジェクトを遂行する外国会社が，しっかりと売買やプロジェクトの契約条項に適う仕事をするよう，しばしば（金融保証の形態をとった）金融上の担保を要求する。パフォーマンス・ボンド（履行保証）は適格担保となり得るが，合衆国の銀行はパフォーマンス・ボンドを含む保険契約を発行することを禁じられている。しかし，彼らは代替策として，信用状の2番目の形態であるスタンドバイ信用状を発達させてきた。それは売主の銀行が発行する信用状で，買主のために機能し（まったく逆の取り決めである），売主が約定を遂行しなかったことを証明する書面と引き換えに支払われる。そうした信用状は，売主に荷送された商品の支払いを保証する目的のものではない。その代わり，

このスタンドバイ信用状は保証やパフォーマンス・ボンドや売主の履行に対する保険として使われる。現行の連邦法によれば，銀行は保証やパフォーマンス・ボンドや保険証券を発行することは許されていない（12 U.S.C.A. $24 (Seventh)）。しかし，スタンドバイ信用状を使えば同じ結果を達成することが出来，銀行規制機関からも禁じられていない。その結果，新たな商業上の仕組みが作られ，その価値が今や商慣習上認知され，多くの分野でパフォーマンス・ボンドにとって代わっている。

売主の銀行が発行したスタンドバイ信用状の実例を下記に示す（Dynamics Corp. of America v. Citizens & Southern Nat. Bank, 356 F. Supp. 991 (N.D.Ga.1973)）。

「...TO（宛先）: THE PREIDENT OF INDIA

INDIA

BY ORDER OF （指図人）: ELECTRONICS SYSTEMS DIVISION OF DYNAMICS CORPORATION OF AMERICA

For account of same

GENTLEMEN:

WE HEREBY ESTABLISH OUR IRREVOCABLE CREDIT IN YOUR FAVOUR, FOR THE ACCOUNT INDICATED ABOVE, FOR A SUM OR SUMS NOT EXCEEDING IN ALL FOUR HUNDRED TEN THOUSAND FOUR HUNDRED SEVENTY TWO AND 60/100 US DOLLARS(US$410,472.60)__AVAILABLE BY YOUR DRAFT(S) At sight,

（貴方に対し，取消不能信用状を開設いたします。その条件は，勘定総額がUS$410,472.60を超えない範囲とし，一覧払い為替手形引換払とします。）

DRAWN ON（裏書人）:us（発行銀行）

Which must be accompanied by（必要な添付書類）:

1. Your signed certification as follows: "The President of India being one of the parties to the Agreement dated March 14, 1971 signed and exchanged between the President of India and the Dynamics

Corporation of America for the license to manufacture, purchase and supply of radio equipment as per Schedule I thereof for the total contract value of $1,368,242.00, does hereby certify in the exercise of reasonable discretion and in good faith that the Dynamics Corporation of America has failed to carry out certain obligations of theirs under the said Order/Agreement...."

（「1971年3月14日に署名されたインド大統領とダイナミック・コーポレーション・オブ・アメリカ社との間でスケジュールⅠに従って締結された契約の一方当事者であるインド大統領が，契約総額US$1,368,242.00の無線装置の製造，購入，供給に関するライセンスを交わしたが，合理的裁量により誠実に，ダイナミック・コーポレーション・オブ・アメリカ社が命令や契約に基づく義務を履行できなかったことを証明する旨の貴殿の署名ある証明書）

信用状の中では，売主（勘定帰属当事者）は，売主の銀行（発行銀行）が第三世界の政府（受益者）のために取消不能信用状を発行し，支払いは，受益者が作成した勘定当事者が契約に基づく義務を履行できなかったとする簡単な書類を提示するだけで支払われることを契約している（「suicide credit（自殺信用状）」と呼ばれる）。書類を要求しない場合もあるが，支払いは受益者の要求に応じて行われる。この取引は荷為替売買の信用状とほぼ反対のイメージである。スタンドバイ信用状では，勘定帰属当事者は売主か建設会社であり，受益者は買主（売主ではない）であるが，書類は商品を支配しないし，それ自体では独立の価値はもたない。必要となる書類は，契約者が，契約に基づいた履行を出来ないこと，場合によっては前払い金を返還できないことを受益者が単に証明すれば足りることがしばしばである。

スタンドバイ信用状はUCPに服し，「適用可能な範囲で」荷為替信用状と同じ規則に服する（UCP第1条）。提示された書類が信用状の条項に正確に一致する場合，確認銀行と発行銀行は受益者に支払うか為替手形を引き受ける義務がある。受益者は背景にある売買取引に基づく抗弁ができな

いため，商品が一致することは，下記に示す例外はあるものの，銀行の決定とは関係がない。その決定は書類のみに基づく。さらに，書類は，信用状に合致している限り，背景にある売買契約と合致する必要はない。これが信用状の法律関係における「独立性原則」である。

スタンドバイ信用状は輸出業者に荷送する商品の支払いを保証するのではなく，主に支払い以外の機能について，輸入業者（受益者）に対し，輸出業者（勘定当事者）が（商品，サービス，原材料を供給する）契約どおりに配達しなかった場合の支払いを保証しているという事実に照らせば，伝統的な意味での信用状の「独立性原則」はスタンドバイ信用状にも適用されているのか，あるいは適用するべきかについて疑問視する法律家もいる。しかし，UCPと修正UCC第5編によって明確なことは，起草者はそれらの条項でスタンドバイ信用状を適用範囲に含め，「独立性原則」をそうした銀行の義務にも適用することを意図しているということである。

スタンドバイ信用状の新しい国際規則

UCPも修正UCC第5編も明示的にスタンドバイ信用状を対象に含めているが，それらが荷為替信用状を対象としており，スタンドバイ信用状取引を対象としていないことは明らかである。従って，荷為替信用状がらみの多くの不要な条件がスタンドバイ信用状に課されている。特にUCPは，輸送書類の適正な呈示に関する多くの条項と分割払為替手形振出しの要件を規定しているが，これらは通常のスタンドバイ信用状とは無関係である。UCPはまた詐欺や準拠法などスタンドバイ信用状取引に重要な幾つかの問題を取り扱っていない。

こうした課題に対応し，国連国際取引法委員会（UNCITRAL）は2000年1月1日から発効した「1995年独立保証及びスタンドバイ信用状に関する国連条約」を採択した。同様に国際商業会議所（ICC）は国際スタンドバイ慣行規則（ISP98）を作成し，1999年1月1日に発効した。条約には現在5ヵ国（エクアドル，エルサルバドル，クウェート，パナマ，チュニジア）

が加盟している。ISP98はUCPを代替してスタンドバイ信用状の国際慣行となることが企図されている。

スタンドバイ信用状の国連条約は，発行銀行による国際的な保証に適用対象を限定するため，発行者と他方当事者の少なくとも1人が異なる国で業務を行っている必要がある。また，条約は準拠法規定を有し，当事者の準拠法選択を許している。当事者が明示的な準拠法選択を行わない場合，条約は発行者の営業地の法が当該取引に適用されるという条件付ルールを設けている。また，条約は詐欺の主張，差止命令による救済要求に関しても規定を設けている。すなわち，文書が真正でないか支払要求の根拠が示されていない場合，受益者への支払は留保される。裁判所はそうした状況を示す「有力な証拠」を見つけた場合，スタンドバイ信用状の手続進行を凍結して支払を差し止める命令を発することが出来る。

ISP98は，運送書類に関する全ての条項を削除したものの全ての公的文書について証明を要求している。また，受益者が呈示すべき情報の量も示しており，スタンドバイ信用状が適用される取引に関する債務不履行の証明書に関する「魔法の言葉」を要求している。ISPはスタンドバイ信用状の電子的な支払要求に関する規則も定めている。しかし，ISPは法典ではなく契約の中で参照される貿易用語に過ぎないので，詐欺や差止命令に関する条項は含まれていない。また，驚くべきことかもしれないが，準拠法条項も含まれていないのである。

詐欺の抗弁

しかしながら，書類が偽造された場合や詐欺的な場合，あるいは取引に詐欺があった場合，異なる解釈が適用される。「独立性原則」は，信用状の要件に適合する受益者に対する支払いを確実に行うことで信用状取引の利便性を高めている。しかし，背景にある売買契約の「単なる」違反を超えて詐欺や偽造があった場合には，反対の原則が介入してくる。「信用状の利用を促進することと同様に，詐欺を防止することは公共の利益に合致す

る」(上記 Dynamics Corp.)。為替手形と書類が支払いのために提示される前に銀行が売主の詐欺について気づいた場合,「銀行の信用状に関する義務の独立性」原則は,不埒な売主を保護することに適用されてはならない (Sztejn v. J. Henry Schroder Banking Corp., 177 Misc. 719, 31 N.Y.S.2d 631 (1941))。

従って,二つの相反する原則が存在し,裁判所は書類の偽造や詐欺,または取引に詐欺があった場合に独立性原則の影響を制限する妥協を図ってきた。詐欺,特に「取引における詐欺」の主張がなされた場合にやっかいな問題が生じるが,「独立性原則」に対する「詐欺の例外」が適用されるというドクトリンは一般に認知されているようである。しかし,詐欺の例外がどこまで適用されるかについては依然重要な論点となっている。

この「詐欺の例外」は,UCPにはこの点に関する明示的な規定はないものの,信用状が明示的にUCPに服する場合に利用可能である。UCPがこの点に言及していないため,裁判所は一般にUCCの規定が「(契約の) 隙間を埋める規定」として適用されるとしている。このアプローチに見られる原則は,裁判所は詐欺を働く不正直な人には裁判手続を利用させないということである。大部分の判例は,ニューヨーク州の裁判所で生じ,そこでは前述のとおりUCCの統一的な修正を取り入れていないため,UCPに明示的に服する信用状には裁判所はUCCを適用できない。ニューヨーク州最高裁判所は,勘定当事者からのUCPに服する信用状の支払い差止請求を認容した。その際,裁判所は旧版UCCの判例法を先例として用いたが,UCCに明示されている全ての概念を使用した。このアプローチは,その後ニューヨーク州で生じる事件につき,州裁判所,連邦裁判所双方で踏襲されている。

詐欺による支払い禁止の概念が荷為替信用状取引ではあまり広範に使われないのに対し,スタンドバイ信用状では広範に使われている。書類の「厳格一致」など荷為替信用状取引を制限する概念は,「書類」が一方当事者から他方当事者が契約を正当に遂行できなかったとする単なる主張になった場合には,幾分意味がなくなる。取引を構成する制限概念が意味を失

えば，取引は詐欺の温床になりかねない。

　修正UCC§5-109では，受益者による詐欺の例外の主張には一連の制限がかかる。最初の制限は，「(信用状の)発行者は，実質的な権利侵害や詐欺を知らずに誠実に支払った指名者から支払を請求された場合，その提示書類に基づいて支払わなければならない」。従って，書類の如何なる抗弁や瑕疵にも気づかず，書類に基づき誠実に支払った確認銀行は，受益者の詐欺にも拘わらず補償を受ける権利を有する。単に取立目的で書類を受領するだけでなく，書類に基づき支払う権限をもつ通知銀行もまた同じである。UCCによれば，そうした確認銀行や権限のある通知銀行が書類を提示し，書類が表面上は信用状と合致している場合，たとえ書類が偽造されたり詐欺的であったり取引に詐欺のある場合であっても，発行銀行は確認銀行に支払わなければならない。

　二番目の制限は，書類が他の誰か(受益者，書類回収のみ権限を持つ通知銀行，欠陥や抗弁等に気付いた確認銀行など)によって提示された場合，書類が偽造されたり詐欺的であったり取引に詐欺がある旨の通知を受けていても，誠実に行動する限り，発行銀行は依然として支払うことができる。後者の場合は，発行銀行は支払いを拒むこともできるが，その可能性はそれほど高くない。発行銀行が支払いを拒絶しない理由には，信用状取引において資金の出所として信用度が低い所として有名になることをためらうことや，詐欺，特に一方的な詐欺であるとする利用可能な証拠を評価する能力がないことがあげられる。

　しかし，勘定帰属当事者は，偽造，詐欺，取引における詐欺を証明できれば，裁判所に対して支払差止命令を求めることができる。そこでUCCは，勘定帰属当事者が管轄権のある裁判所から裁判所の支払差止命令を得れば，発行銀行は書類を提示されても引き受けないことが許される。しかし，UCCの修正版は信用状取引で差止命令を求める際の要件を極めて厳しくしている。受益者は裁判所のシステムについては何も知らず最悪の事態を恐れるため，この概念は迅速な支払いに大きな不安を受益者にもたらす。勘定当事者にとっては，この概念は理論上のものであって，実際に差止命

令を得られたケースはごく少数である。

　修正UCC第5編は，自らこの概念をいくつかの方法で制限している。

　第一に，詐欺は「重要」でなければならないが，重要であることの定義はない。修正UCC§5-109の注釈は，それを認容した先例を引いているが，その意味するところはケースバイケースで決まるということである。第二に，勘定帰属当事者は，詐欺や偽造を単に主張することでは足りず，十分な証拠を提示しなければならない。第三に，差止め命令や他の救済に関する全ての手続的要件を満たさなければならない。第四に，第三者が「適切に保護」されない場合に救済は拒否され，確認銀行や通知銀行が受益者に資金を支払った場合には救済措置はない。しかし，この概念は注釈の中で拡張解釈され，弁護士費用のような偶発損害もボンドその他によって保護されなければならない。これら全てが判例に現れた制限であり，差止め救済を求める訴訟で予期されるものである。

　主な新しい制限は，修正UCC§5-109に書かれているが，必ずしも法典上の文言そのものではない。その制限は，詐欺が「受益者によるもの」であり，明らかに運送業者などの第三者によるものではないことを要求している。法典上の文言では，修正UCC§5-109 (b) に，「受益者による重要な詐欺」を要求しているのみである。二つの概念の相違点は，詐欺の例外に対するイギリスとカナダの裁判所のアプローチによって示される。

　イギリスとカナダの裁判所は，説得力のあるのアメリカの先例に基づいて各々「詐欺の例外」を認めている。しかし，両方とも，UCCの旧版の要件に加えて，コモンロー上の詐欺の故意要件に重点を置き，詐欺の主張を基礎付ける不実表示を受益者自らが作成したか，受益者に責任があることを勘定帰属当事者が立証することを要求している。受益者以外の取引の相手方による不実表示では，受益者への支払い差止めを認容できない。このように，貴族院は，基本的な詐欺概念を認める一方，売主の知らない第三者（積荷業者）による詐欺の場合は買主を保護することを拒んだ（United City Merchants (Investments) Ltd. v. Royal Bank of Canada (The American Accord), 1983 A.C. 168 (H.L.1982))。イギリスとカナダの立場を定式化

すれば，以下のとおりである。
- （１） 信用状が３月15日までに積荷することを要求し，船荷証券は16日に積荷するとなっていた場合，銀行は信用状を引き受けてはならない。
- （２） 信用状が３月15日に積荷することを要求しており，受益者がこっそりと書類を変更したことを銀行が知っていた場合，銀行は信用状を引き受けてはならない。
- （３） しかし，信用状は３月15日までに積荷することを要求しており，貨物取扱い業者がこっそりと書類を変更したことを銀行が知っていた場合，銀行は信用状を引き受けなければならない。

　修正UCC§5-109では，アメリカの裁判所は，不実表示が元の取引の詐欺から来る場合に同様の結論を下すであろう。しかし，そうした不実表示は，元の取引よりは信用状自体から生じる可能性が高いと考えられる。そのような場合，犯人探しは意味がない。修正UCC§5-09は詐欺を定義しておらず，その定義は判例法に従い州毎に大きく異なっている。

　詐欺法理と契約違反概念の伝統的な相違は，詐欺が売主の心の状態を考えるのに対し，契約違反は商品が記載された客観的基準に合致しているかのみに関わる点にある。詐欺概念は，1952年以来，広範囲に拡張し，20世紀前半には訴訟原因でない行為であったものが今や現代の判例概念の中に日常的に入っている。現代の詐欺法理はしばしば悪意を要件とせず，売主が特定の事実が真実ではないことを知っているか，売主が特定の事実を記載した時点でその真偽を知らないか，売主がその事実が真実ではないのに真実だと信じている場合であれば，裁判所は売主が話をする前にもっと徹底的な調査をすべきであったと判断するものである。

　1979年のイラン革命の結果，スタンドバイ信用状の受益者が「不誠実」や「恣意的」な理由，または少なくとも契約者による契約の意図的な不履行とは関係ない理由（例：革命から派生する条件に基づくかもしれない理由）で支払いを要求する可能性があることに注目が増した。

　多くの裁判所は，詐欺の証拠が不十分，あるいは勘定帰属当事者が詐欺

の定義を拡張しているという理由で，支払い禁止を拒んだ。別の裁判所では，支払要求の後，スタンドバイ信用状の金額を勘定帰属当事者に支払う前に，発行者が事前通知（通常3～10日前）を出すことを要求する「通知命令」を発した。その一方で，無期限の支払仮差止命令を出した裁判所は少数にとどまった。

　国連国際取引法委員会（UNCITRAL）は，「独立保証及びスタンドバイ信用状に関する国連条約」を起草した。条約第19条は申立人が信用状が偽物であることを示した場合や，信用状によれば支払満期が来ていない場合，または「支払要求に理由がない」場合に，裁判所が受益者が支払を受けない旨，または支払った資金を凍結する旨の「暫定命令」を発することを認めている。条約はそうした原則の適用例を5つ示している。条約は裁判所が上記以外の理由で支払を凍結させることを明示的に禁じている。しかし，「取引における詐欺」が条約第19条でカバーされるか否かについては疑義が残る。

他の信用状：バック・トゥ・バック信用状とリボルビング信用状

　国際商取引では取消不能荷為替信用状が最も頻繁に使われるが，荷為替信用状は「取消可能」，すなわち勘定帰属当事者が「先に解約しない限り」受益者に支払う権利を与えることも出来る。UCPでは，信用状は取消可能と記載していない限り取消不能とみなされる（UCP第6条）。

　信用状は「一覧払い」（請求があれば支払い可能）か「期日払い」（例えば，書類提示後6ヵ月）となる。期日払いの為替手形では，信用状が勘定帰属当事者（買主）に与えられ，受益者（売主）には銀行で（割引により）すぐに現金化できる流通可能な商品(引受済の為替手形)が与えられる。確認銀行か発行銀行は，書類の添付された為替手形を「引き受ける（accept）」ことにより，銀行が為替手形の主たる債務者となる。「specialな」信用状は権利の移転先に通常1行またはそれ以上の銀行のみという制限があるのに対し，「generalな」信用状は権利移転に関する受益者の権利を制限しない。

信用状は，支払いのための為替手形が信用状の全額について受益者によって振り出された場合か，信用状における手形振出期間が過ぎてしまった場合といった「権利が消尽した（exhausted）」場合には「権利が確定する（fixed）」。

商品ブローカーは同じ商品につき二つの取引をする点で問題を有する。ブローカーは一つの取引で商品を買主に売り，その後二つめの取引で供給者から商品を購入する。これら商取引の両方とも信用状を含む場合，ブローカーは最初の取引では信用状の受益者となり，二番目の取引では勘定帰属当事者（買主）となる。もし，各々の信用状で要求される書類が同一ならば，ブローカーは最初の信用状における権利を二番目の信用状における発行銀行に譲渡することができる。信用状が期日払い式（例：一覧後30日で支払い）の時には，そうした取り決めが容易になされよう。この取り決めが「バック・トゥ・バック信用状」で，ブローカーに供給者からの商品の購入を買主との信用状で支弁することを許すものである。この取り決めは，special な信用状でも発行銀行の収益に安全性に伴う追加利子を加えれば使えないこともないが，general な信用状があるとより容易に行われる。

しかし，バック・トゥ・バック信用状は信用状の一つが修正された場合，同様の修正が他の信用状になされないと使えない。そこで，大部分の銀行は，バック・トゥ・バック信用状の取引をやりたがらない。その代わり，銀行は売主とブローカーが「譲渡可能信用状（transferable letter of credit）」か信用状の「代り金の譲渡」によって金融を得るよう推奨する。

譲渡可能信用状は，明示的に元の受益者から新たな受益者として取って代わる第三者に権利が譲渡し得ることを記載したものである（UCP 第48(b)条）。従って，譲渡可能信用状の受益者であるブローカーは，ブローカーの信用状に基づく権利の一部を供給者に移転することで，供給者から商品を購入する資金を得る信用状上の権利を行使できる。部分譲渡が許されているため，ブローカーはいくつかの供給者から購入する資金を得るのにこの仕組みを利用できる。しかし，商業送り状や為替手形は代替物が使えるものの，他の全ての必要書類はもとの勘定帰属当事者に提示する必要があり，

そのことが受益者の代替者を特定して示してしまうことになる。このことは商業上微妙な情報を流してしまうことにもなるため，ブローカーはそうした信用状の使用を避ける傾向にある。

　信用状の受益者は，信用状の代り金の一部を第三者に取消不能なかたちで譲渡できる。代り金が譲渡された場合，通知銀行は譲受人にそれを知らせる。そのため，代り金譲渡を許す信用状の受益者であるブローカーは，信用状に基づくブローカーの権利の一部を供給者に譲渡することで，供給者から商品を購入する資金を得るため，信用状に基づく権利を行使できる。代り金の譲渡によっては信用状の当事者は変わらない。元々の勘定帰属当事者は，信用状に合致する書類を受け取った場合にのみ支払う義務を有するため，譲受人が信用状条件に合致した書類を用いて商品を荷送しない限り，譲受人は支払いを受けることがない。譲受人は元の信用状の当事者ではなく，信用状の条項についても知らないかもしれないため，ブローカー（元の受益者）がそうした条項を満たすよう託す必要がある。この譲渡にはUCPではなく，適用可能な契約法が適用される（UCP 第49条）。

　ターン・キー契約（turn-key construction contracts，例：完成した製鉄工場やセメントプラントを建設するための契約で，プラントの活動を開始するには誰かがただ「スイッチを回せば」すむ）の急速な広がりにより，「リボルビング」信用状が，建設会社が最初の建設段階が完成すると即座にその段階の支払いを受け，更なる建設段階に移行するのを許すことを確保する仕組みとして，広く使われるようになった。リボルビング信用状は通常は無条件（clean：書類は不必要），一覧払いの書面で，権利の確定した信用状と同様に機能し，同じ法規則に服する。しかし，相違点もある。第一に，輸入業者（しばしば第三世界の受入国政府）が，完成品よりもサービス（建設技術）と原材料を輸入するために信用状を用いて支払う点，第二に，輸入業者（勘定帰属当事者）が，受益者（外国の建設会社）に対し，受益者が信用状で支払いを受けるたびに，信用状の受益者が支払を受けることのできる金額を合意した水準まで戻す点である。リボルビング信用状は（建設段階の完成証明書の提示を必要とする）荷為替信用状的なものに

することができるが，そうした中間段階の証明書を得ることは「官僚主義」を蔓延らせるため，多くの建設会社はより非公式の取り決めを欲し，勘定帰属当事者に対し，適当な時期が来るまでは信用状から支払いを引き出さないことについて建設会社を信頼することを要求している。その結果，リボルビング信用状の支払い上限（額）は通常，建設契約総額の一部にとどまる。

第4章　金融と国際商取引

　国境を越えて資金を動かす事業を営むには国際金融システムを大まかに見ておく必要がある。そこで本章の最初の部分はそれを概観しよう。次に，国内金融システムを概観し，その後，国際取引に特別な扱いを施している部分に焦点を当てる。最後に，そうしたシステムが作動するメカニズムを三つの取引類型──(1)支払取引，(2)ユーロドル，(3)移転価格──から論じることとする。なお，信用状については第3章で論じた。

国際金融システムとIMF

　大部分の国々は国内通貨システムを有しており，政治や経済上の目的に適うように国内金融政策を運営している。EUの11ヵ国はヨーロッパ中央銀行の命令により共通通貨であるユーロに参加した。世界の通貨システム全体を支配する中央の権力機構は存在せず，世界全体でみると金融政策は分権化している。1944年以来，各国金融政策の国際的な調整に当たっては，各国通貨同士の国際的な調整の場をその都度特別に設けたり，IMF（国際通貨基金）のような国際通貨機構を通じることで対応してきた。

　IMFとIBRD（国際復興開発銀行，いわゆる「世界銀行」）は，1944年のブレトンウッズ会議で生まれた。世界銀行は，第二次世界大戦後の経済復興のために外国からの投資を必要とする国々に対し，資金余剰国（米国等）からの貸付を促進することを任務としていた。一方，IMFは，為替レートの安定化，貿易収支改善のための支援，その他国際通貨システムに悪影響を及ぼす戦争被害の賠償を目的とした。1945年IMF合意条項に21ヵ国が

加わり，米国の IMF 正式参加も 22 U.S.C.A. §286 以下で規定された。今日 150 ヵ国以上が IMF に参加している。

IMF の目的は，「国際貿易の拡大と均衡ある発展を促進」し，「世界貿易の増大を妨げる外国為替制限の除去」を助け，「加盟国の国際収支の不均衡の持続期間を短縮し，かつその程度を軽減する」ことにある（第1条）。激しい通貨変動は，ある国が自国通貨の他の通貨に対する関係を安定化させる目的で他の IMF メンバー国から，または IMF から（「特別引出権」または「SDRs」によって）資金を借入れることができる複合的な貸出システムにより抑えられている。こうした金融引出の取極めにより，メンバー国は他国通貨，特に「ハード」（または「リザーブ」）カレンシーと呼ばれる英国ポンド，フランスフラン，ドイツマルク，日本円，アメリカドルに対する相対的な価値を守ることができる。

最近の IMF 貸付では，IMF 債務国，特にアジアとラテンアメリカの場合に特定の経済改革を採用することが融資に「条件付け」されているのが普通である。このため，IMF は，国の借金財政を立て直し，商業銀行の債権者の利益を守るために条件を設定する，世界の「保安官」であると認識されるに至った。IMF は，国際的な「債務危機」に対して第一線の交渉機能を持ち，商業銀行や国法銀行は自らのローンを IMF 条件に合致させる。この IMF 条件は，債務国に，ドラマチックな政治的社会的反発を引き起こす可能性がある。

アメリカドルで出費し，請求書を支払ったアメリカ人ビジネスマンは，アメリカ以外で販売された商品やサービスについても，アメリカドルでの支払を望む。同様に，フランス人ビジネスマンはフランスフランを望む。海外でも支払可能であるか外貨収入で自国の請求書を支払うことができるためにはどちらの場合も通貨の兌換性（例：フランスフランからアメリカドルへ，及びその反対）が必要になり，それに依存しなければならない。国際舞台での兌換性は，共通の参照時点または参照基準としての「国際通貨」を異なる形態で異なる時間に用いることで達成されている。金は何世紀にもわたって国際通貨であった。アメリカドルは1国の通貨であると共に国

際通貨の主な形態となっている。ヨーロッパではユーロにより，ドルの優位性に挑戦しようとしている。

国際通貨基金（IMF）は，特別引出権（SDR）と呼ばれる一国の通貨ではない国際通貨の形態を作った。預金証明書がSDRで表示され，短期SDRは商取引上取得可能であるし，OPECの数ヵ国は自国通貨をSDRで評価し始めている。SDRの仕組みは国際的な為替バスケットであり，アメリカドルを39％，ユーロを32％，日本円を18％，英国ポンドを11％合成した価値になっている。各々の「バスケットの中の通貨」の為替レートの変動に比べると，SDRの価値の変動はほんの少しの微々たるものにとどまっている。1999年9月1日時点では，1SDRは1.37アメリカドルであった。

SDRは超国家的な通貨であるかのように語られるが，より技術的に見ると，SD「権（Right）」はIMFの手続によって作られた「勘定の一部」である。国際収支が赤字になっているIMFのメンバー国が通貨「保有量」（「ハード」「リザーブ」カレンシー〈硬貨準備金〉や金の蓄え）が不足した場合，メンバー国はIMFの特別引出勘定（例：メンバー国は特別引出権を使ってIMFに対し，4000万アメリカドル相当の金以外の通貨を自国に渡すアレンジメントを求めることができる）から「特別引出し（Special Drawing）」を行う「権利」を行使することができる。引出「要求」を受けると，IMFは（自国通貨の「価値を支える」）「保有量」が十分余っている他のメンバー国に対し，要求のあった国に通貨（例：4000万アメリカドル相当の金以外の通貨）を供給するよう要請する。通貨を供給する代わりに，通貨供給国は，自国の通貨保有量が激減した場合に使うことのできる追加的な特別引出権（例：4000万アメリカドル相当）を得る。SDRスキームに参加するIMFメンバー各国は，SDRの使用可能な用途につき制限を受ける。その結果，SDRスキームでは，メンバー国は他のメンバー国を助けるために時々通貨を「スワップ」することで既存の自国通貨と世界の他通貨との間の相対価値を維持している。

「勘定の一部」を利用して同じ地域内の特定通貨間の関係を沈静化するための地域的な取り組みもなされており，それによって通貨決済の秩序

(regularity）が向上している。地域的な取り組みの中で最も成功しているのは，ヨーロッパ通貨システム（EMS）の「Ecu」である。Ecu は EU 各国によるメンバー国の通貨間の相対的価値を決める取り組みである。Ecu は一国の通貨というよりは「地域」通貨であり，ユーロに引き継がれた。ユーロはヨーロッパ中央銀行が発行する。1999年1月，ユーロはドイツマルク，フランスフラン及びオーストリア，ベルギー，フィンランド，アイルランド，イタリア，ルクセンブルク，オランダ，ポルトガル，スペインの通貨に代わって EMS の11加盟国の通貨となった。これらの国の通貨は今やユーロの一部である。ユーロの紙幣やコインは2002年1月1日に発行され，かつて各国の紙幣やコインは2002年7月1日までに回収される。

地域その他の開発銀行

複数の国家間にまたがる開発銀行（多数当事者間開発銀行）を作る国家間の国際合意がある。世銀グループ（資本金1250億ドル以上）は三つの主な機関，国際復興開発銀行（IBRD），国際開発協会（IDA），国際金融公社（IFC）を有している。IFC の活動には，生産性の高い企業の育成のために貸出と株式購入をあわせたベースで直接投資を行うこと，スタンドバイ信用状や債権引受けの取り決め，開発金融会社との共同作業，一国の経済目標の推進に対する技術的支援が含まれる。1994年には IFC は，総額158億ドルに及ぶ65ヵ国231プロジェクトに対する投資およびローンを25億ドル供出した。

地域開発銀行には，アフリカ開発銀行，アジア開発銀行，ヨーロッパ復興開発銀行，米州開発銀行がある。政府が出資し，非営利の貸出機関として機能し，市場金利に近い「hard loan windows」と長期間低金利の「soft loan windows」を通じてローンを実施してきた。

例えば，アジア開発銀行（ADB）は，参加国に「発展途上国」と「先進国」を含んでいる。「発展途上国」のメンバーはアジア地域にあり，「先進国」のメンバーにはアメリカ，カナダと西欧12ヵ国が含まれている。ADB

の払込資本は，ローカルカレンシーとハードカレンシーの双方による参加国の寄付で賄われている。ローンは，投資を促進し，経済成長を進展させ，アジア地域のメンバー国間の協力を高める目的で，政府と私企業に対してなされる。ADBはまた開発計画の準備，評価，執行に対する技術支援を行っているのに加え，技術支援プログラムに資金を提供している。1982年にADBは，民間投資ベンチャーのエクィティ・ファイナンスを開始（及び資本参加）すると共に，民間商業銀行との共同融資計画を開始した。

　ADBと同様に，米州開発銀行（IADB）は，ラテンアメリカ域内の発展途上のメンバー国における優先度の高い社会開発プロジェクトを支援するため，1959年に設立された地域金融機関である。IADBは，選ばれた国の公的・私的部門における政府，小規模な政府の下部組織，民間企業に対し，市場金利に近い貸出を実行している。貸出は，ハイウェイ，用水路計画，港湾，発電所，通信施設の建設を通じて，そうした国々の経済インフラを発達させるために用いられる。ADBやIADBと同様に活動するイスラム開発銀行には42ヵ国がメンバーとなっている。

　そうした国際的なアドホックな取り決めや国際機関の集合体はしばしば国際通貨システムと呼ばれる。国際商取引におけるその重要性は，主に通貨価値や世界的な通貨取引への影響を安定化させることにある。

国内金融システム

　大部分の国々では，国内金融政策を遂行したり，民間取引を促進したりする機構の階層構造がある。政府機関の最上位の政治レベル（財務省やアメリカの財務省など）では，財政政策や政府の金融機能を担っている。政府機関は自国に関わる国際金融取引に関する規制や政策を作り，広義の金融政策を策定する。

　次なる政治レベルは中央銀行であり，アメリカ合衆国では連邦準備システム（Fedual Reseeve System）である。中央銀行は通常はその国の政府によって所有および規制されている。中央銀行は，民間部門と政府部門の間，

国内部門と国際部門の間で機能し，金融政策を日々遂行する。その他，中央銀行は通常，紙幣その他の通貨を発行し，最後の貸し手として，マネーサプライがタイトすぎる（必用な流動性が不足している）場合に経済に流動性を供給する。

それらとは異なったレベルに，預金受入れと支払に用いる預金口座を扱っている商業銀行がある。アメリカでは，預金口座は「フルサービスの」商業銀行，貯蓄銀行，貯蓄貸付組合（S&L），信用組合といった様々な種類の金融機関で利用可能であるが，国際取引で利用可能な預金口座は商業銀行のものである可能性が最も高い。最も馴染み深い預金口座は小切手口座だが，今では特別な特徴を持つ他の預金口座が困惑するほど沢山ある。商業銀行は，貸出，期日払い預金の受入，預金証明書の発行，信託サービスの提供，コンサルタント活動，その他の金融機能の遂行を行う。商業銀行は，政府によっても個人によっても所有することができる。

その他の金融機関，例えば投資銀行，マーチャントバンク，ファクタリング会社，ファイナンス・カンパニーは専門的な金融機能を営むことが出来る。例えば，商業銀行はリスクが高かったり，中央銀行の規制で融資が禁じられているような輸出入取引には融資しない。数多くのファイナンス・カンパニーがアメリカや外国で成長し，金融サービスのこうした隙間を埋めている。こうした会社は典型的には輸出入取引に比較的高めの金利で中長期融資を行い，アメリカ国内取引におけるファクタリング会社に近い役割を果たしている。そうした会社は，傭船契約や施設リースのような特定の種類の業務に対する運転資金を2～5年間融資することが多い。

銀行は外国に支店や子会社を開設することが多く，国によって規制ルールが異なるにもかかわらず，数多くの大銀行が事実上の国際ネットワークを持っている。例えば，（ニューヨーク州以外の）アメリカの多くの地域が国際的な基準から見れば「銀行が少ない状態にある（underbanked）」ため，アメリカの外銀支店が1970年代に急速に増えた。そうした外銀支店は連邦銀行規制機関の規制を受けず，州の規制当局による規制のみに服していた。連邦の規制を及ぼすため，1978年に議会は外国銀行のアメリカの支店にか

かる国レベルの規則を定める国際銀行法を制定した。アメリカでは，アメリカの商業銀行が子会社を通じて国際的な銀行業や国際金融業に参入する場合の連邦による認証は，連邦準備法(the Federal Reserve Act, 12 U.S.C.A. §§611-631,「the Edge Act」)と，それを補足するレギュレーションK（12 C.F.R. Part 211参照）に基づく。条件を満たせば，そうしたEdge Actに基づく会社は，アメリカで営業しておらず，海外投資プロジェクトへのファイナンスについて投資家に情報提供もしていない会社に出資できる。さらに，国際銀行界に参入することを欲するなら「合意会社（Agreement Corporation）」として，国法銀行協会から認められる（12 U.S.C.A. §§601-604参照）。

輸出金融プログラム

各国の政府は，世界貿易の振興を通じて国内経済上の優先課題解決に資するため，貸出やローン保証プログラムを行っている。輸出入銀行（Eximbank）を通じて行われるアメリカ合衆国における振興策の支持者達は，輸出10億ドル当たりアメリカ国内に4万人の仕事が創出できると主張する。カナダ，フランス，ドイツ，イタリア，日本，イギリスおよびアメリカといった国々は，ヨーロッパ共同体のような地域集団と同様輸出品購入者の融資を支援する。そうした支援は，海外の買主が民間資本市場の金利よりも実質的に低い金利によるローン（買主信用（buyer credits））にも及ぶ。輸出に融資する貸手には政府からローン保証や保険も与えられえる。さらに外国人の買主の中には，輸出品を購入するための一連の貸付金も与えられる。OECDによる輸出金利や輸出プログラムの規制の試みにも拘わらず，農産物をはじめとする輸出貸付金戦争は，時々主要産業国の間で勃発する。そうした戦争は，補助金と相殺関税を巡って，しばしば国際法上の問題となっている。1980年代初頭，ニューヨーク市都市輸送局の地下鉄車両契約を巡って貸付金戦争が勃発した。その結果，カナダの会社が勝ち，アメリカの相殺関税法（countervailing duty law）による輸出補助金を獲得

した。

　議会によって出来た輸出入銀行（Eximbank）は，アメリカから輸出された商品の外国人購入者に対し，直接ローンを行ったり，ローン保証を与えている。Eximbank は，大規模資本設備，飛行機，通常貸付期間5年以上の多額の分割払金の支援をしている。Eximbank はまた民間市場からの資金調達が得られず，新しい市場を開拓するような商品を輸出する借り手をも（理論上は）支援する。1982年輸出貿易会社法によれば，Eximbank は輸出前の短期間ローン需要を満たすため，ローン保証やリボルビング信用状を提供する。1980年，Eximbank は，オランダの会社がボーイング737ジェット旅客機2機を購入するのを手助けするため，オランダとアメリカの銀行間の外貨ローンを最初に保証した。Eximbank はアメリカの民間商業銀行およびアメリカ外国援助プログラムと密接に協力している。

　より身近な規模では，アメリカ中小企業庁が輸出ローン保証プログラムを提供している。商品信用会社（CCC）と国際開発機関（民間企業局）は，特に農産物につき，輸出金融を支援している。1985年，EC 輸出補助金により「不正に」失われたと考えられる市場のアメリカ農産物の潜在的な買主にターゲットを絞った CCC 特別基金（輸出振興基金）が創設された。アメリカの幾つかの州は，その輸出を促進するために Eximbank と同じ機能を果たす機関を設立した。

オフショア・バンキング（及びタックス・ヘイブン）

　銀行規制は国によって実質的に変わってくる。例えば，アメリカとイギリスはほぼ同様に規制をしている。幾つかの国（及びケイマン諸島やマン島のような独立した銀行管轄域）では，銀行規制は僅かか事実上存在しない。典型的には，そうした場所はまた，銀行がそこに所在するインセンティブを増すような厳格な商業機密（秘密）保持法を持っている。免許の発行，国家の歳入徴収権（または税務管轄），ビジネスに対しては，企業構造，活動内容，財務状況，そして場合によっては商号についても，現地の法律

によって機密が保護されている。特によその国の税務当局からの照会に対しては，照会に応じない。さらに，そうした逃避場所（Haven）は，典型的には租税条約上の義務を負わず，政府間の情報交換プログラムを持たず，（為替管理を受けないという点で）「通貨規制がなく」，税金も安い。香港，シンガポール，スイスは「タックス・ヘイブン（Tax Haven: 租税回避地）」とされているが，主なオフショア・バンキング中心地には，オランダ領アンティル（諸島），ケイマン諸島，及びナウル等約25の小島も含まれる。これらも「租税条約回避地（Tax Treaty Haven）」で，現地課税が名目的にしか行われず，外国銀行・投資家に対する租税条約上の優遇が受けられる。全てのタックス・ヘイブンは，米国内国歳入庁（I.R.S.）の攻撃に晒されており，特にカリブ諸国では，1983年カリブ地域経済復興法で生じた関税と租税の控除による投資インセンティブが，租税情報交換要件によって相殺された。

　アメリカ政府が，アメリカ人納税者が外国で得た資金に対して最大限課税し，アメリカからの資本流出を食い止めようと努めるにつれて，アメリカから「オフショア」銀行管轄へ資金が移動した。ローンや保有資産の規制により，貸し手は外国の借り手に対してはアメリカの外に「バイパス銀行（shell banks）」を設立する動きを早めた。1981年以来，アメリカは「フリー・ゾーン」（通常のアメリカの銀行規制から自由な区域）に国際銀行施設（IBFs）を設立することで海外の資金がアメリカに還流するよう奨励することに努めた。そうしたフリー・ゾーン（及びIBFs）は，ニューヨーク市，シカゴ，マイアミ，ニューオリンズ，サンフランシスコといった多くの都市にある。IBFs はユーロドルのような巨額の貸付ビジネスにも参加できる。ユーロドルは海外の者が依然多く所有しているが，今やアメリカにおいても預金できる。IBFs はまた「タックス・ヘイブン」で，州や地元の課税対象にならない。（アメリカ以外に「住所地がある（domiciled）」）アメリカ国内の多国籍企業にとっては，IBFs はまた「政治的リスク」（予期せぬ通貨管理やホスト国による没収）も低く，企業の意思決定者に近く，取引時間の規制も緩やかという利点がある。

資金の国際移動

　主要な国際的ニーズに応える国際金融市場を持つ都市は僅かである。地理的要因，政治的安定度，国際経済取引に対する相対的に緩やかな規制，よく発達した金融機関，エキスパートに恵まれた都市だけが国際金融取引を円滑に行えるだけの市場を提供できる。全世界の二つの金融中心地は，ロンドンとニューヨークである。他の重要な金融中心地は香港やシンガポールに見られる。

　資金は典型的には，通貨または銀行間預金の形態をとる。資金は，政府や政府が管理する金融機関によっていつもほぼ同じように発行され，規制される。通貨発行国で交換される資金は，認識が容易で，その価値を合理的に予測できる。「国際」資金は認識や予測がより難しい。

　国際的な銀行業に従事する商業銀行は，他の国にコルレス銀行や支店を持っている。銀行がお互いに勘定を開設しあうとコルレス銀行と呼ばれる。例えば，アメリカのＡ銀行がイギリスのＢ銀行にイギリスポンドで口座を開設すると，同じようにＢ銀行もアメリカのＡ銀行にアメリカドルで預金する形で口座を開設する。この取り決めは，多くの銀行や国々によって用いられることで，資金の国際間移動を円滑化する基本的な手段となっている。

　アメリカのＡ銀行の顧客がイギリスの債権者にポンドによる支払請求書の支払をしようとする時，幾つかのやり方がある。一つの方法は，Ａ銀行にポンドで支払可能なＢ銀行勘定宛の銀行小切手を引き出してもらい，それをイギリスの債権者に送るやり方である。これは時間がかかるが，債権者が銀行小切手を第三者に渡し，第三者からお金を受け取ることができる点で柔軟である。２番目のやり方は，顧客がＡ銀行に対し，資金を債権者に「電信為替」するよう依頼するやり方である。その後，Ａ銀行はＢ銀行に必要額をポンドで債権者に支払うよう支払指図を出すことができる。

　最初の方法については，国連が為替手形及び約束手形の国際条約案を採

択し，署名と批准を求めた（U.N. General Assembly Doc. A/42/17, Annex 1, 28 Int'l Legal Mat. 170 (1989) 参照）。この条約は，国連国際取引法委員会（UNCITRAL）によって起草された。アメリカは署名したが，条約批准はまだしていない。UNCITRAL はまた，主に「電信為替」に適用される国際信用振替に関するモデル法も起草した（32 Int. Legal Mat. 587 (1993)）。

電信為替については，アメリカ国内では連邦準備制度の「メンバー銀行」と非メンバー銀行の両方により，Fedwire（訳注：アメリカ連邦準備銀行の提供する銀行間のオンライン資金決済システム）が利用可能である。そのため，アメリカの銀行と同様にアメリカ国内に物理的に位置する外銀支店も Fedwire を利用できる。Fedwire はこうした銀行間の資金移動を「事実上即座に」行う。Fedwire は，通常は連邦準備銀行にある相互持ち合い口座の貸方・借方記入を通じて資金決済する能力を持ち，銀行間決済を同時に行う。1993年に Fedwire は毎日8億ドル以上の資金を動かしており，1回の移動の平均金額は300万ドル以上である。Fedwire の規則はレギュレーションJのサブパートB（12 C.F.R. §§ 210.25- 210.38）と付属文書に書かれている。

CHIPS（The Clearing House Interbank Payment System）はニューヨーク・クリアリングハウス協会によって運営されている。同協会はアメリカの資金による国内外の銀行間振替のうち90％を扱っているものと推測される。CHIPS はまた，毎日1兆ドルを越す資金を移動しており，1回の移動の平均金額は約300万ドルである。Fedwire と同様に，CHIPS も通常は同日決済ベースで資金決済を行うことができるため，振替指図の受領時点で資金は利用可能と考えられる。資金の損失やエラーによる損失は内部規則に従って分担され，通常はシステムそれ自体は義務を負わない。

SWIFT（The Society for Worldwide Interbank Financial Telecommunications）はベルギー法により組織された情報伝達システムで，銀行に取引電文を送るが，（Fedwire や CHIPS とは異なり）資金決済機能はない。電文はふつう，支払完了を通知したり支払を要求したり，信用状を発行するために用いられる（上述第3章参照）。しかし，資金移動に必要な資金は電文と一緒に来るわけではなく，他の方法に依らねばならない。従って，上

記の例では，B銀行は債権者に支払った後，自ら適当な金額のポンドをB銀行にあるA銀行の口座から引き出すことになる。

外国為替と為替管理

国際商取引の領域に足を踏み入れると，新しい通貨に直面する。フランス人の買主に売られた商品はフランスフランで支払われ，グアテマラ人の買主に売られた商品はケツァルで支払われる。アメリカの売主はフランからドルに換えることは容易だが，売主のアメリカにある銀行はケツァルを引き受けたがらないかもしれない。その理由は，その銀行がグアテマラの中央銀行でケツァルをドルに換えようとしても，使えるドルがないかもしれないからである。発展途上国はしばしばハードカレンシーを非常に限られた数量しか持っていない。ハードカレンシーは自由に交換できるが，通常ソフトカレンシーと呼ばれるものは自由に交換できない。

外国為替と為替管理の世界に我々を導くのは国境を跨ぐ商品売買だけではない。海外投資を計画しているアメリカの会社は他の通貨を必要とする。IBMがメキシコにプラントを建設する場合，建物建設コストを支払うペソが必要になる。IBMは過去の収益をメキシコのペソ口座に蓄え，それを使用したり，ドルをペソに替えることができる。メキシコの債務を利用して，以下に述べるデッド・エクイティ・スワップに参加することもできる。

為替金利や複数通貨の互換性は，そうした通貨の発行国政府によって規制されることが多い。しかし，主要産業国の為替レートは大規模な自由市場で決まる。為替レートは通貨を扱う者が通貨の比較価値をどう考えるかにより日々変動する。政府や中央銀行も，外国為替レートを安定化する中で自国やその他の通貨を守るために介入できる。そうした管理は，弱い通貨を購入するかたちをとる。例えば，1980年代後半のドイツと日本は，ドルの通貨価値が下落した際，ドルを買支えた。他の管理には，外貨購入に免許取得を義務付けたり，外貨預金の利子に源泉課税を課すものがある。

幾つかの国では，アメリカドルと自国通貨の公式交換レートを定めてい

る。メキシコペソは長い間，ドルと固定相場でリンクされていた。現在ではドルとの間で変動するが，政府が積極的に為替レートの変動を規制している。ドルはメキシコにとって重要で，メキシコ国内の取引においても通常用いられるため，メキシコは「ドル化」していると言われることがある。これは，第二の通貨が事実上の一国の通貨となることを意味する。アルゼンチンではドル化が更に進んでおり，ドルが公式通貨となっている。その理由は，アルゼンチンペソの信用を維持するため，ペソをドルにリンクし，いつでもドルと自由に交換できるようにしたからである。アルゼンチン政府は，中央銀行によるペソの発行を抑え，民間銀行の貸出増加によるマネーサプライ増加を抑制してきた。ある意味でアルゼンチンは金融政策をアメリカ連邦準備銀行に委ねたといえる。将来的にはドルを通貨にする可能性もある。パナマではドルを公式通貨とし，パナマ紙幣は流通していない。パナマは明らかに金融政策をアメリカに委ねている。メキシコとカナダはドルの採用を議論したが，そうした可能性を退けた。より実現可能性の高いのは EU がユーロを採用したのと同様に NAFTA の共通通貨を採用することであろう。

　銀行免許要件や中央銀行を通じた為替強制は，固定相場を監視するのに用いられるが，それはまた，アメリカドルの価値が変動するのと同様に，通貨価値が他の通貨との関係で変動し得ることを意味する。こうした国々にとってアメリカが重要な貿易パートナーである限り，この方法は通貨価値の安定を図る物差しとなる。従って，貿易相手との間で，ユーロのような統一通貨を設けたり，アルゼンチンのようにドルとリンクすることが議論されるのである。

　外国為替は通常，商業銀行の外為トレーダーによって扱われる。多くの場合，外為「ブローカー」は通貨を保有している外為トレーダー（「ディーラー」として知られる）との間で売り買いを行う。外為市場で売り買いされる通貨のほとんどは，要求払い預金の形態をとる。以下に述べるのは外国為替取引業務の簡単な一例である。アメリカ人ビジネスマンがイギリスから大量の木製品を購入することを望んでいる。ロンドンの売主は支払い

をポンドで行うよう主張した。そこで，アメリカ人はイギリスポンドを得るためにアトランタにある自分の銀行に行った。銀行のトレーダーは他のトレーダーに電話をかけ，誰か売れるポンドを持っていないかと尋ねた。ポンドを持つトレーダーがドルとポンドの交換レートに基づき，値段を引き出した。アトランタの銀行のトレーダーはポンドを購入した後，それを顧客であるアメリカ人に対し，費用に利潤を加えた価格で売った。売主となったトレーダー（大規模なアメリカの銀行かもしれない）は，トレーダーがポンドを預金しているイギリスの銀行に支払指図を送ることによって，ポンドをアトランタの銀行の海外口座に送る手はずを整えた。支払指図の内容は，イギリスの銀行はトレーダーの口座からポンドを引き出し，アトランタの銀行のロンドン拠点の海外口座に移すものである。アトランタの銀行は，ポンド相当額のドルをアトランタの銀行か相手先の銀行にあるトレーダーが持つ要求払い預金勘定に支払う。上記設例は，取引を単純化しているが，通貨交換システムの基本要素を反映するものである。トレーダーは外国口座の収支を黒字に保つか，彼らの市場変動予測に基づきそうした勘定を一時的に赤字（overdraft）にする。トレーダーはお互いに，一度に100万ドルかそれ以上といった大規模な区切りの良い数量で売買する。

　アメリカの外為市場は，世界最大の金融市場の一つである。アメリカだけでも何十億ドルもの数多くの異なる通貨が毎日交換されている。しかし，ニューヨーク証券取引所に匹敵するような外為の建物や組織はない。外為市場の活動は非常に分散的であり，個別銀行の外為部署がブローカーを利用したり，アメリカ以外の多くの他の銀行とコンタクトしている。外為市場は概して規制がかけられていない。取引は，電話によるか，後に書面による確認書が送付される未認証の電信メッセージで行われるのが普通である。

　額面5000ドルを超える場合はほぼ常に口頭で契約を交わす。電話越しに口頭で契約するトレーダーは，ディーラーの発言を信用する必要があり，他のディーラーがそのディーラーと取引することはないことから，弁護士や裁判所の助けがなくても詐欺防止法の問題を免れている。市場ルールは

自己規律に基づいており,ルールに従わないトレーダーは全く取引できない。外国為替市場ではスピードが要求されるので,ディーラーは申込みを直ちに承諾することで取引することが必要である。こうした契約は履行しなければならない。その後,トレーダーが条件に満足しない場合は,痛み分けにするのが通常である。

外為契約の成立と外為契約の「決済」,すなわち資金が取引銀行の口座に移転される時点の間には,ほぼ常に時差がある。外国為替契約は通常,「直物」契約か「先物」契約と称される。直物契約は3日以内の短期間で決済される。先物または先渡契約は,直物よりも後の時点で決済される。決済日は常に先物契約に明示されている。

直物を受渡す交換レートは先物を受渡す交換レートとは異なる。この差は,経験豊かな外為トレーダーが2通貨間の市場で取引日と受渡日の間に起こると予期される事項に基づくプレミアムかディスカウントを反映している。各通貨の借入コスト,通貨交換を行う2ヵ国間国際収支の変動予測,及び他の要素がトレーダーの金利の定め方を決める。先物契約により,企業は必要な時期に応じて各通貨の支払いと受け取りをバランスさせることが出来る。

為替リスク

外為市場が変動局面にある場合,為替リスクを減らすことが重要である。例として,アメリカの会社が日本とメキシコから商品を購入することに合意し,契約が1994年8月1日に締結されたと仮定しよう。商品は12月31日に配送される予定であった。支払いは後日,日本の売主に円で支払われ,メキシコの売主にペソで支払われた。日本の契約額は1,019万円,メキシコの契約額は33万6千ペソであった。8月1日時点の各々の価格は10万ドルであった。契約日と受渡・支払日の間,円高が進んだ。しかし,メキシコペソは12月に暴落した。アメリカの銀行が円とペソの必要額を調達しに12月後半に銀行に行った時,8月のレートがかなり変わったことが分かっ

た。8月1日に1ドルが101.9円であったのに対し，12月31日には1ドルが96.4円であった。契約額の1,019万円を支払うのに，その会社は10万5,705ドル，当初から約5.7%増しの価格を交換しなければならなかった。為替変動のリスクをカバーしていなかったことは喜ばしいことではなかった。しかし，メキシコの状況は全く違っていることがわかった。8月1日に1ドルが3.36ペソだったのに対し，12月31日は1ドルが6.21ペソであった。支払う必要のある33万6千ペソを支うには，10万ドルではなく，たったの5万4,106ドルで済んだ。これにより，円－ドルレートによる損失をカバーして余りあるものがあった。

　国境を越えて商品を売買する会社は，通貨変動投機を業としているわけではない。しかし，そのリスクは，外貨がいつ売買されるかを予期したり，前もってそうした購入のための規定を置いたり，外為ディーラーとの先物契約を通じて売買することで，減らすことが出来る。上記の日本とメキシコからのアメリカ人購入者は，アメリカの外為ディーラーに12月1日に必要な円とペソの受渡レートを示すよう頼むことも出来た。そのレートが，アメリカ人購入者が商品をアメリカで再販する際に求める収益と見合うならば，先物契約をして日本とメキシコの売主との間の購入契約に署名するであろう。そうして出来た外為リスクの規定があれば，為替リスクによって収益が減ることもなくなり，買主はそのリスクを通貨トレーダーに移転できる。通貨トレーダーは買主よりもリスクを引き受けるのに適しており，円とペソを自らのストックから受渡すか市場で円やペソを借り入れたり購入したりする。1994年の円は概してドルに対して円高傾向にあったので，アメリカの買主は円取引のみカバーしようとしたかもしれない。一方，その買主は，本当は安く，過剰に評価されていると疑われていたペソについてはカバーするのをやめたかもしれない。

　ある外貨を獲得する必要のある多国籍企業の財務マネージャーは，似たような通貨の反対取引をする必要のある多国籍企業を見つけるために，(直接またはブローカー経由で) 照会をかけることがある。その後，二つの多国籍企業は通貨「スワップ」を取り決める。自国通貨を大量に保有して

いる海外の多国籍企業が通貨管理法により，自国通貨の持ち出しを禁じられているような場合，この技法はうまく機能する。通貨条項は，国際契約においてますます一般的な条項となっており，そこでは，特定日に指定された通貨で支払う義務を一方当事者が負うことで，為替リスクをその当事者に負わせる旨，規定されている。

アメリカ経済の規模が大きく，アメリカドルが取引通貨として広範に利用されていることから，アメリカへの輸入やアメリカからの輸出は大部分アメリカドルで支払われる。ドルが世界の市場で支配的でなくなれば，これは変わるであろう。その時には，国際ビジネスに携わる多くのアメリカ人は外国為替についてもっと馴染む必要があろう。

国際的な預金とローン：ユーロドル

国際的な預金やローンは幾つかの方法で行われる。アメリカ人の輸出業者は，イギリスにおける外国売買の売上金をイギリスポンドでロンドンのバークレーズ銀行に預金するであろう。通貨が自由に交換できるとすれば，アメリカの投資家はアメリカのドルを外国の通貨，例えばドイツマルクに交換し，その後，その資金をドイツに投資することができる。他の種類の金融市場活動は，一般的にユーロドル市場とか「ユーロ」市場と呼ばれる国際的な（海外）資金プールである。

ユーロドルは定義上ドルである一方，母国の外にきちんとした市場が存在する通貨は「国際預金」として取り扱うことができる。だから，ユーロフラン，ユーロマルク等もある。1982年に西ドイツと日本は，アメリカ国内で（ドイツ）マルクや（日本）円の預金証書を発行することに精力的に反対した。

ロンドンはユーロドル市場の中心地である。しかし，ユーロドルが存在するのとパラレルに，例えばシンガポールでは，アジアドルと呼ばれ，パナマではラテンドルと呼ばれる。それらのドルは，世界中の金融センターのディーラーによって取引されている。

アメリカの非居住者であるドル保有者がロンドンまたは他の金融センターの銀行に，一定期間，預金した銀行のディーラーが設定した金利で預金する場合にユーロドルが生れる。次にその銀行は，一定期間預金金利よりも若干高い金利でそのお金を貸し出す。

　これから，確定期払預金と固定利払いローン（実際，他の銀行にある期払預金の可能性もある）の相殺を行う金融市場に関して簡単な説明を述べる。ユーロ市場は国内金融市場と幾つか重要な点で異なっている。イングランド銀行とパナマおよびシンガポールの中央銀行は，外貨預金の移動や使用に対してほとんど規制を課していない。アメリカでドル預金にかかる金利の上限は，ユーロ市場では課せられない。イングランド銀行は，アメリカドルやアメリカ銀行システムの健全性に対する第一義的責任を負わないこともあって，ユーロドル預金に保有義務を課されることもない。従って，イギリスの銀行が取り扱うドルをイングランド銀行は規制しない。ユーロドル預金を受け入れた銀行は，預かった預金額全てを貸出にまわす。ユーロドルのプールは，アメリカの長期にわたる国際収支赤字やユーロドル市場の効率性によってもたらされた流動性により，相当大量にある。1兆円を越す「海外の」アメリカドルはアメリカ国外にある銀行にあると推測される。通常，アメリカドルの借り手は，ユーロ市場で容易に自由な市場金利でドルを調達する。国際預金を巡っては，訴訟もほとんど行われてこなかった。

　ユーロドルのプールは，国際金融の主要な資金源となった。長期ローンは通常，最も良いユーロドル金利に1％を加えた金利でおこなわれる。長期ローンは，より短いインターバル（例：90～180日）で再調達され，新たな金利は市場の資金コストに基づき算出される。ユーロドル市場は，資金調達及び資金投資のための真に国際的な市場である。また相対的に規制が緩い。ただ，必要な場合にこの市場を安定化させる最後の貸し手は存在しない。

　一つの国で資金が借り入れられ，他の国へ投資する場合，投資された国は外国人居住者が得た金利や所得に課税することができ，投資家が外国投

資収益を予測するには，そうした税金も考慮に入れて全体の借入コストを算出しなければならない。

他にも，投資家の方が，万一地元の借り手が支払不能になった場合に投資家にとってあまり有利でない場合にはコストが発生し得る。資産没収や投資国から資金を得る際の潜在的困難さ（例：為替管理）のため，投資家は国際商取引の資金を投資受入国内で現地調達することを欲するかもしれない。投資家が，その国のパートナーや系列会社の借りたローンの保証人となることを約束した場合，現地資金調達はより容易になろう。

ある国から商品を輸出し，別の国へ輸入する国際商取引では，取引形態は様々に組めるので，輸入業者によって資金調達される。例えば，輸入業者は注文時に支払うか，輸入業者の銀行から取消不能信用状（上記第3章参照）を発行してもらう。取引はまた銀行引受手形によっても，また場合によっては輸入業者や輸出業者の政府のプログラムによっても資金調達される。資金調達を望むのは輸入業者よりも輸出業者であろう。例えば，輸出業者は受取勘定を未決済のまま（つまり支払いが済む前に商品が荷送され，輸入業者は商品受取時に支払う），商品を荷送することができる。輸出業者は，自分の銀行の指図に委ねられた書類に基づいて商品を荷送でき，代わりに銀行は，商品の権原証券を輸入業者が支払った場合にのみ譲渡する指図と共に，輸入業者の国の銀行への書類に裏書することができる。輸出業者は，輸入業者が商品を売った後に支払いを行うコンサインメントに基づいても荷送できる。商品は為替手形の引受けと引き換えに書類を買主に引き渡す形ででも荷送できる（これは，銀行が輸入業者が引受け後数十日後に輸入業者に対して支払可能になる為替手形を輸入業者が「引受けた」場合に権原証券を輸入業者に譲渡する点を除き，支払いと引き換えの書類渡し条件に似ている）。

輸出業者は自国のファクタリング会社に受取勘定を売却することで国際売買の資金を再調達できる。債務の割引や回収の活動は国境を跨ぐ場合があるため，準拠法と執行地（裁判管轄地選択）が国際売買契約の中で含めなければならない二つの条項となる（後述，第8章紛争解決参照）。

多国籍企業の金融慣行：移転価格

　多国籍企業の系列会社は国境を越えて互いに貸し借りを行うことが多い。企業は各部門の協力によって全体としての利益を追求するため，税金や配当金を望ましい結果にすることで企業目的が達成されるよう全体に占める各部門の構造を整える。多国籍企業は世界ネットワークの中のコストと収入を再配分し，租税や為替管理が有利と考えられる地域で所得を増し，最も厳しいと考えられる地域で所得を減らす。これが移転価格である。

　受入国は，外国人投資家が当該国であげ，外国に送金された所得に対して制限を加えることがある。多国籍企業は，所得の送金に対するこうした制限を減殺しようとする。たとえば，外国親会社は外国の系列会社への技術移転料や系列会社に売る原材料や部品の価格を引き上げようとするだろう。受入国はそれに対し，技術移転料を制限し，原材料や部品を現地調達させることで対応する。発展途上国は，親会社が十分利益をあげているのに現地子会社に対する技術移転料や原材料や部品の代金を非常に高く設定するため，自国の所得が僅かまたはゼロとなるような多国籍企業の移転価格慣行に対して強く反対してきた。なぜ多国籍企業はこのようにするのか。それは，発展途上国が所得に高い税金をかけるからである。あるいは，技術移転や許可を受けた原材料や部品には寛大もしくは存在しない為替管理によって収益を送金するのに制限があるためである。発展途上国や現地の株主にとって更に強い反対を招くのは，多国籍企業が地元企業とジョイント・ベンチャーの合意をした時に，同じ移転価格慣行が地元株主への配当金の配当原資となる利益が僅かとなってしまう場合である。

　意図した移転価格に反対するのは発展途上国だけではない。オーストラリア，カナダ，日本とアメリカは，税務当局の太平洋地域の連合体を形成し，移転価格が租税回避に使われる可能性を駆逐しようとしている。発展途上国の移転価格に対する監視があまり効果的でない理由は，一部には，アメリカなどの先進国から税収入を逃避させる可能性のある共同の試みに

先進国が参加したがらないためであり，また一部には，企業間の移転価格情報の多くは機密事項と考えられているからである。

経済協力開発機構（OECD）は，1995年半ばに多国籍企業の移転価格ガイドラインに関する3部作のうち第2分冊のディスカッション・ドラフトをリリースした。後に出す予定の第3分冊は，移転価格に関する1979年のOECDレポートの改訂版となる。第2分冊は，罰金と過剰なドキュメンテーション要件について焦点を当てている。草稿は，以下に述べるIRS規制の最終版とかなり整合的であるが，ドキュメンテーション要件やガイドラインの明確化の点でより実際的である。

移転価格税制は国際機関のみならず，幾つかの国で取り入れられている。アメリカ国内では，内国歳入庁（IRS）が1994年7月に規則第482条を制定した。この規則は，「最善方式（best method）」ルールを採用し，独立当事者間基準に適合しない企業内の移転価格に罰金を課している。IRSのやり方は，移転価格の存否を決める基準が恣意的，気まぐれ，非合理的であるとして批判されてきた。しかし，IRSは企業が正当に移転価格を算定していないと主張している。租税裁判所は，これまでこの対立の解決に当たってこなければならなかったし，今もIRSが不正な移転価格を行う場合にはしばしば登場する可能性が高い。

メキシコは国境産業，別名マキラドーラに移転価格ルールを設けている。メキシコ政府は，マキラドーラの事業に一定の事業収益を認識することを義務付けるメキシコ租税法規定を強制していない。その理由は，雇用とプログラムそれ自体を守るため，政府はマキラドーラの事業を独立当事者間基準で徴税することもできたはずだが，多くの外国企業は，親会社がマキラドーラを独立の契約組立会社だと考えた場合でもその事業にサービス・フィーを支払う慣行を採ってきた。アメリカとメキシコの経験は，精力的に課税に取り組むことから，雇用のような社会的な目的を推進する上で何もしないことまで，異なる国家の移転価格問題に対する捉え方の相違をよく示している。

第5章 技術移転

　国境を越えた知識の移転を取り巻く問題は最近の10年間多くの議論を巻き起こした。議論は弱まることはないだろう。中心問題は，知的財産権や情報所有者（通常最先進国の人々）の飽くなき利益追求志向に阻まれることなく，法律で保護されて情報を早く合理的価格で欲しいという第三世界の国々（しばしばブラジル，韓国，台湾，シンガポールのような発展した国も一緒に）の要求がある。発展途上国は，豊富でかつ低廉な労働力を最大限に利用し，国際市場で競争力のある製品を作り出す生産技術を欲しがる。資本集約的生産工程（例えば，自動車のロボット生産）はあまり興味がない。多国籍企業（MNEs）は（ライセンス契約または譲渡によって）知的財産権の多くを共有することは歓迎するが，「中核技術」は手放そうとしない。

　先進工業国のなかでは，「最先端」技術を（盗んでまでも）獲得しようという努力がなされる。一つの例は，日本の企業がIBMコンピューター技術を盗もうとし，最終的にFBIに逮捕された事件である。アメリカでは，輸出管理局（Office of Export Administration）が戦略的技術の「転用」を管理するため輸出許可制度を利用している。しかし，1984年に有名なノルウェーと日本の企業は，ソ連がより静かな潜水艦のスクリューを作る技術を獲得する手助けをした。このスキャンダルの結果，「アンチ東芝」立法が成立した（1988年多角的通商競争力法（Omnibus Trade and Competitiveness Act）参照）。この企業の指導的経営者は退陣した。これは，日本のビジネス社会ではもっとも重い責任の取り方である。

　国境を越えた技術移転を管理する上で支配的な方法は「ライセンス」ま

たは「フランチャイズ」契約である。ある国の情報の所有者は，まず他の国で情報を所有することを法的に保護される権利を取得する。つぎに，所有者は，その権利を通常は対価を得てその国の第三者に使用を許諾（ライセンス）する。この情報の共有が，技術の所有権的コントロールが失われたり，競争者を出現させたりするリスクを発生させる。正式に認められた情報移転がないとしても，知的財産権の盗用はますます頻繁になっている。実際，いくつかの国では，盗用は開発発展政策にまで高められている。

発展途上国（「グループ77」として），先進工業国および非市場経済国は国連貿易開発会議（UNCTAD）で，技術移転に関する国際的「行動基準」を作成しようとした。このような基準についての態度には大きな違いがあり，発展途上国はそれを「国際的に法的に拘束力のある基準」とすべきことを主張し，先進工業国はそれを「技術の国際移転のガイドライン」としようとした。その議論の経済学的背景として，アメリカの技術輸入のロイヤリティは技術輸出のロイヤリティの10分の1しかないということがある。多くの人が，国際的技術移転行動基準の作成は，南北の対話の最も重要な側面である，と考えていた。しかし，そうではなかった。その代わりに，GATTのウルグアイ・ラウンドから生まれたTRIPS協定がそのような行動基準として機能している。

ウルグアイ・ラウンド・TRIPS協定

1993年も押し詰まった頃にできた，ウルグアイ・ラウンドの合意には，貿易関連知的財産権に関する協定（TRIPs）が含まれていた。この協定はWTO加盟国の130ヵ国以上の国を拘束する。アメリカでは議会は，1994年12月にウルグアイ・ラウンド協定法によってTRIPs協定を批准した。この協定の中には加盟国間の内国民待遇および最恵国待遇の一般的要求が規定されている。

TRIPs基準は知的財産権の全領域をカバーしている。著作権については，コンピューター・プログラムとデータベースの保護，コンピューター・ソ

フトおよび音声録音のレンタル許認可管理，50年間の映画および音声レコード著作権期間，ならびにベルヌ条約の一般的遵守義務（ただし，著作者人格権を除く）について規定されている。

特許については，パリ条約（1967年）が優先し，製造特許と製品特許が医薬品と農業用化学品に認められ，特許強制実施許諾について制限が加えられ，一般的に出願から20年の特許期間が定められた。アメリカ法では，以前は特許の発行から17年の期間が与えられていたが，協定に合うように改正された。商標については，国際的に顕著なマークは，強化された保護を受けることができる。国内のマークと外国の商標を結びつけることは禁止される。サービス・マークは登録が可能となっている。そして，強制実施権は禁止されている。さらに，営業秘密（trade secret）の保護も，許可を得ない使用または開示をその所有者が差し止めることができるように，TRIPsの規則で保護されている。集積回路は，ワシントン条約に基づいてこれを改善したルールでカバーされている。最後に，工業デザインおよびアルコール飲料の地理的表示（カナディアン・ウィスキーのような）もTRIPs協定がカバーしている。

侵害と偽物製造に対する救済も国内および国際通商の保護として，TRIPs協定に含まれている。差止命令，損害賠償，税関での没収および証拠の保全のための特別の規定がある。

特許の保護

特許は大部分が国内法にしたがって付与される。したがって，特許は，排他的権利の属地的な付与である。発明者はカナダの特許，アメリカの特許，メキシコの特許，その他を取得する。100ヵ国以上の国が特許法を持っており，なんらかの形の特許の保護を持っていない国は比較的少ない。しかし，ある国で法的に保護された知的財産権は他の国でも同じように保護されるとは限らない。たとえば，多くの第三世界の国は，医薬品に特許を与えることを拒絶している。これらの国は，その理由として国民の健康

を守る必要性を指摘する。タイは伝統的にそのような国の一つであり、そこでは、ライセンスを受けていない「ジェネリック医薬品（generics）」は成長産業であった。

　発展途上国の名目的特許保護は効果的救済の方法を持たず、外見的な権利だけで実質的な法律上の権利を与えていなかった。国際的特許保護を確保するためには費用がかかり、ある特許権者は彼らの製品の需要あるいは競争が見込まれる市場でだけ、特許を出願するという政策を取っていた。それでも、アメリカ国民は、外国で何万という特許を取得し続けた。アメリカ発行の特許の半分以上は、外国居住者が取得している。多くの国で、特許の取得と保護の仕事を請け負っている者を、特許代理人（patent agent）と呼んでいる。アメリカでは、特許法律事務は、弁護士の仕事のなかでも専門化された分野である。国際的な特許権を取得するためには、各国の専門家を起用しなければならない。

　なにが「特許」を構成するか、そして各国でどのように保護されているかは、各国国内法による。アメリカではアメリカ特許庁（U.S. Patent Office）が付与する特許は、20年間にわたって、第三者が特許権者の許諾をえないで、特許発明を製造し使用し売り渡すことを禁止できる排他的権利を付与する。アメリカの特許は、「最初に発明した者」に与えられる（先発明主義）。ほとんどの外国のように「最初に出願した者」に与えられる（先願主義）のではない。特許侵害に対しては、アメリカの裁判所によって差止命令あるいは損害賠償判決を得ることができる。外国製の特許侵害商品に対しては「輸入拒否命令（exclusion order）」を取得することができる。この命令は、国際通商委員会（International Trade Commission）から1930年関税法第337条に基づいて頻繁に出されており、アメリカ税関（U.S. Customs Service）で執行される。アメリカの特許はこのように短期の法律的（必ずしも経済的ではないが）独占権を付与している。例えば、ゼロックス社が持っている複写機に関する特許による排他的な法律上の権利は市場での独占権を付与している訳ではない。市場にはゼロックス社の競争相手でゼロックス社の特許にふれない複写機のメーカーが沢山参入している。

世界では，基本的に二つのパテント・システムがある。無審査主義（registration）と審査主義（examination）である。ある国（例えばフランス）は，書類を整えて料金を払えば発明の特許性（patentability）の具備の審査をせずに，「届出」と同時に特許を与える。そのような特許付与の有効性は，適切な裁判所で特許侵害の主張が争われるまで，判断することは難しい。他の国では，特許の付与は，前の技術水準と特許性についての入念な「審査」を経てから付与される。または，「異議」申立のための公告をしてから「事後審査」（deferred examination）が行われる。この方式では，特許侵害訴訟でもその特許の有効性が維持される可能性が高まる。アメリカとドイツは審査主義を取る。アメリカの特許を取得するためには，出願者はアメリカ特許庁が納得するように，その発明が新規（novel）で，有用で（useful）かつ非自明（nonobvious）であることを示さなければならない。それでも，相当の数のアメリカ特許が後になって裁判所で無効とされ，特許庁は特許を甘い基準で付与していると批判される。1998年に150,000件強のアメリカ特許が付与された。1997年から30％も増加している。増加の領域は，コンピューター・ソフトの特許を含むハイテク産業に集中している。

　特許付与の条件は国によって異なる。例えば，国内法で，(他国ですでに付与されている特許に限定的な保護を与えるための)「承認（confirmation）」「輸入（importation）」または「再発行（revalidation）」特許の制度を持っている国もある。いくつかの社会主義国では，生産手段の私的所有が制限されているので，「発明者証明書（inventor's certificates）」と賞が与えられる国もある。そのような国では，国家が発明を所有する。たとえば，中国がそうであったが，いまでは発明者は1984年の特許法により特許と排他的私権を得ることができる。イギリスでは，特許は指定された期間に実際に試される（商業的に使用される）ことが必要である。この要件は非常に重要であり，イギリスでは特許が使用できないとみなされると，他のイギリス人に「強制実施権」が与えられる。多くの発展途上国が特許法中に同様の規定を置いている。特許権者は特許を使用するか，さもなくば特許を失う。

特許の国際的承認

特許に関する主たる条約は，たびたび改訂された。1970年の特許協力条約（Patent Cooperation Treaty）と1883年のパリ条約である。ある程度，パリ条約は，商標，サービスマーク，商号，工業デザインおよび不公正競争を扱っている。特許を取り扱っている最近の条約としては，ヨーロッパ特許条約（条約加盟国すべての特許を交付する単一の事務局をミュンヘンとハーグに設置しようとしている）とヨーロッパ共同体特許条約（EU全土に有効な単一の特許を作り出そうとしている）である。

パリ条約は，アメリカを含む100ヵ国以上が加盟しており，国内特許法の下での外国人の扱いを定めた基本的な国際協定である。それは，ジュネーブにある世界知的所有権機関（International Bureau of the World Intellectual Property Organization: WIPO）が事務局の仕事をしている。「内国民待遇」（パリ条約第2条）は，国内特許と商標の外国人保有者を差別してはならないことを規定している。たとえば，カナダの特許を付与された外国人は，カナダ国民に与えられると同じ法律上の権利と救済方法が与えられなければならない。さらに重要なことは，本国の特許出願から12ヵ月以内に外国で出願することを条件に，特許保有者に対して「優先権」が与えられる。しかし，この権利は，「先願主義」の国では，それ以前に出願した者に優先しないことがある。外国での特許出願は，必ずしも本国で特許が認められるかどうかに関係しない。特許性の基準は国毎に異なる。それにも拘わらず，パリ条約によって，知的財産権の保護を求める必要のあるすべての国で同時に出願をする必要がなくなった。もし，発明者が他の国で特許による保護を必要としないと判断すれば，誰でもその他の国ではその発明を製造し，使用し，売ることができる。パリ条約は，特許の保護が必要であるすべての国で個々に特許出願をする必要を減ずるものではない。また，それは，特許性に関しての各国での基準を変えるものでもない。

特許協力条約（PCT）は，アメリカを含む40ヵ国[27]が加盟している。それ

は，国際的な特許出願手続きと先行技術の審査について，より統一性を増しより安い費用で行おうとするものである。各国で個別に出願を行う代わりに，PCTの下では，特定の国で出願を行えばよい。日本，スウェーデン，ロシアおよびアメリカの特許庁が，ミュンヘンとハーグにあるヨーロッパ特許庁のように，指定された国際調査機関（International Searching Authority: ISA）となっている。国際出願は，国際調査報告書と共にISAによって特許権が出願される各国の特許機関に送付される。この条約は，各国が特許性に関する実体基準を設定し侵害に対する救済方法を決定する自由を制限するものではない。しかし，特許協力条約は，出願する発明が新規なものか，発明のステップを含んでいるか（非自明）そして産業的に利用可能であるか，という点について拘束力のない（non-binding）意見を形成するために，出願人が国際予備審査を請求できることとしている。発達した調査機関を持たない国では，国際予備審査の報告は，特許を付与するかどうかの判断に決定的影響を与えるかもしれない。それだけでも，特許協力条約は世界の特許法に大きな統一をもたらした。1986年アメリカは予備審査報告書に関するPCTを批准し，このような統一に協力している。

ノウハウ

ノウハウは，商業的に価値のある情報である。それは，営業秘密であることも，特許性があることもあるし，そうでない場合もある。しばしばエンジニアリング・サービスのように技術的あるいは科学的なノウハウが多いが，より一般的性質のノウハウもある。市場開拓技術や経営技術や単なるビジネス・アドバイスもノウハウになりうる。もし，誰かがその情報に対価を払う用意があるなら，国際的に売却もライセンスもできる。

ノウハウの法的保護は国によって異なり，かなり制限されていると言ってよい。特許，著作権および商標とは異なり，登録によってノウハウの排他的権利を法的に取得することはできない。知識は我々が呼吸する空気のように公共財である。社会に一旦提供されれば，ノウハウは一般的に誰で

も使用することができ，取り戻すことは不可能である。排他的な権利がないから，ノウハウの秘密を保持することが重要なビジネス政策となる。もし，誰かノウハウを知っている第三者がいれば，そのノウハウに対価を払う者はいないだろう。もし，競争者がそのノウハウにアクセスできれば，ノウハウ保有者の市場での競争力は危機にさらされる。それだからこそ，コカコーラの原液の調合方法はほんの数人しか知っていない。これは世界で最高の方法で管理されているノウハウであろう。

ノウハウを守るということは，契約法，不法行為法及び営業秘密法の守備範囲の問題である。雇用主は，重要なノウハウを従業員を秘密保持契約で拘束することで守っている。しかし，価値のあるノウハウが，これらの従業員から，あるいはこれらの従業員の転職とともに，外部に漏れてしまうことがある。たとえば，不満を持つ退職従業員がこのノウハウを売ったり公開してしまったり，することがある。契約違反を理由とするコモンローまたは衡平法上の救済では，雇用主を完全には救済しない。不法行為の救済も十分ではない。なぜなら，競争相手が契約違反を教唆したという場合は別だが，多くの従業員は本質的には損害賠償判決を受けても痛くも痒くもないからである。同様に，真正な営業秘密は二・三の州では刑法で保護されているが，ビジネス問題を取り上げるように検察官を説得するのは容易ではないし，刑罰は営業秘密流出の損害を回復させる訳ではない（刑罰は，他の者が将来漏洩することを予防するかもしれないが）。

これらの法的な欠点にも拘わらず，特定のノウハウに特許性がある場合でも，その情報の商業的開発のために時間を稼ぎたいような場合に，特許登録をしないでおくことがある。国際化学工業界は，公開の要請と期間制限のある特許より，営業秘密のままにしておくことを好む傾向があると言われている。そのような営業秘密を世界中にライセンスしたり売ったりすることは危険であるが利益のあがることである。

1996年の経済的スパイ法（the Economic Espionage Act of 1996）は，外国政府等のために営業秘密を盗用した場合には，刑事罰を科すことにした。この法律では，「営業秘密」は，「財政的，ビジネス上の，科学的，技術的

経済的あるいはエンジニアリング上の情報」で情報の保有者が秘密として管理しており，その「独立の経済的価値が秘密に保持されていることから発生するもの」と定義されている。罰金，没収及び禁固刑に加えて，この法律は，営業秘密の盗用から得たすべての利得および盗用のために使用したまたは使用しようとした財産（例えばビルや施設）を差し押さえることを認めている。

商標の保護

商標の登録制度のないところでもほとんどすべての国が，何らかの法的保護を商標に与えている。商標権は商品に付けられた標識の使用から発生した権利である。それは，コモンローにおいて長らく認められ，アメリカからアラブ首長国連邦までのほとんどあらゆる国で認められている。アラブ首長国連邦では，1986年にはまだ商標を登録する法律がなかったが，マクドナルドは，地方のビジネスに対してこの有名な名前とゴールデン・アーチのマークを許可を得ずに使用することを差し止める命令を取得した。しかし，国際的な商標権の保護は各国での個別の登録を必要とする。

毎年おおよそ，50,000件の商標登録申請がアメリカ国民によって外国のしかるべき機関にたいしてなされている。アメリカでは，商標はコモンローと州と連邦への登録によって保護されている。連邦の登録は，連邦商標局（U.S. Trademark Office）で，他の商品から外見上識別機能を持つ全ての商標について登録が可能である。登録が禁止された種類の商標（たとえば，中国の社会主義思想を侮辱するようなもの）でなければ，商標は登録後の何年間か有効となる。

ある国では（例えば1989年以前のアメリカ）商標は登録の前に使用されていなければならない。他の国では，（例えばフランス）使用は要件ではなく，見込みによる商標の登録が可能である。エッソは，その名前をエクソンに変えたとき世界中で商標権を確立するために，見込みで商標を登録していたフランス人から商標権を買い取らなければならなかった。1989年以

降,アメリカ法は,12ヵ月以内に商標を使用する誠実な意図がある場合には,商標の登録申請ができるようになった。もし,正当な事由がある場合には,実際の使用はさらに24ヵ月まで延長することができる。結果的には,申請者は商標を予め予約しておくことができることになる。誠実な意図と正当事由を求めることによって,アメリカ商標法を見込みで利用することを防いでいる。

商標権の保護の範囲は,国によって大きく異なる。アメリカ連邦商標法の下では,商標権の侵害に対して,差止命令,損害賠償および税関での没収が認められる。他の国でも,同様の救済方法が法律の本には書いてあるかもしれない。しかし,実効的な救済はないことが多い。だから,商標の登録は,商標の盗用に対する保障にはならない。「サンフランシスコ製リーバイ・ストラウス」とのラベルを貼ったブルー・ジーンズは,商標の登録にも拘わらずリーバイ・ストラウスの許可なしにイスラエルかパラグアイで製造された偽物かもしれない。商標のついた商品の偽造は第三世界だけの問題ではない。アメリカの「のみの市」をみればすぐに分かる。議会は1984年に,商標盗用防止法(Trademark Counterfeiting Act of 1984)で初めて救済方法として刑事罰と私的な三倍賠償の制度を用意した。

多くの国で,(商品に付いている)商標は,役務の提供者が利用する「サービス・マーク」(たとえば,The Law Store)や,「商号」や,「集合マーク(collective marks)」(グループや組織によって使用されるマーク)や「証明マーク(certification mark)」(一定の品質,産地その他の事実の表示)と区別されている。各国で制度は異なっているが,一般的に有効な商標(すなわち,「取消」「撤回」「放棄(abandon or waive)」がなされていないで,且つ「一般名称(generic)」でないこと)は,侵害的使用から保護されている。ある国で有効な商標(たとえばカナダでのアスピリン)は,他の国では一般名称であるからとして無効かもしれない(アメリカでのバイエルブランドのアスピリン)。シボレーのノバは自動車の商標としては,アメリカでもメキシコでも有効である。しかし,言葉の意味からその価値を失うかもしれない。あなたがメキシコ人であれば,ノバ(スペイン語で

「動かない」の意味）を保証された自動車を買うだろうか。

　特許や著作権とは異なり，商標権は継続的に更新ができる。有効な商標権は多くの場合「登録使用者」にライセンスすることができるし，譲渡することもできる。譲渡の場合は，暖簾の売買に伴う場合に限定される場合がある。国際商標ライセンスは世界的に増加しており，外国へのフランチャイズに多い。国内の商標法は国際ライセンシングに適用されることがある。アメリカの主要な商標に関する法律である1946年ランハム法は，欺瞞的行為を行っている外国のライセンシーに対して（独占禁止法のシャーマン法のように）域外適用されると解されている。特に，Scotch Whiskey Association v. Barton Distilling Co., 489 F.2d 809（7th Cir.1973）参照。

　商標の登録を求める外国人は，事前の有効な「本国での登録」を要求されるかもしれない。そして，外国での新しい登録は本国での登録の継続的有効性から独立したものではないかも知れない。外国人は，外国での登録において，国際的および地域的商標条約が助けになるかもしれない。

商標の国際的承認

　商標の先使用に与えられる特権は，いくつかの国際的商標条約に反映されている。その例が，パリ条約，商品とサービスの国際分類に関する1957年ニース協定，および商標登録に関する1973年のウィーン協定である。最も広い範囲で国際的に適用される条約は，パリ条約と1967年改訂のニース協定であり，アメリカはこれらを批准している。WIPOがこれらの協定で予定されている諸方策の管理の中心的な役割をになっている。

　パリ条約は，いくつかの商標に関するルールを国際化しようとしている。パリ条約第2条の内国民待遇の原則の適用を拡大し，商標についての優先権を6ヵ月間認める（前出特許に関する議論参照）ことに加え，条約は，商標登録を求める外国人が本国での先行する有効かつ継続している登録を証明しなければならない，というしばしば見受けられる内国法による要件を最小限に制限しようとしている。これによって外国登録がやりやすくな

り，本国での登録が失効してしまうとすべての外国の登録が無効となってしまうリスクをなくし，外国での登録を本国での登録とは別物とした。パリ条約の第6条の2は，「周知」商標の所有者に，その商標を無権利者が登録してしまうことを阻止するあるいは既に登録してある場合にこれを取り消させる権利を認めた。この条文上，しばしば問題となることは，この保護を受けるためには，その商標が一部国内で周知であればよいか，国際的に周知でなければならないか，ということである。

ニース協定は，商品の「類（class）」と「分類（classification）」の問題を扱っている。商標の内部管理手続きを簡素化するために，多くの国では，商品を分類し，それによって同じような属性をもつ商品（場合によってはサービス）を特定している。商標出願者はしばしば商標を登録する対象商品が属する類を指定しなければならない。しかし，すべての国が同一の分類システムを採用している訳ではない。分類システムを持たない国もある。ニース協定の第1条は，商標登録に関して商品とサービスの単一の分類システムを採用した。このことによって，この問題に関する混沌とした状態から脱し，秩序がもたらされることになった。

1973年のウィーン商標登録条約（アメリカはこれに署名している）は，特許協力条約における特許出願のように，国際的出願と審査のシステムを作ろうとした。この条約はまだ実施されていない。しかし，国際的商標保護についてコストを削減し，統一をもたらす可能性を秘めている。すくなくとも29のヨーロッパ諸国と地中海諸国が商標の国際登録に関するマドリッド協定（1981年成立その後改訂）[28]の加盟国である。この協定は，国際登録をすることによって国内の商標権を取得することを認めており，WIPOが管理している。ECによってヨーロッパ共同体の商標が開発された。

著作権保護

ほぼ100ヵ国が「著作物（author's works）」のための何らかの著作権の保護を認めている。そのカバーする範囲と侵害に対する救済方法について

は国によって異なっている。しかし，後述のベルヌ条約および万国著作権条約に約80ヵ国が参加しており，ある程度の統一性がもたらされている。例えば，アメリカでは，1976年の著作権法（Copyright Act of 1976）が，文学的作品，音楽作品，演劇作品，舞踊作品，絵画図案作品，視聴覚（audio-visual）作品，音声レコードおよびコンピューター・ソフトを含む（現在または将来の）有体の媒体に記録されたすべての独創的表現（original expression）に関する権利を保護している。アメリカの著作権を取得するためには，発表される必要はない。作品が独創的で表現のための有体の媒体物に記録されていればよい。1989年前は，アメリカの著作権を取得するためには，著作者は作品を発表するときに，権利留保の形式的通知をする必要があった。そのような権利留保のない作品発表はもはや公共の利用のために提供されたものとはみとめられないことになった。

　アメリカの著作権保護は，創作の時から著作者の死亡後70年間保護される。著作者は，本が映画化された場合のように「二次的著作物（derivative works）」にも及ぶ。著作者だけが（またはその譲受人または場合によっては従業員）のみが，複製し，展示し，上演し，最初に売却できる。著作権を取得するためにアメリカ著作権局へ登録することは必要がないが，連邦著作権違反の救済を得る関係では重要である。著作権侵害者には，刑事罰，差止命令および民事損害賠償が命じられる。著作権侵害物は裁判を条件として差押えられ，最終的には廃棄される。しかし，教育者，批評家，報道関係者は作品の「公正な利用（fair use）」が認められる。これは，伝統的コモンローの法理であり，1976年著作権法に制定法として条文化されている。

　著作権の販売は，しばしば代理人による一種の「交換所（clearing house）」を通じて行われる。これは，音楽作品について当てはまる。それは，著作者と潜在的利用者の数が多く広い地域に散在しているからである。アメリカでは，アメリカ作曲家・著作者・出版社協会（ASCAP）および放送音楽社（Broadcasting Music, Inc.: BMI）が著作権の主要な交換所である。何千という著作権が「白紙ライセンス（blanket license）」方式で交換所が決め

た対価で売却されている。対価は後日メンバーに分配される。同様の機関がヨーロッパの大部分の国にある。その活動は，アメリカとヨーロッパの独禁法取締当局によって何度もチェックされている（Broadcasting Music, Inc. v. Columbia Broadcasting Systems, Inc., 441 U.S. 1（1979）; Re GEMA, 10 Common Mkt.L.Rep. D34（1971），11 Common Mkt.L.Rep.694（1972））。合同国際著作権情報サービスが1981年以来，WIPO によって運営されている。そしてユネスコが第三世界に著作権をライセンスすることを促進する役をすることになっている。このサービスは，著作者の権利に関する代理店による交換所のようなことをするのではなく，かえって著作権の剽窃を増やしている，という欠点も指摘されている。

　他の国の著作権保護は，包括的で現代技術に適合することができるかどうかは異なる。例えば，コンピューター・プログラムの著作権による保護の可能性になると，はっきりしない。いくつかの発展途上国では，「公正な利用」は拡大解釈されており，著作権保護を損なっている。しかし，これらの差異は，衛星放送の違法コピーからテープや本の許可なしの複製まで，世界的な著作権の剽窃問題に比べればまだ問題は小さいと言える。

　アメリカでは，1992年著作権重罪法（Copyright Felony Act of 1992）がすべての著作権侵害を刑事犯とした。1997年の電子窃盗排除法（No Electronic Theft Act of 1997）（NET）は，著作権侵害の法律要件から経済的利得を得ていたことを削除した。その結果，著作権者を害する意図で複製することまたは単に個人的使用のために複製することも侵害となりうる。1998年デジタル・ミレニウム著作権法（DMCA）はアメリカが WIPO 条約に法制度を合わせるために作られ，二つの著作権侵害類型を新たに作った。一つは，著作権者はその作品を保護するために使用している技術的方式を迂回する行為（ハッキング）であり，もう一つが著作権管理情報（秘密暗号）を改ざんする行為である。DMCA はインターネットで音楽をデジタルで配信する「ウェブマスター」は演奏ロイヤリティを支払わなければならないことを明確にした。

著作権の国際的承認

もし,適当な条約がなければ,著作権はいちいち著作権を認める各国で取得しなければならない。しかし,著作権者は,内国民待遇,翻訳権その他の権益を,1952年一般著作権条約(Universal Copyright Convention of 1952 (UCC))にしたがって得ることができる。最も大切なことは,UCCは著作権の権利主張の通知が十分になされること(たとえば© Folsom Gordon and Spanogle, 1995)を条件として,外国人にたいして登録を免除していることである。アメリカを含むいくつかの国は,登録免除を適用除外できる選択権を行使している。この選択をしたおかげで,アメリカの「製造条項」すなわちアメリカの著作権の付いた本をアメリカで印刷することを要求し,外国製の本を輸入できないようにすることが強化された。この,保護主義的条項は,最終的に1986年にアメリカの著作権法に関しては期間満了により失効した。UCCは著作権の最低の保護期間を定めている。それは,発表,事前の登録あるいは著作者の死から25年間である。また,すべての国に翻訳権について強制ライセンス権,強制複製権および発展途上国の教育目的の使用を認めている。

1902年のメキシコ市条約および1911年のブエノスアイレス条約によってパンアメリカン諸国では,内国民待遇と登録要件の免除(ただし著作権通知の条件は残る)が認められる。アメリカは両条約に拘束される。1886年のベルヌ条約(最新版)によって多くの外国で多くの便利なことが得られるようになった。UCCのようにベルヌ条約は,加盟国での著作権者の登録の要件を停止した。UCCとは異なり,著作国で与えられる著作権保護とは別個に,各国での保護を保証している。そして,著作権の通知を要求していない。ベルヌ条約は,著作者の生存中と死後50年を最低著作権期間として決めている。これはUCCより有利な規定である。また,著作者の排他的翻訳権も認めている。ベルヌ条約は翻訳権の強制実施権を規定していない。以前は,多くのアメリカの著作者達は,作品をベルヌ条約の加盟国で

あるカナダで同時に発表することにより，ベルヌ条約の特典を享受していた。

1989年にアメリカはベルヌ条約を批准した。アメリカがベルヌ条約を批准したことで，さらに25ヵ国と著作権についての関係を持つことになった。批准によって（UCCで留保されていた）通知の要件は外国著作権者に関して撤廃され，著作者「人格権（moral rights）」すなわち完全性（integrity）と根源性（paternity）の権利が認められることになった。根源性の権利は創作の認証を保証し，完全性の権利は，作品をゆがめたり，変更したりその他損傷する行為に異議を申し立てる権利を意味する。一般的に，連邦レベルと州レベルの不正競争防止法がこれらの著作者人格権のための法的根拠を提供していると理解されている。ある種のビジュアル・アーティスト達は，1990年ビジュアル・アーティスト法によって明示的に保護されている。

アメリカにおけるフランチャイズ

フランチャイズは，アメリカの経済の重要な部分を構成している。何千というフランチャイザーが全国でフランチャイズシステムを作り出し，これを管理している。アメリカのフランチャイジーの数は何十万にも上る。これらのフランチャイジーは多くは独立の商人であり，彼らのそれぞれの店では何百万という従業員を雇用している。アメリカの小売りの売上高の約1/3が，フランチャイズの店の売り上げと推定されている。アメリカのフランチャイザーが外国の市場進出の手段として特に効果的であると気が付いたように，カナダ，ヨーロッパおよび日本の会社がますますフランチャイズを使ってアメリカに進出してきている。

フランチャイジングは急速かつ柔軟な市場への参入，成長および資本集積を可能にするビジネス手法である。アメリカでは，伝統的に製品フランチャイズとビジネス・フォーマット・フランチャイズとを区別している。製品のフランチャイズでは，メーカーが製品を製造し，これをフランチャイ

ズ契約によって拡販する。たとえば，アイスクリーム店やソフト・ドリンクのボトリング会社やガソリンの小売店が製品フランチャイズの対象となることがある。ビジネス・フォーマット・フランチャイズはより数が多い。それは，フランチャイジーが販売する製品のフランチャイザーによる製造を含まない。最も多いタイプがフランチャイザーが，ビジネスに関する特定の「成功の方式（formula for success）」に関する知的財産権をライセンスするものである。ファスト・フッド店やホテルや多様なサービス・フランチャイズがこのビジネス・フォーマット・フランチャイズの例である。

アメリカのフランチャイズ関係の規制は連邦政府と州政府レベルで行われている。たとえば，連邦通商委員会フランチャイジング規則や，州のフランチャイズ開示義務のような具体的規制もあるし，あるいは連邦と州の独占禁止法のようなとらえどころのない規制もある。

国際フランチャイジング

国際フランチャイジングは，知的財産権問題，独占禁止法問題，税務問題，ライセンシング契約問題その他の多数の問題を発生させる。これらの問題点は，国際フランチャイジングが急速に伸びていることにより，ますますその重要性を増している。多くのアメリカのフランチャイザーはカナダでまず商売を始め，ついで日本と英国に移る。アメリカの投資家には，フランチャイジングは中欧と東欧に進出する方法としては最も危険が少なくポピュラーな方法である，という人もいる。フランチャイジングはアメリカだけの輸出品ではない。外国の多くのフランチャイザーがアメリカ市場に進出してきている。ほとんどのフランチャイザーは，標準契約書を持っており，それを自国の市場で使用しており，弁護士からはそのビジネス・オペレーションに関連する非常に多岐にわたった諸問題についての意見を得ている。そのような契約は，フランチャイザーの成功したビジネス・フォーミュラを大きく変えずに，国際フランチャイジングに適合するように変更することができる。フランチャイジング・フィーとロイヤルティは明

確に規定しなければならない。サービスの内容と従業員の訓練とフランチャイザーの監督権については詳細に規定しなければならない。フランチャイズの条件と地域は交渉を要する（一国あるいは一地域全体についての権利を与える「マスター・フランチャイズ」は国際フランチャイズ契約では多い）。会計手続きについても合意が必要である。ビジネス・スタンダードと広告方法も決定しなければならない。保険も掛けなければならない。税金と他の債務も振り分けなければならない。最後に，紛争の解決方法も規定しなければならない。フランチャイズ契約の中心は，ロイヤルティを対価としてフランザーからフランジーに対して現地での商標使用権を許諾する商標のライセンス条項である。

　フランチャイジングが規制されていなければ，弁護士の役割は交渉と契約書の起草に限られるだろう。しかし，国際フランチャイジングはますます現地国と本拠国の法律（EU法のような地域法も含む）によって規制されるようになってきている。第三世界の国では，特にラテンアメリカでは，国際的特許とノウハウのライセンシングを対象とした技術移転法がフランチャイズ契約にも適用される。これらの法律はフランチャイジーを保護し，国の発展政策にプラスとなることを目的としている。たとえば，ロイヤルティの額を制限することによって，交換可能外貨の節約を図る，という具合である。1986年にヨーロッパ司法裁判所は競争法との関係でのフランチャイズ契約の合法性に関する最初の判断を下した(Pronuptia de Paris GmbH v. Pronuptia de Paris Irmgard Schillgallis, 45 Common Mkt.L.Rep. 414(1986))。この判決は，ヨーロッパ法が，販売店のための市場分割の取り決めに関して，アメリカの独禁法といかに違うか，ということを示している。欧州人は，その後包括的なフランチャイズ契約規則を制定した。Commission Regulation No. 4087/88　Continental T.V., Inc. v. GTE Sylvania Inc., 433 U.S. 36（1977）（地域指定条項はそれ自体違法ではないとされた）と比較せよ。

　ときおり，フランチャイジングに伴って，文化が侵略されたと感じる人がいる。例えばマクドナルドがヨーロッパの伝統的建築の中に大きな金色のM型のアーチを作ろうとしたときのように，現地の法はときおり外国の

フランチャイズの文化的インパクトに対応しようとする。しかし，それにも拘わらず，マクドナルドのモスクワの店を開くことができたし，それは大成功であった。インドとメキシコでは，フランチャイズ商品に外国の商標が付けられることを好まなかった国粋主義的感情から，法律を制定してこれを禁じた。たとえば，メキシコの1979年の発明と商号に関する法律（1987年に廃止）は，外国発の商標の他に加えてメキシコ文化に根ざした商標の使用を義務づけた。他の国は，現地原料の利用を要求した（地中海諸国でのオリーブ・オイル）。これは，ファスト・フッドの成功の製造技術を変更させ，価値を下げることになるかもしれない。他の国（カナダ・アルバータ州）では，フランチャイズが開始する前に目論見書を登録させ，膨大な情報開示を命じた。開示義務違反は，フランチャイジーに多くの救済方法を与えることになる。契約解除，停止命令及び損害賠償である。これに類する法は，アメリカの多くの州にも見られる。

　フランチャイズの広告も現地法の規制を受ける。例えば，中国の規制では，「反動的内容」を含む広告は禁止される。国際フランチャイジングにおいて独占禁止法と税法は重要である。例えば，二重課税防止条約はロイヤルティの課税額に影響を及ぼす。独占禁止法も，「抱き合わせ」問題が生じないように，フランチャイザーからの製品購入義務を制限する。抱き合わせ契約は，フランチャイズ権を得る代わりにフランチャイザーまたは指定の第三者から原料供給を得ることをフランチャイジーに強制する取り決めがこれに当たる。そのような取り決めは，定義上二つの商品がなくてはならない。抱き合わせる商品と抱き合わされる商品とである。これは，アメリカのシャーマン法，ローマ条約の第81条および第82条ならびにその他の法律の下に発達した判例法によって複雑な，そして必ずしも整合性のない法理によって規制されている。

　ある先例として重要なアメリカの判決例は，商標のライセンスを独立の抱き合わされる商品と認め，フランチャイジーに重要ではない調理用品と紙製品の購入義務を規定した契約を違法と認定した（Siegel v. Chicken Delight Inc., 448 F.2d 43（9th Cir.1977））。別の判例では，フランチャイザー

がフランチャイジーに対して「中核商品（core products）」（例：鳥肉）を詳細な条件に従って、または指定されたリストの中から購入することを認めている（Kentucky Fried Chicken Corp. v. Diversfied Packaging Corp., 549 F.2d 368（5th Cir.1977））。時折、「中核商品」と商標ライセンスは一体として扱われ、法律違反の抱き合わせの対象とはならない　Krehl v. Baskin-Robbins Ice Cream Co., 664 F.2d 1348（9th Cir. 1982）（フランチャイジーはバスキン・ロビンスのアイスクリームを買わなければならなかった）。他の重要な先例は、フランチャイザーの「成功の方式」を構成するどの要素もフランチャイズ契約では抱き合わせることができる、としている（Principe v. McDonald's Corp., 631 F.2d 303（4th Cir.1980）（フランチャイジーはマクドナルドから土地と建物のリースを受けることを要求されていた））。

国際特許およびノウハウ・ライセンシング

　この項では、合法的国際技術移転の最も通常のやり方である特許とノウハウのライセンシングを扱う。特許ライセンシングが行われる前に、特許権者がその特許上の権利の買手がいそうなすべての国で、その特許を登録しておかなければならない。そのような買手がいそうにもない国でも、将来ライセンスを受けない競争者が現れるのを予防するため、特許を登録しておいた方がよいかもしれない。ライセンシングは、特許権者の国からの製品輸出と相手国への直接投資の中間段階の選択肢である。ライセンシングによって比較的安いコストで直ちに積極キャッシュフローを生み出す。

　国際特許およびノウハウライセンシングは第三世界の発展に関してはもっとも重要な技術移転の方法である。特許権者の視点からは、外国投資の代案の一つであり、あるいは外国投資の第一ステップとなる。そのようなライセンシングは特許権またはノウハウ（商業上価値のある情報で多くの場合特許権を得るにはいたらないもの）上の権利を、ロイヤルティ（royalties）と呼ばれる対価の支払いと引換に移転するという形をとる。外国投資とは異なり、ライセンシングは相手国への資本投資を含まない。し

かし，特許とノウハウのライセンシングは法的リスクを伴わないわけではない。

ライセンシーとライセンシーの国の政府の視点からは，ライセンスされた技術が「最新のもの（state of art）」ではなく，陳腐化しているリスクがある。陳腐化した技術で製造された商品は輸出が難しいし，二級品のイメージが生ずることになる。他方，古いが労働集約的技術が発展の初期段階には現実に求められることがある（中国にその例がある）。ロイヤルティが高すぎると，ライセンシーの経済的存立基盤を脅かし，相手国の外貨を吸い上げることになる。通常ライセンシーは標準的ライセンス契約の制限条項を交渉によって外すことができるほど，立場は強くない。これらの理由も加わって，第三世界の国では，しばしば，特許とノウハウのライセンス契約の規制を行っている。例としては，1976年ブラジル規範法17号及び1982年メキシコ技術移転法（1991年廃止）がある。これらの規制の下では，ロイヤルティの額は制限され，特定の種類の条項（例えば輸出制限，再販価格維持，ライセンサーに対する改良技術の強制使用許諾）が禁止され，技術導入の適不適が審査される。

特許とノウハウのライセンシング契約規制は第三世界に限られるものではない。例えば，EUでは，ヨーロッパ司法裁判所でいくつかのテストケースが判断された後，特許ライセンス契約に関する「一括適用除外（block exemption）」規則を発表した。この1984年の規則によってコントロールされる多くのライセンシング契約の条項は第三世界の技術移転立法によってカバーされているものと同じである。その後継法である1996年の規則240は，技術移転契約を幅広くカバーしている。規則240/96は，生産制限と，ライセンサーによるライセンス製品の小売価格の指定を禁止し，ライセンサーがライセンシーの売り先を指定することを許さず，ライセンサーが製品改良技術についてライセンシーに「グラント・バック（Grant back 逆使用許諾）」することを求める権利を制限し，ライセンシーが特許の効力を争うことを禁止する条項を禁止している。この規則は，排他的ライセンシング，複数ライセンシー間の地域分割，商標使用，抱き合わせ，特許使用範

囲規制，ライセンス期間，関連ノウハウ規制，品質管理，ライセンサーによるライセンシー差別も規制している。アメリカでの特許とノウハウライセンシングの規制はより間接的であり，その関心は特許と独占禁止法の関係に比重が置かれている（例えば抱き合わせ問題など）。

ライセンサーにも法的リスクはある。ロイヤルティの支払いが為替規制によって減額されたり，あるいは止まるかもしれない。ロイヤルティに対する課税は，二重課税防止条約で保護されていない場合にはほとんど没収に近いものになってしまうかもしれない。ライセンシーは「グレーマーケット」商品（後述）を製造しはじめ，ライセンサーが独占できた筈のマーケットで競合することになるかもしれない。最後には，特許期間が満了し，発明は公共の財産となってしまう。この時点で，ライセンシーは技術を買い取ったと同じことになり，独立の競争相手となる（ライセンサーが新しい技術を持っていれば，競争者としては恐れるに足りないかもしれない）。

ライセンシングは一種のパートナーシップである。ライセンシーが成功すれば，（販売高に応じて支払われることが多い）ライセンサーに対するロイヤルティは増加し，その後の改良技術を提供することにより，継続的なパートナーシップに進化する。そうでなければ，いずれかの当事者が，紛争解決条項を利用して，パートナーシップから退出する。特許とノウハウのライセンシングは外国投資とむすびつき，その重要な要素となっている場合が多い。外国子会社あるいは合弁会社は事業を開始するにあたって技術援助とノウハウを必要とする。そのような場合，ライセンシングの条件は，合弁契約あるいは投資契約の一部として規定される。例えばライセンサーが必要な原材料をライセンシー，合弁会社あるいは子会社に支給する場合には，ライセンシングは基本取引契約の一部となる。そのような原材料支給契約は，「移転価格（transfer pricing）」によってロイヤルティの制限を潜脱するために用いられる。移転価格というのは，収入を当事者間で，あるいは特定国（例えばタックス・ヘイブン）の当事者に割り振りをするために，商品価格を人為的に調節することである。

剽窃 (piracy) に対する防衛

　知的財産権の違法使用と偽物利用は発展途上国でも先進国でも急増している。そのような違法使用は消費者商品（ピエール・カルダンの衣服，ローレックス時計など）に限られない。工業製品とその部品（自動車のブレーキ・パッドなど）もいまでは偽物が作られている。不法な技術移転は彼らの経済発展の一部だと割り切っている発展途上国すらある。それらの国は知的財産権の剽窃を取り締まるどころか，後押しすらしている。ライセンスを受けずに生産する者は，ロイヤルティを支払わないから，オリジナルの製造者より製造コストが安い場合が多い。これがますます知的財産権の剽窃を盛んにする。著作権の対象の本をまるまる不法に安いコストで複製することは（この本も対象になるかもしれない），ナイジェリア，サウジアラビアおよび韓国などの広い地域で頻発している。アップル・コンピューターの偽物は香港で安く生産されている。GMは，その自動車部品の40％が中東で偽物として作られていると推定している。レコードとテープは，ほとんど世界中でライセンスや使用料なしに製造されている。これらの例は止まるところを知らない。

　知的財産権の法的保護と偽物防止はあまり効率的ではない。アメリカでは，商標権者と著作権者は税関に届出をして外国で製造された偽物の輸入を阻止する。そのような手段は，1946年ランハム商標法（Lanham Trademark Act of 1946）と1976年の著作権法（Copyright Act of 1976）である。特許の剽窃行為に対する攻撃方法としては，1930年関税法第337条を利用して不公正な輸入慣行として取り締まる方法が最も頻繁に利用される。第337条手続は，伝統的に1930年関税法第1337条のかなり複雑な規定を含んでいる。1988年以前は，(1)アメリカで効率的かつ経済的に行われている産業を，(2)破壊しまたは実質的に害する効果または傾向のある，(3)不正な競争方法と商品輸入における不公正な行為，が基本的に禁止されていた。そのような輸入は，それが産業の確立を阻害し，アメリカにおける通商と商

業を制限または独占するような場合にも禁止されていた。

　1988年多角的通商競争力法（Omnibus Trade and Competitiveness Act of 1988）は，第337条を改訂した。アメリカの産業が効率的かつ経済的に行われている，という要件を外した。アメリカ特許，著作権，商標権または半導体チップ・マスク作品の権利を侵害する物品の輸入は，そのような物品のアメリカ産業が存在する場合またはそのような産業が創設されつつある場合には，特に禁止された。国内産業に対する被害の立証は，知的財産権侵害の場合には要求されなかった。もし，重要なプラントおよび設備に対する投資がなされ，実質的な数の労働者が雇用され，実質的額の投資がなされ，あるいは開発（研究開発またはライセンシング）に実質的投資がなされていれば，そのような産業が存在するとされた。

　第337条に基づく違反の認定と大統領への救済方法の勧告は，国際通商委員会（International Trade Commission: ITC）の排他的領域に属する。第337条に関する判例のほとんどは，特許侵害に関するものである。全く自動認定（per se rule）という訳ではないが，いかなるアメリカの特許権侵害も第337条の関係では，不公正な輸入慣行となる。第337条手続の結果，最終的には輸入地点で特許侵害物の差押を認める一般排除命令が出されることになる。しかし，税関がインボイスを審査したとき商品の箱を開いたとしても，商品が偽物あるいは知的財産権侵害物ではないかをチェックすることは極端に難しい。多くの偽物は「本物」らしく見えるからである。

　差押が最も効果的に働くためには，権利者が侵害品の入港を税関に通告することである。私立探偵の利用も有効でその数は増加している。しかし，事前に察知して通告することは難しい。それでもなお，税関は1987年の上半期に760万ドル相当の偽物を差押さえた。差押さえられた偽物の1/3以上は玩具だった。そして三大出荷国は台湾，韓国および香港だった。

　アメリカで，偽物の輸入業者および販売店相手に侵害訴訟と三倍賠償請求訴訟を起こすことはできる。しかし，訴状の送達と管轄権の問題で，外国の侵害者に対する効果的救済が得られない場合がある。たとえそのような救済が得られたとしても，偽物作りと偽物販売業者は上手なモグラ叩き

ゲームのモグラである。隣町あるいは外国に移転してまた製造を開始する。その上，偽物作りの逃げ足の早さと儲けの良さから，1984年の商標偽造法の刑事罰の規定は経済効率的ではない。アメリカ内で偽物が見つかった場合には，この1984年法とランハム商標法にしたがい，当事者に対する通知と聴聞なしの差押え命令を取得することができる。差押えられた商品は裁判所の命令にしたがい廃棄処分することができる。

　国際的解決も同様にとらえどころがない。GATT の TRIPS 協定は，これらの問題を扱っている。しかし，その効果についてはまだ結論が出ていない。沢山のアメリカの制定法が，アメリカ国民の知的財産権を十分に保護していない国に対して通商上の利益を停止し，対抗措置を取る権限を大統領に与えている。例えば，1983年カリブ海沿岸経済回復法（Caribbean Basin Economic Recovery Act），1984年優先更新一般システム法（Generalized System of Preference Act），1984年通商関税法（Trade and Tariff Act）（1974年通商法第301条を改正）及び最恵国関税に適用される1974年通商法 IV 編がある。徐々にこのアメとムチ政策が効果を出し始めている。たとえば，このプレッシャーのために，シンガポールは新しい著作権法を，韓国は新しい特許法と著作権法を，台湾は新しい著作権法，特許法，公正取引法および改正商標法を起草した。ブラジルはコンピューター・プログラムに著作権を認める法律を制定した。これらの変化は起こったが，各国の失業が増え国家収入が減少したときに，これらの新しい法律がどれだけ厳格に強制されるかについては疑問なしとしない。

グレー・マーケット商品

　関税法の領域で，最も問題であるものは「グレー・マーケット（並行輸入市場）商品」である。それは，海外で，「承認を得て」ロイヤルティの支払もなされて製造された商品であるが，「承認されていない」市場で売られている商品をいう。グレー・マーケットでの取引は，近年劇的に増加している。それは，為替相場の変動によって，ある国の価格レベルより安い価

格で輸入する機会が生ずることも原因の一つである。ライセンサーとその販売店は，突然ホーム・マーケットあるいはその他の「留保しておいた」市場で，自分自身のライセンシーにより外国で生産された製品と競争しなければならない状態に陥ってしまう。あるいは，逆に，ライセンシーは，自国のマーケットにライセンサーの商品が侵攻してくるのを見てびっくりする。どちらの場合も，第三者である輸出業者あるいは輸入業者がグレー・マーケットの直接の原因であることが多い。彼らは，ライセンス契約を誰が締結し，なにを締結したかに関心はない。苦情を申し立てられると，そのような第三者は，ライセンス契約で市場を分割したり，顧客制限をすることは独占禁止法違反である，と主張する。

今世紀の始めは，グレー・マーケット訴訟はフランスの化粧品がアメリカに入ることを阻止した連邦最高裁判例を生み出した (A. Bourjois & Co. v. Katzel, 260 U.S. 689 (1923))。この事件では，アメリカの会社がフランスのメーカーのアメリカ製造拠点の営業譲渡の一部としてフランスの化粧品の商標権の譲渡を受けた。譲受人は，フランス製品の輸入業社であるカツェル社に対して侵害救済を求め，勝訴した。カツェル社は為替レートの変動を利用して利益を上げていた。連邦最高裁は，第二巡回裁判所の判断を覆した。第二巡回裁判所は，既存の製造元の商品とアメリカ市場で競合するような「真正商品」の輸入を認める一連の判例にしたがって判断した。連邦最高裁判所は，商標権（ライセンスではない）と営業譲受人の独立の一般大衆に対する暖簾（顧客権）を原審破棄の理由として強調した。

議会は，連邦最高裁判所が原審判決を破棄する前に，現在は1930年関税法第526条となっている真正商品排除法 (Genuine Goods Exclusion Act) を制定した。この法律は，アメリカ国民の商標を付けた商品を，「許可を得ないで」輸入することを禁止している。そのような商標をアメリカ税関に登録しておくと，無許可の輸入は差押えられることになる。そのような輸入をした者は，輸入を禁止され，商品を再輸出するか破棄するか，または抵触する商標を分からなくすることが要求され，さらには損害賠償まで支払わなければならない。この法律の解釈は，裁判所と税関で紆余曲折を経た

歴史を持っている。税関は（独占禁止法政策の影響を受け）真正（グレー・マーケット）商品は，外国とアメリカの商標権者が同一ではない場合あるいはその商標が無許可で製造された場合にのみ排除することができる，とした。この方針の実際的効果は，ほとんどのグレー・マーケット商品の輸入を許すことであった。そこで，実質的価格競争が起こり，メーカーの保証書とアフター・サービスとリベートのカバーの範囲が分からなくなった。Kマートのような会社は，グレー・マーケット商品の輸入で優位に立ち，独自の保証と補修サービスを提供した。1986年以来，ニューヨーク州とカリフォルニア州では，売主がメーカーのプログラムの適用がないグレー・マーケット商品を明示することが要求されている。

1985年，デュラセルがグレー・マーケットで乾電池を関税法第337条を使って排除しようとした試みは，アメリカ国際通商委員会で支持された。しかし，レーガン大統領は税関の立場を支持し，救済を拒否した（Duracell, Inc. v. U.S. International Trade Commission, 778 F.2d 1578（Fed.Cir.1985））。

商標法と著作権法による差止命令による救済は，グレー・マーケット輸入者と販売者に対して利用されることがある。しかし，Quality King Distributors, Inc. v. L'anza Research International, Inc. 523 U.S. 135（1998）を見よ（最初の販売理論により著作権法に基づく差止命令の救済が受けられないとした）。差止命令の救済方法は，当事者のみに適用され，グレー・マーケット商品輸入者や他の者による売買には及ばない。この方法は有効であるが十分ではない。

真正商品排除法に照らしてグレー・マーケット輸入に関する関税の立場の合法性に関して，連邦控訴審の間で意見が分かれていたが，連邦最高裁判所の判断がくだされた（K.Mart Corp. v. Cartier, Inc., 486 U.S. 281（1988））。非常に極端に技術的判断で，あまり政治的配慮のない判決であったが，連邦最高裁判所は妥協の結論をだした。税関は，商標の所有者が同一の場合には，引き続き輸入を認めてもよろしい。税関は，商品が承認を得て（ライセンスの下に）製造されたが商標が同一の所有者に属さないときのみこれを差押さえなければならない。多くの者は，この決定のおかげで，大量

のグレー・マーケット商品が引き続き入ってきていると考えている。

　ほとんどの外国は，グレー・マーケット商品の輸入を認めている Takamatsu, "Parallel Importation of Trademarked Goods: A Comparative Analysis," 57 Wash.L.Rev. 433（1982）を参照せよ。EU 内でのグレー・マーケット（並行輸入）商品の取引を抑えるために知的財産権を利用することは，ヨーロッパ司法裁判所により，競争法および関税法との関連で，繰り返し否定されてきた。ひとたび許諾された商品が市場に出回り，所有権が移転されたならば，その中にある知的財産権は，ヨーロッパ法の問題としては，「消尽した」と言われる。しかし，ヨーロッパの知的財産権は，共同体外から入ってこようとするグレー・マーケット商品を押さえるためには利用することができる。消尽理論は対外的関係では適用されない。たとえば，リーバイ・ストラウスは EU 外からのブルー・ジーンズの EU 輸入者相手に，この区別を利用して積極的に訴えている。

国境を越えた情報の流れ

　情報移転は雇用と貿易パターンと結びついているので，多くの国は国境を越えたデータ移動（transborder data flows: TBDFs）に強い関心を持っている。衛星通信とマイクロ・エレクトロニクスの技術的な飛躍的発達が規制を物理的にも法的にも難しいものとした。あるレベルでは，いくつかの国（たとえばオーストリア，デンマーク，フランス，ドイツ，スウェーデン）は，多国籍企業の現地従業員の個人情報が，機械によって世界中に流出することを防ごうとしていた。そのような国家法が「人」を保護すると言っているかぎり，これらの法律は顧客，予約購読者および供給者もまた保護することができる。もう一つのレベルでは，発展途上国は国境を越えたデータ移動にアクセスすることにより，多国籍企業の現地子会社をより強くコントロールすることができるのではないか，また，国民生活の観点からの基本的通信のコントロールが可能になるのではないか，と考えている。コントロールの具体的方法には，全ての国境を越えたデータ通信を通

過させる政府の「データ管理センター」の設立,「国境を越えたデータ通信についての許認可制度」,電話通信の傍受権と会社ファイルの検閲権を持った政府の「国家コンプライアンス委員会」の設立などがある。第三のレベルとしては,多くの国は,アメリカの多国籍企業が(アメリカ内のデータ・ベースを利用して)データ技術において世界をリードしていることを認めており,このリードを縮めようとしている。もう一つのレベルとして,情報を「自国」に留めようとし,物の輸出に課税するように情報の輸出にも課税しようとしているが,これには文化的過敏症の面と国家としてのプライドの問題がある。

　1981年,OECDは,プライバシーの保護と国境を越えた個人情報の流出に関するガイドラインとして,14の原則を承認した。ヨーロッパ評議会はデータ保護条約案を起草した。国連トランスナショナル企業センターは,国境を越えたデータ移動の問題を取り上げた。1998年には,EUは,アメリカの会社が心配するデータ・プライバシー指令を出した。それは,アメリカよりも明らかに厳しく個人のプライバシーを保護している。情報化の時代の国際商取引についても,国境を越えたデータ移動に関して今後ますます規制が強まるであろう。

スペシャル第301条手続

　ウルグアイラウンドでは,ガットの中での技術関連知的財産権(TRIPS)の問題について,はげしい交渉がなされた。先進国は,反偽造コードの策定と,第三世界における特許,著作権及び商標権のより強力な保護を求めた。GATT加盟の発展途上国は,ほとんど全部の問題について抵抗した。TRIPS交渉は,予定の1990年12月になっても,まだ妥結にいたらなかった。他方,情報移転損失がますます増大する中で,アメリカは1988年のオムニバス通商及び競争力法によって一方的に「スペシャル第301条手続」を創設した。この手続は,1974年の通商法第182条の中に規定されている。この手続は,通商法第301条の発動をもたらす。第301条手続は,一般的にアメ

リカの物品とサービスの輸出者に市場アクセスを与えるために利用される。しかし,知的財産権政策がアメリカのスタンダードと異なっている国に圧力を掛ける,そして制裁をするためにも利用することができる。

スペシャル第301条は,アメリカ通商代表部 (USTR) が,「知的財産権に対して十分でかつ効果的な保護」あるいは「知的財産権保護を信頼しているアメリカ国民に公正で公平な (fair and equitable) 市場アクセス」を与えることを拒否している国を認定することを要求している。また,USTRは,その慣行が最も「ひどい (onerous and egregious)」ものでアメリカに対して最も大きなマイナスの影響を与え,かつ誠実な交渉に応じずあるいは知的財産権の十分で効果的保護に向けた意味のある進展を見せない,「優先国」を特定することを求めている。

USTR は,スペシャル第301条の下での「監視国リスト」と「優先監視国リスト」を作成し,リストに載っている国と交渉を継続した。これらの交渉はある程度成功した。アルゼンチンは,スペシャル第301条の交渉の結果,登録手続を改正し,特許法の下での医薬品の保護を改善することを合意した。メキシコは新しい特許法案を発表したので,スペシャル第301条の監視国リストの優先国から外された。この立法によりメキシコの特許期間が20年に延長され,化学品,医薬品およびバイオ技術もカバーされるようになり,強制ライセンスの適用範囲が狭まり,メキシコ商標法および営業秘密法に改良がなされた。韓国,台湾およびサウジアラビアも知的財産権法を改正し,優先監視国リストから外された。

インド,タイ,中国は正式に第一優先順位のスペシャル301条国として認定された。スペシャル第301条で国が指定されると,1974年通商法第301条に従いアメリカの一方的通商制裁措置の発動につながる可能性が出てくる。その時点で,EU,ブラジルおよびオーストラリアが監視国リストに載せられていた。その他の約23ヵ国が第二順位の監視リストに掲載されていた。1992年の初めに中国の知的財産権改革についてはどたんばで合意が成立した。この合意によって,初のスペシャル第301条の制裁が回避された。

ある程度,スペシャル第301条発動の可能性は,アメリカが TRIPS に加

盟することによって薄らいだ。1995年以来，アメリカのほとんどの知的財産権関係のクレームは，WTOの紛争解決手段に委ねられた。しかし，スペシャル第301条の「国指定」と「監視」はいまだに有効である。

第6章 市場経済国における国際商取引

　本章と次章では，それぞれ市場経済国家と非市場経済国家の国際商取引の諸問題を論じるが，このためには，国家のグループ分けによる分類が必要である。また，そうしたグループ内部においても，先進国か発展途上国かといった更なるグループ分けができる。

国家の分類：先進国か発展途上国か／市場経済か非市場経済か

　国家をグループ分けすることには常に危険が伴っている。意図した定義どおり明確に当てはまる国家がある一方，一つの分類基準以上の要素を持つ傾向にある国家や本当はどの分類基準にも十分には当てはまらない国家もある。分類の有用性は，分類によってグループの特徴を見分けることが出来，同一グループ内のメンバーと取引するのに役立つ点にある。例えば，先進国が発展途上国の輸出品に輸入特恵を与える場合，受益者である発展途上国を定義する必要がある。しかし発展途上国とは何かにつき広く受容されている定義はない。最も先進的な国家を含む全ての国家は更なる経済発展を望んでおり，その意味で発展途上国である。従って，発展途上国と真に発展した国々を見分けるために低開発国（less developed countries）と言及することもある。しかし何よりも低いのか？　オーストラリアはフランスよりも低開発国か？　あるいはイタリアはドイツよりも低開発国か？　またはカナダはアメリカよりも低開発国か？　「より少ない（less）」，「より多い（more）」，「単なる（mere）」といった形容詞はもともと不明確な単語を修飾しており，そのために分類が霧のように曖昧なところに更に靄のよ

うな曖昧さを加える結果となってしまう。

アメリカは，一般特恵制度(GSP)における先進国を定義付ける必要がある。GSPは，EU諸国のACP-ロメ条約のような他国の同様なプログラムで用いられる発展途上国の定義とは重要な点で異なる。アメリカ政府が使う発展途上国概念の中に含まれている場合でも，GSP上の恩恵を受ける発展途上国とOPIC保険を受ける発展途上国，様々な援助プログラムを受ける発展途上国は各々異なる。場合によっては，発展途上国を支援するプログラムが最も遅れた発展途上国に大きな恩典を与え，これらを従属国(dependent)と呼んで発展途上国の中で区別する。従って，発展途上というラベル付けには，全ての国から全ての目的に共通に受容されている意味はない。同じことが先進国というラベル付けにもあてはまり，先進国と発展途上国の間のどこかに位置する国を表すには，先進発展途上国(ADCs)または新興産業国(NICs)が用いられることがある。

アメリカ，日本，イギリス，フランス，イタリア，ドイツは多分ほとんどの先進国のリストに載るであろう。同様にまた，カナダ，オーストラリア，ニュージーランド，オランダ，ベルギー，スイス，オーストリア，スウェーデン，ノルウェー，デンマーク，ルクセンブルク，スペイン，ポルトガルも入るであろう。ギリシア，トルコ，南アフリカはどうであろうか。アジアの「四つの虎」のなかで先進国になったものはあるか。恐らく韓国はそうだろう。台湾は相当発達しているが，発展途上国(かつ非市場国)である中国がその一部であると主張している。もし，これらアジア国家の幾つかが先進発展途上国または新興産業国ならば，メキシコ，インド，ブラジルもそうであろう。ベネズエラ，アルゼンチン，チリ，ナイジェリアまたは中国はそのリストに加えるべきであろうか。ここにきて我々は，多数の真に明白な発展途上国であるインドネシア，タイ，ウガンダ，ケニア，エジプト，エクアドル，コスタリカ，グアテマラ，その他に近づいてきた。バングラデシュ，ボリビア，ホンジュラス，ハイチ，および多数のアフリカ国家は従属国としてラベル付けするのが良かろう。これらは世界の最貧国である。

読者の中には，この分類に賛成せず，国によっては他のレベルに属すと考える者がいるだろう。中国を除いて，意図的にリストから外した国々としては，生産や分配手段を国家が持っている高度な計画経済を持つか，その状態から変革しようとしている国家がある。これらを非市場経済国（NMEs）と呼び，次章で扱うテーマとする。

上の説明では第三世界について言及するのを省いた。これは第一世界として先進国を表すのと類義語である。しかし，第二世界はどこにあるのか。それは先進発展途上国や新興産業国を指すのか。従属国からなる第四世界はあるのか。我々は，「発展途上国」や「第三世界」を明らかにそれと分かる多くの国家に適用した場合に心地よく感じる傾向にあるのかもしれない。しかし，この本の著者達は，「世界」は一つであり，「従属，発展途上，先進発展途上，先進」というターミノロジーは，様々なレベルの「世界」というよりも好ましいと信じている。第三世界といった分類方法がより変動の少ない階級と見るのに対し，我々の分類方法は単一の国家を発展の諸段階を経て動くものと見ているのかもしれない。

発展段階の国家を定義することは，何十年にもわたってエコノミストを悩ませ，難題を与えてきた。経済学上の最も特筆すべきよく受容されている分類は，W.W. ロストウが1960年に書いた「経済成長の諸段階（Stages of Economic Growth）」という本に出ている。ロストウは，伝統社会，離陸の前段階，離陸，成熟への発展，高度大量消費時代の5段階の分類を用いている。伝統社会は通常，多くの国の資源が農業に費やされ，一族や家族が重要な社会構造で，垂直的な移動可能性は少ない。中東の初期文明や中華王朝は本質的にニュートン以前の伝統社会である。離陸の前段階は，産業が開始されるが生産性の低い移行段階にある国家を描写したものである。この段階では社会構造は古いが，国の中央集権的な政治システムが発展しつつある。国家の中にはまだこの段階にある国もあり，先に述べた従属国家という最も貧困な国家と重なるものである。最も貧しいが上級発展途上国の段階には明らかにまだない発展途上国の幾つかを含むかもしれない。三番目の段階が離陸で，経済成長が通常の状態になり，成長に対する伝統

の抵抗がなくなった段階である。この成長段階を刺激するものが，科学技術上の発展や投資，貯蓄である。新しい産業は拡張し，収益は再び投資され，サービス産業が発達する。農業部門は変化を経験し，より多くの科学技術が導入される。ロストウは，この段階が1783年以降20年間のイギリス，1860年以降数十年間のフランスとアメリカ，19世紀第三四半期のドイツ，第四四半期の日本，1890年から1914年のロシアとカナダ，20世紀半ばのインドと中国だと示唆する。インドと中国は恐らくまだこの段階にあり，アルゼンチン，ブラジル，メキシコといった他の国がこの段階に入ったところである。ここには我々が先に発展途上国のうち最も貧しいとして分類した国を含むであろうし，先進発展途上国も含むであろう。ロストウの四番目のレベルは成熟への成長である。これは離陸後約半世紀たつと起こると考えられている（離陸は約20年間かかると想定されているが，多くの国々ではこれよりかなり長いようだ）。イギリス，アメリカ，ドイツ，フランスが19世紀末に経験した移行期がこれである。そこでは，鉄鋼や石炭から道具となる機械，科学や電気装置に至る商品の基本的な生産が行われた。先進発展途上国の全てが，この段階に入ったとは考えにくい。どれも最終的な第五の段階である高度消費社会には入っていないことは確かだ。西欧のある国々，日本，カナダ，オーストラリアと同様アメリカはその資格がある。ロストウは更なる段階である脱消費段階を示唆する。これは，トーマス・マンの最後の世代が到達したところである。すなわち，第一世代はお金を求め，第二世代は生まれつきお金に恵まれていたので社会的市民的名声を求め，第三世代は安楽と名声に恵まれていたので音楽のようなものに目を向けた。息子が数学を学び孫が美術や音楽を学ぶために戦争と政治を学ぶ必要があったというジョン・アダムスのコメントもこれをよく表している。美術家や音楽家の国はどこかにあるだろうか。ロストウの分類は有用だが，従属国レベル，発展途上国レベル，発展途上国レベル，先進国レベルを使って上に描いた以上に役立つことはなかろう。しかし，特恵関税を経済的に未発展の国に与えたり，GATT加盟国にある貿易開放措置の採用を減免したりするなど様々な目的に適うよう国家はその特徴を明らかに

する必要がある。

　もう一つ，正確さに同様の疑問のある分類は，市場経済国と非市場経済国の区別に関するものである。市場経済国は，先進国であれ発展途上国であれ，国際商取引に影響を与える要素を共有する傾向にある。相違点は，通常，個別企業の仕事のやり方よりも政府の政策にある。もちろん，発展途上国と非市場経済国で取引を行う場合の共通の要素はある。双方とも国有企業の民営化を進めているが，そのプロセスは非市場経済国のほうがずっと複雑で，かなり多くの生産手段や分配手段が国家に握られており，市場経済のインフラが少ししか存在しない。次章では，非市場経済国の国際商取引について論じる。

商取引と技術移転

　先進国と発展途上国の当事者間の国際商取引は，先進国の当事者間の同様な商取引とほぼ同じやり方で行われる傾向にある。アメリカの売主とブラジルの買主との売買は，フランスやイギリスの買主との売買と比べて，買主の契約違反の恐れは全く同じかむしろ少ない。同じことがアメリカの当事者が買主で売主が外国人当事者である場合にもあてはまる。商品を「船積完了」と明示するトラック運送業者の運送証券を慣習として認めるか否か（Marine Midland Grace Trust Co. of N.Y. v. Banco Del Pais, S.A., 261 F. Supp. 884 (S.D.N.Y.1966)：メキシコでは慣習として認めない）といった荷為替売買のある局面を他の国々がどうみるか，については多少の違いがあろう。

　先進国の売主や買主にとって，発展途上国の買主や売主よりも，発展途上国政府の方がより心配の種である。発展途上国の政府の方が取引の障害を設けるケースが多いのである。その目的は様々である。発展途上国は，通常はハードカレンシーの需要を減らすため，厳格な輸入許可スキームを採用することが多いが，時には外国の競争相手を恐れた国内企業が，政府を説得して輸入許可証の取得を難しくさせて国内市場を閉めることがある。

輸出許可証の取得においてすら，歳入増加を企図した輸出税とセットで何回も要求されるのが普通である。しかし，途上国の政府もそうしたやり方は結局，歳入を増やすメリットよりも輸出を減らすデメリットの方が大きいことを知っている。目的は何であれ，輸入または輸出許可証の取得に伴うコストは全体の取引コストに加算され，当事者が負担させられることになる。

多くの発展途上国にとってハードカレンシー保有量の不足は，輸入管理の背景理由となることが最も多い。そうした場合，輸入関税がハードカレンシーで支払われるまで商品は入ってこない。しかし，いくつかの発展途上国は，外国の生産物の輸入や販売を許可し，その後で支払通貨の輸出を止めている。言葉を換えれば，商品は消費者に届き，消費者は地元通貨で支払うが，外国人の売主に送るため，ソフトカレンシーをハードカレンシーに銀行で交換しようとしても，それができない。外国人の売主による信用状の利用は非常に重要で，商品の受領時や場合によっては検査時に発展途上国の買主から支払いを受けるのではなく，商品が運送業者に返送され，船荷証券を受け取った段階で外国人の売主は（輸出している売主の国の）銀行から支払いを受けることが可能になる。しかし，これは損失リスクを銀行に移しただけなので，銀行は，通貨管理を課している発展途上国にある発行銀行（または買主）から集金しなければならない場合には信用状をなかなか確認（または発行）したがらない。

発展途上国への国境を越えた商品売買の次の段階は，その発展途上国で商品を流通させる方式を決めることである。それは代理店や販売会社の選択という問題である。代理店は所有権の移転を伴わずに商品を受取って外国生産者のために売る。販売会社は商品の所有権を取得して商品を売る。代理店の場合，外国人生産者が上記リスク，すなわち，発展途上国の買主が商品の代金を支払う際，ハードカレンシーを用いることが難しくなるリスクを引き受ける。代理店はサンプル以外の商品を持たず，代理店の行う売買は上記の信用状を用いることで行われることが多い。販売会社に売られる商品は，信用状を用いた同じ手続に従う。発展途上国における代理店

利用と販売会社利用の相違点の一つは，発展途上国が課す規制の相違である。こうした規制は，販売会社法の形態をとって販売会社形態による売買を，販売形態の制限から販売終了までの当事者の手続や権利に至るまで規制している。

　取引は，発展途上国への販売会社を経由して時々または頻繁に行われる国境を跨ぐ商品売買にとどまらない。取引は発展途上国での生産を許諾する技術移転であることもある。そうした場合，移転受入国の発展途上国としての特徴が，移転受入先が先進国にある場合とは異なり，移転に影響してくる。発展途上国への技術移転は，先進国への同様の取引に比べて規制される可能性が高い。通貨規制の場合と同様に，発展途上国の政府が技術移転に規制を課している。多くの発展途上国が外国からの技術移転の登録，検査，許可または禁止に関する複雑な規制手続を定めている。ビジネスを行う過程で発展途上国に追加的な海外直接投資を行う場合には，更なる規制を受ける可能性がある。最も一般的な投資規制には，共同出資の強制があるが，時には一定地域への外国からの投資を一切禁じることもある。しかし，外国投資の検査は，発展途上国（及び非市場経済諸国）にとどまらず，多くの先進国である程度の外国投資の検査を行っている。1988年多角的通商競争力法の Exon-Florio Act 規定でアメリカは，一部の外国投資を検査している（外国投資は，同じ共同執筆者によるナットシェル国際貿易・投資法で扱う）。

　発展途上国の買主への商品売買にせよ，発展途上国の売主からの商品購入にせよ，発展途上国内の生産者に対する技術移転許諾にせよ，そうした取引が紛争に至る可能性は一般に高いと認識されている。そうした認識がもたれている理由は，発展途上国の商人は，売主でも買主でも代理店でも販売会社でもライセンシーでも，契約の内容を違って捉える可能性が高かったり，政府という形態をとった第三者が頻繁に登場するからである。このため，先進国の当事者は，紛争発生の可能性やそうした紛争の解決方法について常に考えている。従って，先進国の当事者は，契約条項の中で如何なる紛争の裁判所も先進国の裁判所で行うことや先進国の法を準拠法に

指定することを要求する可能性が高い。裁判地や準拠法の選択は，国際商取引契約では一般的である。外国当事者が発展途上国の場合には，より一般的になる。しかし，発展途上国の幾つかは，外国裁判所や外国法の使用を禁じる法を有している。もっとも，そうした禁止は，商業上の商品売買の紛争よりも技術移転や直接投資に関する紛争について適用される方がより一般的である。裁判地や準拠法を指定できない場合，発展途上国の当事者は紛争解決手段として強制的な仲裁条項を結ばされる。フランスのような先進国やスウェーデン，スイスといった中立的な第三国の仲裁は，両当事者や発展途上国政府にとって，通常満足度が高いことが広く証明されてきた。

　発展途上国の当事者との商取引や技術移転を巡る幾つかの問題を詳しく述べる前に，幾つかの発展途上国に見られる特徴点は，全ての発展途上国について当てはまるわけではない点を指摘しておく必要がある。南北問題による対立が最も先鋭化した1960年代後半から1970年代にかけて，規制は非常に厳しくなる傾向にあった。この原因は概して，新たに独立した発展途上国の多くが非市場経済国に与しており，先進国が豊かだから彼らは貧しいのであると主張し緊張関係にあったことにあった。幸いにこの緊張は，その後の20年間で多くの理由によって和らいだ。その理由とは，大部分の非市場経済国の失敗が一般に認知されたことや，1980年代初期の債務危機や，相対的に開放的な市場経済国である香港，韓国，シンガポール，台湾といったアジア諸国やアジア地域のような成功例や，NAFTA のような二国間，多数国間貿易協定があり，そして，発展途上国の指導者の中に未開の状態から抜け出すことは可能であり，第三世界をリードするよりも第一世界に与したほうがその可能性は高いと考える者が出てきたことが挙げられる。理由は何にせよ，1990年代は多くの発展途上国が自国でビジネスを行う際に課される多くの制限を緩和または撤廃した十年間といえよう。GATT や WTO の成果は，国際商取引の規制緩和に貢献した要素であったことは確かである。

発展途上国における売買代理および販売契約

　外国に生産物を供給する際，最も頻繁に使用される二つの形態は，（1）独立した外国の代理店（agent），と（2）独立した外国の販売会社（distributor）である。通常，輸出業者がどちらかに決める。しかし，外国，特に発展途上国でビジネスを行う場合，販売会社形態を選択すると外国会社に特典が得られなくなるなど，現地の法律でどちらにするかを強制される場合もある。

　Sales representative（売買代理人）または commission agent（委任代理店）と呼ばれる独立した外国代理店は，商品に対する権利を持たない外国人が運営するのが通常で，給与や手数料の支払いを受けている。これらは，買主が代金を支払わないリスクを引き受けない。そのリスクは輸出者が負担する。外国代理店は通常，輸出者を拘束する権利はないが，黙示の権利を有する場合があるほか，明示的に授権された場合にはこれを当然有する。独立した代理店は，外国で注文を得て，輸出者にそうした注文を送る。こうして代理店は通常，自国に商品を蓄えておく必要はない。

　独立した外国代理店を利用すると，外国販売会社を利用する場合よりも，より多くの法律問題が生じる。外国の代理店に関する法律は，特に大陸法諸国ではかなり異なる。さらに，幾つかの国の法律は，二つの販売形態の境目が曖昧であるため，独立した外国販売会社が常に求める保護を受けられるわけではない。

　発展途上国の法律が，アメリカの法律よりも，代理店関係を大きく規制する場合があることを理解することは，重要である。大陸法諸国の商法は，代理店関係に関するかなり詳細な規定を置いている場合がある。さらに，こうした規則は強行規定であって契約によって変えられない場合もある。外国法によっては，権利が非常に注意深く規定された異なる代理店形態を規定していることもある。その権利は，アメリカの当事者が契約によって規定しようとした権利と衝突するかもしれないし，しないかもしれない。

どこの国でも代理店を用いようとする場合には，存在する代理店形態やその役割について理解することが重要である。

独立した外国の販売会社は，通常の代理店形態とは違い，会社の商品を購入し，外国販売会社のネットワークを通じて商品を販売する。外国販売会社は，商品の所有権を取得し，商品を販売できなかった場合のリスクを引き受ける。買主は販売会社に代金を支払わねばならず，それゆえ販売会社が支払いが行われない場合のリスクを引き受ける。販売会社は再販買の商品を購入するため，最終的な売買や販売の前に商品を在庫する必要がある。

独立した代理店の場合に存在する不確実性とは異なり，独立した販売会社は輸出者を拘束する権利はない。これは，代理店の場合のように本人のために契約を締結するのではなく，販売会社が商品を再販買のために購入するからである。勿論，販売会社は，販売会社として購入したのではない商品について，代理店として活動する権利を持つ場合があり，その場合には本人を拘束する権利の問題が生じる。

独立した外国販売者が選ばれた場合，販売契約の文言は，当事者本人同士の関係が本人と代理人との関係ではないことについて可能な限り明確にする必要がある。その際，販売者は（代理人ではなく）独立した契約当事者であると規定する文言が最も適切である。

発展途上国はしばしば代理人としての自国民と外国のビジネスとの間の販売契約に適用される特別法を有する。これに，全ての代理関係に適用される国内の代理に関する法律が加わる。外国ビジネスと現地の独立販売会社との契約に適用される法律を有する国はほとんどない。しかし，二つの区別は曖昧な場合があるものの依然重要な相違となっている。例えば，幾つかの国の反トラスト法は販売会社に対して強制されるが，代理店には強制されない。この点は，販売会社に排他的な売買権を与える場合に影響する。勿論，独立した代理店ではなく雇われた代理人という代理形式をとる場合，その代理業者は明らかに排他的であろう。発展途上国の幾つかは，自国民が代理業者か販売業者かという違いを認識せず，双方とも規制する。

しかし，公平を期すならば，輸出者が外国の販売者をどう呼んでいるかということよりも，相互の関係の特徴を決定し形作ることの方が重要である。その特徴から代理人と判断される場合，受入国はそれを代理業者と考える可能性が高い。同じことは販売業者にもあてはまる。

販売契約に適用可能な外国法が制定される場合，そうした法律は，（1）とりわけ最終消費者のいる地域では，現地の代理店や販売業者に恩典を与えること，（2）不公正な代理店や販売業者から一般の人々を守るため，代理店や販売業者の利用を制限（または禁止）すること，（3）販売契約に適用可能な全ての特別法に加えて，販売契約に国内労働法を適用すること，を企図して作られる可能性が高い。

大陸法諸国は，英米法諸国よりも契約の自由を制限しているようだ。代理店契約や販売店契約を規制する法律は，大陸法諸国では明示的に分かれているか，民法か商法の中に見られる。発展途上国は，代理店と販売業者の関係に影響する特別法を有する可能性が最も高い。

現地の法律が現地の代理店や販売店を利用することを強制している場合でも，外国人が過半数の持分を所有する現地企業を代理店として使える場合がある。しかし，現地販売業者の利用を強制している多くの国々では，合弁会社（すなわち現地企業）所有持分は少なくとも現地人が過半数を有するよう追加的に要求している。

価格設定や復代理店の雇用のように考慮すべきコントロールの態様は様々ある。コントロールが存在する場合，代理店や販売業者は，本人のための出費能力や競合する商品を取引する能力といった多くの行動について制約を受ける。外国に不正な支払いをなすような行動は，コントロールが存在すれば密接に監視される。しかし，コントロールと一緒に，第三者から見れば代理人の権限内にあるように見える代理の行動についての責任も生まれる。そうした責任は，会社から完全に独立した販売業者を使うことで回避できる。しかし，外国である受入国がこの独立性を認めなければ，両者にとって最悪の結果となろう。会社は代理店や販売業者に全くコントロールを及ぼさないが，代理人や販売業者の行動の多くに責任を持たされる

ことになるかもしれない。法律関係を決める前に外国の受入国の法律を知っておくことが最も良いやり方である。

通常は，個人ではなく法人を起用する。契約では，販売契約の当事者は誰かを非常に明確にしておく必要がある。代理人が個人の場合，現地代理人を独立した契約者だと会社が規定しようとしても現地の労働法の適用を受けてしまうことがある。幾つかの発展途上国の労働法は，非常に保護的色彩が強く，しばしば随時の契約の終了を禁じているか，終了が認められても多額の終了金の支払いを要求する。独立した契約者を使う場合，対価は給与ではなく手数料や割引の形で行われると明示するような文言が有用である。

契約の終了に関する問題は発展途上国でしばしば最も一般的に異なる規則に直面することの多い問題である。その国の契約の終了に関する法が何で，販売契約が締結された場所はどこかを知ることは非常に重要である。かなりの補償額を現地の代理店や販売業者に支払わなければ販売契約を終了できないか更新できないとする規制に直面するかもしれない。契約終了に伴う潜在的なコストは，本人の国の法律のもとで最初はかなり合理的で正当化できると思えるものであったとしても，受入国の法律のもとでは非常に多額になり得る。契約の終了は，現地の代理店や販売業者が期待したほど働かないという理由で行われることが多いから，代理人や販売業者の選定には多大な注意を払う必要がある。契約終了の問題は，販売契約に関して最も重要かつ潜在的に最もお金のかかる事項であるため，代理店や販売業者といった商人と契約する場合は不幸な結果を招く可能性を最小化することが必要である。

現地の契約の終了に関する法律に注意を払うことに加えて，契約終了に関する問題は，代理店や販売業者と完全に話し合っておく必要がある。契約は終了したが，それは公平で合理的であったと代理店や販売業者が思えば，国内法に基づく追加的な保護を求めようとはしないかもしれない。終了に関する法律は，英米法諸国よりも大陸法諸国に多くみられる可能性が高く，契約の終了事由は法典によって制限される可能性が高い。幾つかの

発展途上国は，かなり詳細な契約の終了に関する規則を有しており，法律関係の分類に応じて異なる権利を規定している。

幾つかの国は，全ての販売契約を政府に登録することを規定している。これは単に，正式な手続を公示しただけか，政府機関に登録された販売契約の検査と許可または不許可を行うために政府を第三者として介入させるものである。登録は公示される場合があり，外国会社が機密事項として保持したい情報が漏れてしまう問題が生じる。

開発プロセスの一部としての技術移転と外国投資法の利用

1960年代と1970年代には，数多くの発展途上国が自国における外国技術や投資の経済的・政治的・社会的インパクトについて疑問視し始めた。国連は彼らの主要な討議場所および提案場所となった。地域機関や国際機関の調査によれば，先進国における親会社の役員会（外国における意思決定センター）が決定権を意図的に濫用し，そのことが，発展途上国の経済発展や主権に逆影響を与えているとされる。「第三世界」という言葉は，悪い「第一世界」に対する団結を示唆するものとして良く使われた。発展途上国による批判の幾つかの根底にあるのが「従属理論（dependency theory）」，すなわち「我々が貧しいから彼らは豊かだ」という考えである。しかし，外国技術や外国投資の受入を新たに制限した理由は他にもあった。大部分の発展途上国は国際収支の不均衡問題を持続的に抱えており，技術受入に伴う資金流出や利益の本国送金を減らす代替策を模索中である。さらに，こうした発展途上国は，外国技術や外国投資の受入に関する決定に政府の管理を強めることがその発展度合いを高める目的に適うと信じていた。

最初の対応は，アルゼンチン，ブラジル，インド，メキシコ，ナイジェリアといった多数の先進発展途上国(ADCs)や新興産業国（NICs）における国内法に現われた。アンデス共同市場（ANCOM）は有名な決定24（Decision 24）を制定（後に改正）し，この統合地域のメンバー国に直接投資しようとする外国人投資家を厳しく制限し，既存の外国資本の「漸進的

な消滅」さえも計画した。直接的にはANCOMのように明示的な利益本国送金最大限度の設定の結果，間接的には為替管理やハードカレンシー不足の結果，利益の本国送金に対する制限が課されたが，直接的理由は通常，間接的理由の結果生じるものである。こうした制限法の形態は，外国投資を管理するアプローチに関する発展途上国の多様性を良く示している。ブラジルは，科学技術を規制し，厳格な為替管理を維持しているが，完全外国資本による投資を大部分で許容している。メキシコは，（1982年債務危機後の数ヵ月を除き）為替管理の回避に熱心だが，技術移転には厳格な制限を課し，共同出資（ジョイント・ベンチャー）を義務付け，新たなメキシコ発の商標を有名な外国商標に結びつけて使用させる法律を制定したが失敗した。

　1980年代初期まで，技術移転と外国投資への制限が多くの発展途上国で公式に除去されてはいない一方で，そうした国の政府は輸出を生み，急増する外国債務返済に役立てるのに必要な投資や技術移転を促進するため，規制を緩めていた。1982年に対外債務問題が先鋭化した時に，債務支払いが後の10年間の主要課題になった。債務を減らすのに役立つ一つの方法は，投資を促進することである。

　1980年代後半，幾つかの国は規制色の強い技術移転法を撤廃し始めた。メキシコは技術移転法や投資法の規制の多くを1991年に無効とし，1982年の技術移転法を投資促進産業財産法に置き換え，最終的には初期の法律が最先端技術の移転を阻害していたことを認めた。インドやナイジェリアのような途上国は，投資への市場開放がかなり遅く，古い規制色の強い法律に修正を加えたり，新たな投資促進法や法でなくとも規制色の弱い政策と置き換えたりした。

　途上国がこのように規制色を薄めたのは，遠く離れた大陸における幾つかの変化によるものであった。そうした変化の一つは，貿易・技術移転・投資が開始された東欧諸国で，途上国よりも規制法・政策が遥かに緩かったこと，そして二つめは，アジアの「4匹の虎」（または「4頭の竜」），すなわち香港，韓国，シンガポール，台湾の急速な経済成長である。外国に

よる技術移転と投資を促進する競争に勝つには，ますます技術移転多直接投資を促進する立法を採用しなければ難しくなってきた。

1990年代が始まると，1980年代の10年間は，多くの途上国が初期の登録手続や規制の多くを除去し，外国技術移転や外国投資にインセンティブを与える新しい立法を採用する10年間であったことが明確になった。このインセンティブは特許や商標のような知的財産権に保護を与え，完全外国資本による投資を認めるかたちをとった。初期の「国有化」の10年は，「民営化」の10年に変わり，国家資本による所有を外国資本と国内民間資本による所有に変えた。しかし，幾つかの途上国では技術移転法と投資法が依然持続するため，その典型的な特徴を知っておくことは有用である。

発展途上国の技術移転法

技術移転法は，外国人ライセンサーから技術を移転する契約に，受入国政府を第三者として加えることに成功している。多くの場合，外国人ライセンサーと途上国のライセンシー（現地資本の会社かライセンサーの子会社）は，交渉した条件に合意するが，ライセンサーの途上国政府はこの契約に同意しないことができる。その政府は，国家の経済発展にとって有害と考えられる実際の，または嫌疑のかかった制限的な慣行を回避するために，政府の介入が必要だとする理論に基づき，登録，検査，許可または不許可を要求できる。

登録が要求される技術は国によって違うが，特許，商標，著作権，ノウハウ，商号，経営または技術支援，様々なサービス，現代においては極めて重要なコンピューターのソフトにライセンスを付与する場合が含まれる可能性が高い。契約の登録は多くの理由で否認されることがあり，最も頻繁に否認理由として挙げられる事項には，以下のものが挙げられる。

1. 技術が時代遅れか現地でのみ利用可能と考えられること
2. 技術料が高すぎると考えられること
3. ライセンシーの技術研究に制限が課されていること

    4. 排他的な売買制限や地域制限が適用されていること
    5. ライセンシーが新たに開発した技術にグラント・バックを要求していること
    6. 契約期間が長すぎること
    7. 紛争解決に当たって裁判管轄を外国裁判所としたり，準拠法を外国法にしていること

技術移転の登録を行わなかったり，許可を貰わなかった場合は，契約は無効とされる。その結果，刑事上の制裁を受けるだけでなく，ロイヤルティ（特許権料）支払いの資金移動を止められることもある。

上述したように，発展途上国の1970年代と1980年代の技術移転法の多くは，自由な解釈を施したり，より規制色の弱い規制を課したり，メキシコのように規制法を投資促進法に置き換えたりすることで緩和してきた。上記に掲げた契約不許可事由の多くは，幾つかの国ですでに撤廃され，登録義務ですら，投資促進法の枠組みを作ることに熱心な国ではほぼ消滅しようとしている。幾つかの国では登録義務が残っているが，許可や不許可の手続は消滅した。

技術移転問題は，個別国家や地域統合のレベルだけでなく多数国間レベルで取り組んできた。アメリカ上院の反対で，1950年にハバナ憲章の終焉と共に終わった国際貿易機関（ITO）の提案は，技術移転を外国投資の一部として規制していたかもしれない。組織作りに加わった国々が世界銀行，IMF，GATTを組織する一方，ITO創設が出来なかったことで投資問題を扱う組織がないまま残された。国連はこの問題を扱うのに最も適した組織となった。後に，国際連合貿易開発会議（UNCTAD）は，技術移転法典（TOT Code）の採用を引き受けたが，紛争時の適用法を巡って合意に至らず，草案にあった他の問題も主要な議題から切り離された。発展途上国は，技術を巡る紛争が自国の（通常は非常に規制色の強い）法律により自国の裁判所で解決されるよう主張する一方，先進国は契約当事者が裁判管轄と準拠法を自由に選択できることを望む。先進国が望むやり方によれば通常，より大きな影響力を持つ当事者，すなわち技術保有者が自国の裁判所と自国

の法律を適用することが出来ることを意味し，途上国の法律は如何なる技術契約の交渉の中でもほとんど選択されないであろう。

　UNCTAD はまた，技術移転に影響を与える規制産業慣行法典（RBP Code）を起草した。この法典は1980年に一般総会で採択された。これは法としての強制力はないが，個々の国が導入する際の枠組みを提供した。しかし，規制色の強い投資法からの移行に伴い，各国政府は RBP Code の規定を導入することにあまり関心を示さなくなり，実質的に問題は消滅した。UNCTAD が上記法典の作業をしている一方で，国連多国籍企業委員会は，多国籍企業のコード・オブ・コンタクト（CTC Code）を起草していた。73ある規定のうち一つだけがごく一般的な条項ではあるが技術移転の問題を扱っている。しかし，UNCTAD が TOT Code を提案したのと同様，この法典草案は休眠状態にあり，これまでストーブの背後に落ちたかのように考えを発展させないまま，脇に追いやられてきた。これら二つの法典草案は一般総会では採用されなかったし，考慮対象に上がる可能性も低いが，途上国の国内法整備に影響を与えるかもしれない。しかし，より規制色の薄い投資法への世界的なシフトの結果，これら国連の草案の有用性は，国内法の説得的なモデルとして見た場合でも減少しつつある。

　1980年代後半，技術移転を巡る議論は，知的所有権保護に関する規則というかたちで，国連から GATT ウルグアイ・ラウンドにシフトした。知的所有権の貿易に関する側面（TRIPS）の交渉は，国内法から国際法に基準をシフトすれば発展を阻害する恐れがあると危惧する途上国と，先進国によって進められた。途上国は，知的所有権交渉は，先進国が力を持つ GATT よりも途上国が支配力を有する国連世界知的所有権機構（WIPO）で行うべきと主張した。その結果，GATT が正当な議論の場とされ，GATT ／ WTO 及び TRIPS 協定は，外国の知的所有権を保護し，その移転に対する規制を緩めている。

第7章

非市場経済国と移行経済国における国際商取引

　先進国対途上国の場合と同様，市場経済国を非市場経済国（NMEs）と区別する何かがあるはずである。少なくとも当分は，市場経済と非市場経済のラベル付けは，最も発展の遅れた国を従属国家と呼び，最も発展した途上国を先進発展途上国（ADCs）と呼ぶのとパラレルであって，それを超える更なる区分はない。しかし，非市場経済国の多くが市場経済に移行中であり，非市場経済国でも市場経済国でもない国が幾つかある。それらは場合によっては，新市場経済国である。しかし，我々はそれらを移行国と呼ぶ。移行は，非市場経済から市場経済に移行する場合のみを指すのであって，その反対はない（移行過程でしばしば短期間逆行することはあるが）。

非市場経済国および移行経済国の定義

　非市場経済国では，生産・分配手段は大部分または全部を国家が独占管理しているものだとするビジネスや貿易に関する政治経済理論が一般的である。貿易関係において市場経済国は，非市場経済国が国際商取引で扱う対象が限られているからというよりは貿易相手が非市場経済国だからという理由で，非市場経済国に対し，他の市場経済国とは非常に異なる扱いをする。特に軍事用製品の場合，非市場経済国から輸入する際に最恵国（MFN）待遇を付与するか否かの決定で扱いが異なるのである。

　非市場経済国は，しばしば「社会主義」や「共産主義」国家と言われるが，このラベルはどちらも定義上の問題を有しており，「非市場」というラ

ベルよりも政治構造の方を強調する傾向にある。政治的なラベルを使うと，社会主義者または共産主義者の政府は市場経済を持ち得ないと示唆してしまう可能性がある。中国やキューバに関する議論がそうしたものである。中国は市場経済の道のりをかなり進めてきたが（残存課題も多い），他方，非常に社会主義的または共産主義的な政府を有している。キューバは社会主義に専念しつづけていると主張する一方で，市場経済の特徴の幾つかを取り入れている。アメリカでは，社会主義・共産主義国だという理由で，キューバとの貿易は禁じられている一方，中国やベトナムとは社会主義・共産主義国であるにも拘わらず貿易が認められている。政策が異なる理由は必ずしも明確ではないが，非市場経済国との貿易は非市場経済国だからという理由で禁じられる場合があるのに，途上国との貿易が途上国だからという理由で禁じられる場合はないことを良く表している。一般に非難すべき社会政策を採用した場合で，そうした政策が国際的な人権の基礎概念に反する場合，他の市場経済国との貿易は禁止されることがある。そうした例として，多くの国々で南アフリカとの貿易をかつて禁じていたことが挙げられる。

　非市場経済国としての国家のアイデンティティは，貿易相手が市場経済国の時にはない貿易制限を受ける可能性がある。非市場経済国への敵意が強いため，非市場経済国と貿易を行う友好的な市場経済国との貿易まで禁じている。アメリカは，ソ連のポーランド侵攻以後，ソ連と西欧を結ぶガス・パイプラインの建設に使われる商品について西欧諸国と貿易することを禁じた。キューバ政権に対する敵意の結果，キューバで何かビジネスを行う友好的な市場経済国の会社との貿易を規制する法律が出来た。こうしたことから，非市場経済国とアメリカとの外交関係に注意を払うと共に非市場経済国を定義する必要性がでてくる。外交関係の方は，貿易が禁じられる可能性が高い非常に敵対的な場合から，貿易が促進されないにせよ許可はしてもらえる比較的友好的な場合まで幅広い。国際ビジネスでは政治リスク分析が必要になる。それは通常，他国（非市場経済国のみならず途上国も入る）の政情不安がビジネスに与えるリスクを評価することを意味

するが，非市場経済国と商品を取引する場合には自国政府が非市場経済国に対する外交政策を変えることによって生じる政治リスクをさす場合がある。

　非市場経済国から市場経済国へ移行し，同時により民主的な政治システムにしばしば移行する現代にあって，過去数十年間は明らかに非市場経済国であった国家を我々はどう見るか。多分，北朝鮮とキューバはかなり強く社会主義的伝統を維持することで多くの方は同意するだろうが，それでも市場経済に分類される国内の小さな変化を見出すこともできるだろう。中国は，非常に広大な市場経済セクターを設けて大きな進歩を遂げつつある一方，社会主義政府を維持しつづけている。ベトナムは，かなり小さな規模で中国のやり方を引き写している。独立国家共同体(旧ソ連の大部分)と東欧諸国（旧ユーゴスラビアから生まれた国々を含む）は，政治的・経済的移行過程について独自のスタンスをとる。ある国々は，非市場経済国と呼ぶには疑義が残るまでの成功を収めている。「移行」というラベルのお陰で，国家が意図する「市場経済」のラベルをより確かに与えずに済んだり，拒絶しようと真剣に努めるレベルまで非市場経済国のラベルを貶めている。この本の改訂版が書かれるたびに，非市場経済国のリストが変わってきた。今後も確実に変わり続けるだろう。

　非市場経済国は，上述した生産手段と分配手段を国家が所有しているといった自国内の特徴や，他の市場経済諸国がその国と個人あるいは集団同士で取引する上で設定した規則をみれば見分けることができる。そうした規則は，政治的経済的変数として非市場経済諸国が脅威と認識されている度合いに応じて作られる。例えば，多数の先進国がCOCOMを作り，非市場経済国に対する軍事移転が可能な商品や技術の売買を規制していた。しかしこれは有効に機能しなかった。1980年代，日本およびノルウェーの会社は結託し，ソ連潜水艦がより静かで探知される可能性が低い状態で走ることができるプロペラの製造を可能とするアメリカの技術をソ連に流したと疑われている。ソ連崩壊に続いてCOCOMは1994年に廃止され，当初28ヵ国が当事国となった通常兵器及び関連汎用品・技術の輸出管理に関する

ワッセナー・アグリーメント（Wassenaar Agreement on Export Controls for Conventional Arms and Dual-Use Goods and Technologies）が新たに制定された。ワッセナー・アグリーメントの目的は COCOM とほぼ同じであるが，（1）事前通知要件，（2）通常兵器及び関連汎用品の輸出に関する専門家間の情報交換の透明性が欠如しているとの批判がなされている。

移行過程にある非市場経済国

1980年代半ば以前，大部分の非市場経済国との商取引や投資の活動は，特に東欧の数ヵ国といった非市場経済国家集団の小さなメンバー間に限られていた。ソ連と中国は，しばしば社会主義理論の擁護にコミットするあまり，外国投資は一切ありえないとする見方からの逸脱を許さず，時々生じる物資の不足を補うのに絶対必要な少数の貿易商品のみを受け入れていた。西側当事者にとって最も挑戦しがいのある興味深い機会の幾つかは，これら二つの国の重要な変化によってもたらされた。第一の変化は中国である。1976年に中国文化革命が終焉したときは，市場経済国との貿易に参加しない時期の絶頂期であった。1980年代に中国との貿易やジョイント・ベンチャー投資は，マルサス主義の範囲まで拡大したが，これは中国がこの新たな活動の国内的影響をあまり検討しなかった時にたまたま短い期間行われただけであった。中国は大国であるため，西側との些細な貿易の開始ですら，重要な出来事となった。世界における貿易国としての地位，特に輸出国としての地位を上げるため，1947年の創立委員で1949年の革命まで加盟していた中国は，GATT に再加盟することを決心した。しかし，WTO のメンバーシップがなくても（訳注：現在，中国は WTO に加盟している），中国は最も重要な貿易相手であるアメリカから有利な最恵国待遇を受けている。中華人民共和国政権が，（1）天安門事件で発展しつつあった政治的自由の多くを突然抑圧したこと，（2）輸出商品を生産する目的で監獄労働者を働かせていること，（3）知的財産権保護に欠けることから，議会からは多数の反対意見も出ているが，アメリカ大統領は，毎年中国へ

の最恵国待遇の恩恵を更新している。アメリカと他の先進国は，そうした輸出品の巨大な潜在的影響力を危惧しているが，市場が開放され，しかも中国が輸入品の支払のために輸出品から獲得したハード・カレンシーを使用すれば，中国に非常に広大な市場が生まれると期待を寄せている。アメリカは，日本に対する貿易赤字の取扱いに苦慮するならばむしろ，日本よりも更に大きい中国との間の貿易赤字の取扱いに備える必要がある。中国は，外国貿易を増加させるだけでなく，外国投資の制限も開放した。制限はまだ存在するものの，中国のジョイント・ベンチャーは，投資金額・数量ともに，他の全ての非市場経済国における同様の投資を上回っている。

非市場経済国に関する二番目の重要な変化は，旧ソ連と東欧諸国の変化である。政治的な情報開示（グラスノスチ）により，市場経済に携わる商人は以前よりも貿易や投資が受け入れられやすくなったとの自信を抱いたが，実際のソ連（およびユーゴスラビア）の規制緩和過程は当該地域に新たな政情不安を生んだ。貿易し，投資を受け入れるモチベーションは良く根付き，民益化によって一部証拠付けられたように見える。しかし，それを支え，貿易を増加させるインフラが十分発達していない。物理的インフラ（道路，鉄道，港湾，通信等）が不十分なだけでなく，貿易や投資に適用するための必要な法的枠組みが古く，商取引法や会社法，破産法，銀行・証券規制法の制定といった近代化を必要としている。

社会主義が崩壊したとき，ソ連はGATTのメンバーになる手続き中であった。メンバー参加の申し入れは1986年には拒絶されたが，後の1990年に受け入れられた。しかし，WTO加盟は遅れている。独立国家共同体（CIS）は，WTOの市場経済条件と両立するように自らのまたは個別メンバー国の法規則を変え続けなければならなかった。独立国家共同体（や中国）にとってWTOのメンバーになることは，ハンガリーやポーランドといったより小さな非市場経済からの移行国家に比べて遥かに重要な意味を持っている。新しい独立国家共同体（や中国）といった大きな集団単位で互恵的な貿易による恩恵を提供することができなければ，幾つかのWTOメンバー国の貿易収支に重要な影響を与える。しかし，もし独立国家共同体のメ

ンバー国が個別に貿易を行えば，独立国家共同体という貿易単位が及ぼす脅威も減少する。このため旧ソ連の各国は，他国から別々に最恵国待遇を与えられ，WTO のメンバーシップも別々に与えられるものとも考えられた。

　GATT メンバー国は，大部分が市場経済国の集まりである GATT に非市場経済国を受け入れさせる戦いを繰り広げてきた。東欧の小国（チェコスロバキア＜現在は分離＞，ハンガリー，ポーランド，ルーマニア）は GATT に受け入れられるのが遅かった。GATT のメンバー国になれば最恵国待遇が自動的に得られる保証が与えられるわけではなく，1982～87年にアメリカが最恵国待遇を中止したが，大部分の移行したメンバー国は完全な恩恵を受けている。にもかかわらず，国内法により若干の制限がかかる可能性がある。アメリカの貿易法は非市場経済国との貿易を制限する幾つかの条項を有する（Trade Act of 1974, 19 U.S.C.A. §§2431-2440＜この点は国際貿易・投資法に関するナットシェルで検討する＞）。これらの条項は大統領に非市場経済国とどの程度貿易が出来るかを決めるのにかなりの裁量を与えているため，非市場経済国との貿易方針はかなり不明確で矛盾する場合がある。

非市場経済国への商品の輸出－ FTO と STO

　国際商取引には，(1)国境を跨ぐ商品やサービスの貿易，(2)技術移転，(3)対外直接投資の三つの主な段階がある。本書では，最初の2段階を考察し，一方が非市場経済国である場合に生じる主な相違点について探求する。

　非市場経済国への輸出業者は，その商品やサービスの買主を探すのにいくつかの選択肢がある。1980年代の重要な変化の前に，多くの東欧の非市場経済国が市場を開放し始めた時，外国の貿易業者は通常，外国貿易機関（FTO）または国家貿易機関（STO）と呼ばれる国家の機関と取引することを要求された。アメリカの（または他の）輸出業者は製品やサービスをエ

ンド・ユーザーと直接取引することができなかった。FTOは通常，しばしば5年計画を採用する国家の経済計画を達成するために外国貿易を規制する貿易省の監督下にあった。広範かつ詳細な中央の計画作りが非市場経済国のかなり特徴的な点である。経済的ニーズに適切に供給するには通常とても非効率であったため，市場経済世界に毒された経済に対しても市場を開放せざるを得なくなっていった。1980年代には，非市場経済国は中央計画経済の失敗を矯正する試みとして，地方分権化の度合いを高めた。東欧非市場経済国の分権化は，市場重視が成功し，かつ，かつてしばしば介入して被害を与えてきたソ連が今度は介入しないという感覚に支えられていた。通常，新しい政策は慎ましやかなものだ。しかし，彼らは逆もどりできそうにないやり方を確立した。こうした決定により，かつて政府の政策担当者が排他的に専売と決めていた供給や需要部分の役割を狭めた。最終的には，こうした流れがソ連にも影響した。1987年のソ連国有企業法は，ソ連のみならず他の東欧諸国にも脅しと強制によって地方分権を抑えてきた国家における地方分権化に向けた重要な動きであった。

　1980年代末までに，FTOの独占的役割は大幅に減少したが，消滅することはなかった。貿易業者は時折，以前よりもかなり小規模になったFTOと取引しつづけることを選んだ。小さな外国の会社はこうしたFTOと取引する可能性が高い一方，大会社は商業上または技術上，代表事務所を設立する場合が増えた。

　FTOを選ぶか独立した代表事務所を設けるかの決定は，最も経験豊かな現地の売買役員がどこで雇われているかによることが多い。多くの場合，彼らは国家のFTOから離れて私企業の代表になっている。最も革新的で事業家的な者がこの流れを作り，FTOには保守的な人材だけが残っていることが多い。FTOを使うか否かの決定は，他の結果をも招くことがある。政府所有の企業や貿易機関と契約を結ぶ場合，二つの重要な問題がある。第一に，訴訟の抗弁として相手方に主権免除を主張する権利があるか。第9章（主権免除）はこの抗弁と重要な商業活動，免除の例外について扱う。非市場経済国との契約においてこの問題に直面しないためには，明示的な

主権免除の放棄が最も良いやり方である。

　二番目の問題は回避し難いものである。Czarnikow Ltd. v. Centrala Handlu Zagranicznego Rolimpex 事　件（[1979], A.C. 351, [1978] 2 All E.R. 1043 (H.L.), 以下 Rolimpex) で提起されたものである。Rolimpex は外国における砂糖販売の独占権をポーランドより与えられ，ポーランドの砂糖を外国人の買主である Czarnikow に売る契約を結んだ。ポーランドの砂糖収穫見込みが減少したため，国内市場には十分な砂糖がなかった。そこで，ポーランド政府は輸出許可を取り消し，Rolimpex は Czarnikow に砂糖を届けることができなくなった。Czarnikow はこれをポーランド政府の一部局が他部局に何かを命じるのと大差ないとして，契約の不可抗力免責条項の適用はないと主張した。この事件に詳しいポーランドの法律家の多くは，ポーランド政府が Rolimpex に対して絶対的な支配力を持っていなかったと考えるならば面白かったであろうと見ている。しかし，イギリスの裁判所の前に出された事実によれば，最高裁判所としての貴族院は，Rolimpex が「国家の一機関」とはいえない程度に政府から十分独立しており，それゆえ不可効力が適用され，Rolimpex は契約の履行を免れるとした。後のイギリス貴族院の判決では，主権免除に制限免除主義を適用しつつ，Wilberforce 裁判官は以下のように述べている。

　　「国家の完全な管理下にあり，法人格や，私法上の契約を締結する能力を持つ国営企業は，現代の商業においては良く知られた存在である。国営企業とその政府との違いは人為的にみえようが，イギリスや他の国々の法律上認められた相違点である。主権機能を行使する政府に対する考慮事項と，政府の指示に基づいて行動する国有企業に対する考慮事項とは全く異なる」（I Congreso del Partido, [1983] A.C.244, 258)。

　アメリカの最高裁判所もまた，非市場経済国が設立した企業の法人格が国から分離されていることを支持した。裁判所によると，別人格であることを無視すると第三者が国そのものに対する請求を支払うために国営企業の財産が使われることを恐れて，そうした企業への与信を制限することになり，ひいては非市場経済国が経済発展のために国営企業を作ることを妨

げることになると示唆する（First National City Bank v. Banco Para El Comercio Exterior De Cuba, 462 U.S. 611（1983）（以下，First National City Bank）。しかし，最高裁判所はイギリス裁判所が示したほどには FTO に別人格性を認める熱意はないようだ。First National City Bank でアメリカの最高裁判所は，「エクイティ上の原理」に立ち返り，一種の「法人格の否認」アプローチを採用し，以下のように述べた。

> 「解散後長期間が経過しているのに，こうした状況下で（キューバの銀行である）Bancec に別個の法人格を認めることは，そうした行為の真の受益者であるキューバ共和国政府に対し，我々の裁判所で救済を得ることを許すことになろうが，その救済は，キューバ政府が主権免除を放棄し控訴審で先に国際法違反とされた Citibank の資産の収用に責任を負うことなしには自己の権利として主張することができない。我々は，かような不正義が引き起こされる可能性がある場合に，法人格が別々だからと盲目的に判断することは拒む。(Id. at 632)」

アメリカの裁判所が Rolimpex の状況でエクイティ上の原理を適用するか否かは不明確だが，国家としての国家と企業としての国家との間の不確かな関係が契約にも問題として関わってくる。

非市場経済国との貿易における通貨の問題

非市場経済国の買主に商品を売る場合，価格の問題はしばしば国際貿易に使う通貨（ハードカレンシー）による支払の問題を引き起こす。大部分の発展途上国と同様に，非市場経済国は相対的に少量のハードカレンシーしか保有していない。しかし，発展途上国と異なり，非市場経済国はしばしば自国から国内通貨（ソフトカレンシー）を持ち出すことを禁じている。そのため，外国の売主は売主にとって何の役にも立たない非市場経済国のソフトカレンシーですら受け取ることが許されていない。通貨の持ち出しを禁じることにより，非市場経済国は制限された国際取引における通貨価値の変動を管理できる。しかし，そのように決められた価値は通常人為的

でその国が市場経済に移行し始める際には他の問題を引き起こす。例えば，キューバ政府は長い間，キューバペソを管理し，キューバからの持ち出しを禁じてきた。しかし，多くのペソが持ち出され，その通貨は国際的な価値を持つに至った。キューバ政府は米ドルよりもやや高い価格でペソを維持しようとしたが，1994年半ばで，ブラックマーケットで1ドル調達するのに約100から150ペソ必要であった。人為的な価値は，二重または複数の為替レートに繋がる。商取引に用いられる公式レートは予告なしに変更され，外国の売主が商品価値どおりに入手することを不可能にすることがある。通貨交換に対する制限は，同様に予告なく変更され，売主がハードカレンシーにアクセスできなくなってしまうことがある。

　ハードカレンシーの不足の原因は，比較的最近まで，非市場経済国が発展途上国とあまり接触していないことにあった。輸出品が少なく，観光も限られており（しばしばがっかりさせられる），加えて広く借り入れることが不可能（ポーランドは例外）なため，途上国が得られたハードカレンシーよりもかなり少ないハードカレンシーにしかアクセスできなかった。そのため，非市場経済国の輸入ではしばしば独自のやり方，すなわち以下に述べるカウンタートレードの形で支払わなければならなかった。

　他の通貨に対する価値がなく，持ち出しが許されても国際的な銀行からハードカレンシーへの交換になかなか応じてもらえないことから，非市場経済国は外国人貿易業者にとってほとんど関心を持たれなかった。非市場経済国への外国の売主は，現金前払いを要求する可能性が高く，それが不可能であれば，先進国の銀行が発行または確認した信用状をハードカレンシーでの支払いを保証する信用状と共に用いることを要求した。

信用状と非市場経済国

　貿易対象の輸入商品が非市場経済国の計画策定者のリストで高い優先順位を占める場合，外国の輸出業者にはハードカレンシーでの支払いを認める必要がある。場合によっては，このことは売買時にハードカレンシーで

現金払いすることを意味しよう。しかし，より通常行われるのは，輸出業者の国の銀行が（もし発行したのでなければ）確認した標準的信用状が発行される場合である。しかし，非市場経済国の発行銀行が過去に実際の外貨不足や過去に認められていた通貨交換を覆す政府の統制により支払い遅延を起こしている場合には，西側の銀行による確認は得にくい。非市場経済国に売る商品の優先順位が下がると，外国の売主は確実に現金を前払いで受け取る機会が少なくなる。多分，信用状すら受け取れないであろう。売主は，非市場経済国へ売る商品と交換するため，非市場経済国の現地商品を探してこれを受け取るであろう。これが一般的な物々交換制度であり，カウンタートレードの名前で呼ばれている。

非市場経済国への商品売買に対する輸出規制

商品や技術を非市場経済国に売る場合には，アメリカ政府が市場経済国への大部分の売買には適用されない輸出規制のかたちで干渉することもある。輸出規制は商品の性格や商品の目的地国，またはその二つを併せたものによって決まっている（輸出規制は，ナットシェルの国際貿易・投資法でより詳細に議論している）。輸出管理法（50 U.S.C. §240 et seq.）及び輸出管理規制（EAR）がアメリカの輸出に適用される。輸出管理規制は，アメリカの反ボイコット法が適用される場合に大きな役割を果たす一方，外国資産管理事務所（the Office of Foreign Assets Control : OFAC）が執行する財務省の規制は，アメリカのボイコット法が適用される場合に大きな役目を果たす。

非市場経済国への輸出は，商務省から有効な許可証を得ることが条件となる。一般的な許可証ではなく，別途有効な許可証が必要になるか否かは，輸出の性格と購入する国のアイデンティティに依存する。非市場経済国の多くは，有効な許可証の取得が義務付けられる一群の国々に属している。生産物が非市場経済国に非軍事目的または非情報収集目的で売られた場合であっても，軍事的あるいは情報収集目的に転用される場合，アメリカの

法律は輸出業者に厳しい制裁を課している。

　非市場経済国への輸出を巡っては，商務省と国防省との間にかなりの緊張関係が存在してきた。商務省は商業や輸出振興により前向きであると見られている。それとは反対に，国防省は非市場経済国の軍を助けることに如何なる方法でも使われかねない生産物や技術について，非常に後向きであると見られている。多くの，とりわけ移行中の非市場経済国への輸出管理規制（EAR）や行政命令は緩和されたが，国防省は引続き，輸出が国家の安全に不利益な恐れがあると自身で判断した場合は常に再審査を行い，輸出を延期させる権限を保持している（Daedalus Enterprises, Inc. v. Baldrige, 563 F. Supp. 1345 (D.D.C. 1983)）。幸いなことに，国防省はかつてに比べれば，あまり輸出を延期させる権限を発揮することはなくなってきた。

カウンタートレード

　非市場経済国への輸出商品が，ハードカレンシーの支払いを政府が許可する際の国家計画によると十分な優先順位を有していない場合や輸出業者がそうした場合があり得ることを非市場経済国から納得させられている場合，非市場経済国は非市場経済国の商品によってのみ外国輸入品の支払いを許すことがある。これがカウンタートレードであり，幾つかの興味深い法律問題や経済問題を提起する。カウンタートレードは西側では歓迎されなかった。税務当局は通貨を用いない取引は税として還元されないのではないかと心配した。OECDは，価格システムがゆがめられることを恐れた。また，WTOや貿易法規といった市場経済に立脚した観点から貿易を捉える論者は，最恵国や最恵国待遇という慎重に発展してきた概念と衝突するこの新しいメカニズムを警戒した。こうしたカウンタートレードに対する無言の懸念にもかかわらず，貿易統計の示すところでは，カウンタートレードは貿易市場で重要なシェアを占めている。こうしたシェアの中身は非市場経済国との貿易に限られない。カウンタートレードは，通貨不足の第三世界の国々との貿易商品においてもますます使われている。

非市場経済国への輸出業者が用いるカウンタートレードの最も一般的な形態は，カウンターパーチェス（見返り購入）やオフセッツ（相殺）である。外国の売主は売買取引とは無関係の商品を受け取ることに合意する。例えばエクアドルに酒を輸出する業者がバナナを受け取ったり，東欧に商用飛行機を輸出する業者がハムや皮製品，ナイフ，水晶を受け取っている。カウンタートレードの全取引は一つの契約で処理できるが，通常の慣行に従えば，商品と引換に通貨を支払う契約と信用状の使用に関する契約は別のものとして分離されている。カウンタートレードでなければ無関係なこれら二つの契約を結びつけるのが第三の契約，すなわちプロトコル（protocol）である。この第三の契約の規定により，二つの契約は互いに有効に機能するように遂行することを義務づけられ，決められた期間内に非市場経済国のカウンタートレード用の商品を見つけることのできなかった外国貿易業者に罰金が課され，非市場経済国が義務を履行できない場合には外国貿易業者はカウンタートレードに伴う履行義務を免れる。

　カウンタートレードは，外国当事者が技術やプラント全部（「ターンキー」売買）を売り，生産物の一定割合を現物で支払うことに合意した場合には，コンペンセーション（補償）とかバイバック（買い戻し）と呼ばれる。例えば，Occidental Petroleum がアンモニアのプラントをソ連に建設し，アンモニアで支払いを受けたとする。コンペンセーション取引は，通常，カウンターパーチェスよりも遥かに数量が大きく，期間も長い。生産物は，外国会社の営業に関連しているので外国会社にとってより売却しやすい。

　他の形式のカウンターパーチェス，すなわち輸入権の授与（外国の貿易業者が，現地国からの輸出記録を示せれば，輸入許可証を優先的に受けられる仕組み），スイッチトレーディング（カウンタートレード契約を引受ける第三者を見つける仲介業者の利用），及びパフォーマンス要件（外国直接投資を許可する際の最小限の輸出命令）も発達してきた。通貨交換ではなく物々交換の取引のほぼ全てが，カウンタートレードのラベルを貼られるが，非市場経済国や発展途上国との国際貿易で重要な役割を果たしているカウンタートレードは，カウンターパーチェスとコンペンセーション契約

である。

　カウンタートレードに対しては，しばしば非市場経済国の商品の品質の低さに苦情が寄せられている。受け入れ可能な品質の商品であればそのまま売買の対象となるわけで，市場に参入するためにカウンタートレードを強制する必要はない。しかし，幾つかの非市場経済国では市場がしばしば閉鎖されているため，カウンタートレードはそうした市場を開放させるメリットがあると論じられている。彼らは，一旦取引すれば，非市場経済国の製品の良さが分かると主張する。だが，強制的なジョイント・ベンチャーの場合と同様に，カウンタートレードが多いのは，西側当事者が非市場経済国と取引する際に他の選択肢がないからに過ぎないことは明白である。非市場経済国が1980年代後半に市場経済的な特徴を備え始めるにつれて，論者の中にはこれらの国がカウンタートレードの要求を減らしていくだろうとする者もいる。一方で，カウンタートレードは依然多くの取引に用いられている。1970年代，80年代に比べて重要性は減少したもののこれを理解しておくことは重要である。

非市場経済国からの商品輸入

　アメリカや他の先進国の当事者が商品やサービスを非市場経済国に売るのと，アメリカや他の先進国の当事者が非市場経済国の商品を買うのとは対照的である。非市場経済国が買うのに比べて先進国が買う方向の貿易はかなり少ないが，それでも非市場経済国はかなりの量の輸出を行っており，しかもそれはカウンタートレードの一部ではない。こうした売買は，通常は信用状を用いた荷為替取引である。アメリカの当事者は購入側なので，ハードカレンシーで支払い，通貨交換に関して先に述べたような問題点は何もない。勿論，アメリカの買主が，カウンタートレードの一部ではない過去に行った売買から得た，売る側の非市場経済国の通貨を使おうとすれば，非市場経済国は支払いに自国通貨を受け取ることを拒否し，ハードカレンシーを要求する可能性が高い。

非市場経済国からの購入に影響を与えるのは，キューバのような特定の非市場経済国との貿易を制限するアメリカ法である。貿易制限においては，前述のように輸出を制限するだけでなく，輸入もまた制限したり禁じたりする。これは，ある国への通貨の流れを制限することによってもなされるため，商品の支払いができなくなる。通貨は，財務省の規制に服するため，商務省ではなく財務省が外国資産管理事務所を通じて通貨を規制する。外国資産管理に関する規制の大部分は，国を特定した規制となっている。規制は一般的なフォーマットに従うが，特定の国々との間では，許された貿易のレベルに応じて内容が変わってくる。例えば，キューバに関する資産管理規制は非常に厳しく，キューバへのほぼ全ての資金移動を禁じている。

経済相互援助会議（CMEA または COMECON）

　マーシャルプランやその後のヨーロッパ経済共同体（EEC）が西側に果たした重要性は，コメコン（COMECON）がソ連圏と後の非市場経済国全体に果たした重要性と同じである。EECほど野心的ではないが，コメコンはメンバーの2国間，多国間の年ごとあるいは長期間の貿易条約に関する交渉枠組みとして機能した。長期間の条約では通常，メンバー間で貿易収支が等しくなるよう努めていたが，多国間の支払いシステムがなかったため，きつく統制された流通性のない通貨が各国間の障害となった。また，コメコンは，東欧の多国間「経済計画」としても機能したが，その計画はしばしばソ連を経済的に利するよう歪められたほか，西側との貿易を厳しく制限していた。商品の売買は，ほぼ排他的にコメコン諸国内に制限された。ハードカレンシーを稼ぐため，西側に商品を売る動きは常にあったが，多くの商品は品質が悪く，市場経済国から課せられた貿易の禁止措置により，こうした貿易は最小限に止まっていた。西側で商品を購入することは時折あったが，ハードカレンシー不足や市場経済国が課した非市場経済国との貿易禁止措置のために限界に直面していた。

　コメコン市場は非メンバーのために大きな市場を作ることを目的とした

わけではない。例えば,外国人のハンガリーへの輸出業者がそれによってコメコンの他の国々にアクセスすることはできなかった。だが,ジョイント・ベンチャーならばそうしたアクセスが得られる可能性があった。東欧諸国とソ連は,非市場経済国家の特徴から遠ざかり始めていたため,コメコンの将来は危惧されていた。かつての非市場経済国が西側と貿易条約を締結し始め,非市場経済国の集団内部の貿易関係が古いコメコンの規則ではなく新しい条約に基づいて行われ始めると,1991年までにコメコンは崩壊した。経済連合の将来は,西側とのリンクやヨーロッパ連合(EU)やWTOへのメンバー加盟によって行われると見られている。コメコンは社会主義者のジュラシックパークになってしまった。

技術移転と外国直接投資

商品やサービスの貿易に関して上述したような問題点のうちの幾つかは,非市場経済国に技術を売る場合にもあてはまる。そうした問題としては,(1)どの技術が特定の非市場経済国への輸出に際して禁止または制限されるか,(2)非市場経済国がハードカレンシーで技術料を支払う能力を持っているか,(3)支払いにカウンタートレードや当該技術を用いて生産した生産物のカウンターパーチェスを要求しないか,がある。技術の場合,更なる問題も加わる。非市場経済国を含む発展の遅れた多くの国々は,技術は特許権者の所有物であり,特許権者には保護を受ける権利があるという考えを認めていない。彼らは,技術を人類共通の財産であり,自由にアクセス可能と考えることが多い。しかし,そうした要求は,最も進んだ現代の技術の源である先進国の市場経済では受け入れられてこなかった。技術は,受入側の国の知的財産権法制上保護を受けるという何らかの保証がない限り,移転されない。多くの非市場経済国では今や過去の考えを改めたり緩和したりして,技術移転を促進することを目的とする知的財産権法を採用している。非市場経済国の当事者との技術契約は注意深くドラフトしなければならない。しかし,たとえ最も注意深くドラフトしても,技術の

利益を保護する権利を国が認めていないとどうにもならない。

発展途上国としての非市場経済国

「先進国」のラベルをつけた非市場経済国はない。中国は遥かに遅れているし，崩壊前のソ連もそうであった。国土が広いことは発展していることと同視すべきではない。従って，ある意味では非市場経済国全てが発展途上国である。本章および前章からそのことは明らかであろう。発展途上国の特徴の各々は，非市場経済国にもみられる。しかし，それらは非市場経済であることから，若干異なる色彩を帯びてくる。例えば，両方ともハードカレンシーが不足し，しばしば外国為替管理に訴える。しかし，非市場経済国でない発展途上国の場合，通貨が輸出できないとか，入国した者が滞在するたびに毎日多くのハードカレンシーに交換しなければならないといった厳しい通貨管理を敷く国は少ない。発展途上国と非市場経済国は通常どちらも輸入管理を行っている。そうした管理は通常，ハードカレンシー不足の結果であるが，その上非市場経済国の輸入管理は非市場経済国と相容れない経済理論を持つ国との取引に制限を課している場合がある。非市場経済国は，しばしば市場経済国の方が良い商品を生産していることを認めたがらない。

　非市場経済国から市場経済国への移行は，基本理論の変更であると共に「発展途上」のラベルを脱するより良い機会を得るものとして見られている。実際，幾つかの非市場経済国は社会主義の経済理論へのコミットメントを再確認する一方で市場経済的な特徴の幾つかを受容した。市場経済的なものを受容することにより社会主義の発展段階が早まるのであって，新たに市場開放を行う理論は単に一時的なものと理由付けている。

　発展途上国にはみられない非市場経済の特徴の一つに，市場経済に特有の特徴を規制する法律インフラがある。その中には，企業法や会社法，証券規制や証券市場法，反トラスト法，破産法や詳細な税法が含まれる。多くの非市場経済国は，市場経済法を導入するために憲法に重大な修正を施

さなければならない。幾つかの非市場経済国において，憲法改正は，改革論者の要求が現状維持派や非市場経済国の構造に微修正のみ加えればよいとする論者の意見と衝突する場合に障害となっている。

非市場経済国からの移行過程

ソ連や東欧における社会主義の失敗に伴って，この地域の多くの国々は，新しい国も古い国も，非市場経済から移行している。国によって移行度合いは異なる。旧東ドイツは，西ドイツとの統合により，急速な資本主義を求められた。しかし，そのケースばかりではない。ハンガリー，ポーランド，ウクライナ，チェコスロバキアの後身（チェコ共和国とスロバキア）等の国々は，アイデンティティを得ようともがいている。改革派の主張により市場経済への移行が進められることもあれば，変化の結果に懐疑的な者によって時々改革が逆戻りした。古い官僚制の既得権益を持つ者が補助金の減らされた将来を危惧することから，トップから命じられた改革指令も末端部分でねじ曲げられることが多い。こうした国々で貿易に従事する外国当事者は，しばしば非市場経済国とのビジネスに特有な許認可等の遅延行為に不満を抱く。彼らはまた，幾つかの国では急速な移行にとって障害となっている官僚制の腐敗や犯罪の深刻さにも不満を抱く。移行過程にある非市場経済国でビジネスを行う場合の一つの特徴は，「移行」のラベル，すなわちその国のどの部分が非市場経済から市場経済に移行しているかを正確に見極めることの難しさを反映している。

ソ連の崩壊過程の観察者の多くは，システムが崩壊した事実ではなく，失敗が突然起きたことに驚愕している。しかし，突然起ったことは社会主義経済原理システムの崩壊のみに過ぎず，市場経済への移行については大部分の国でゆっくりと行われている。そのことが，外国人貿易業者にとって大きな不満を呼び起こしている。市場は，ほぼ予見不可能なかたちで，開放されては閉鎖され，また開放されては更に拡張する。機敏な外国人ビジネスマンは，移行のペースや移行過程に特有の問題に注意を払っておく

必用がある。時間と労力をかけて移行システムを学習した多くのビジネスマンが実際に利益を手にしている。

第8章　紛争解決：訴訟と仲裁

　紛争解決については，当事者間で最初の国際商事契約を起草する際に規定しておくべきであり，そうすることで実際の紛争が起きる前に紛争解決プロセスを当事者が認知し理解しておくことができる。契約で決められる公式の手続としては訴訟か仲裁が最も一般的である。多くの国際契約では，公式プロセスが使われる前に調停を義務付けており，調停は多くの当事者，特にアジア企業に好まれている。どのプロセスが選ばれるにせよ，契約には法廷地または仲裁地と準拠法を選択しなければならない。

　更に，契約期間の長い国際契約は時々「解釈上の相違」を生むため，そうした相違を解決する迅速・簡明な非公式の仕組みを契約で前もって制度化しておくべきである。例えば，契約当事者は非公式会合を最低半年に1回は開催し，起こり得る解釈上の問題について討議する合意をしておけば役に立つであろう。

　紛争に直面すると，当事者は国際紛争解決のため，一ヵ国またはそれ以上の仲裁所や裁判所を利用しようとするであろう。本章では，国際・国内裁判所について若干議論した後，商人，投資家，投資受入国とますます幅広く使われ出している仲裁について議論する。

国際司法裁判所

　国際司法裁判所（ICJ）はオランダのヘーグに位置し，全世界の主要な法体系からきた15人の裁判官で構成される。国際連合の主要機関の一つであり，国際連盟の永久国際司法裁判所を法律上引継ぐものである。ICJ法典

は同裁判所の裁判管轄を定めており、訴訟手続を遂行する際、裁判所の前で（出廷する）当事者としては国家（国々）のみが認められている。裁判所は対立する国同士の勝ち負けについて判決を下す。

仮に投資受入国が投資家との関係で国際法に違反し、その投資家が法律上有効に国民となっている国家は、受入国を相手にICJで行う訴訟において苦情を申し立てることができる。しかし、ICJでの訴訟は、純然たる私人間の行為ではなく、投資家が公式な行為や政府の行為について不満を持つ場合で、かつ投資家の存する国家が投資家に有利に事を運びたいと望む場合にのみ利用可能である。投資家の存する国家は、投資家の要求を支持するか否かについて完全な裁量権を有し、裁判所の判決によって得られた収益を投資家に支払う必要もない（当該国家の国内法が別途規定する場合を除く）。

ICJ法典の第36条は、裁判所の管轄は、当事者である国家が裁判所に付託する全ての事件や、国際連合憲章又は現行諸条約に「特に規定する全ての事項に及ぶ」と規定している。国家は、ICJが条約や国際法の問題の解釈、すなわち特定の事実が国際的な義務違反を構成するか、国際的な義務違反に対して適当な救済措置は何か、について、相互主義にたって強制管轄を有すると認定することができる。強制管轄をそのように認定することは、無条件に行われる場合と他の国がICJ管轄を互恵的に認定することを条件とする場合がある。さらに、ICJは自身の管轄に関する問題を決定する権能を持つ。

国家はある特定の事件や生じ得る全ての事件についてICJの管轄を認める場合であっても、ICJや国家が定めた国家の「国内管轄」事項については、ICJの管轄を認めないことが許されている。

ICJの判決は、金銭賠償や差止命令による救済の規定を含んでおり、必要であれば、国連安全保障理事会に付託して、従わない当事者に対する軍事行動を含む更なる適切な行動によって強制することも可能である（国連憲章第39-51条および第94条2項参照）。1945年の開始以来、ICJは注意深く熟考された国際判例に寄与する意見を書いてきた。

係争中の事件に判決を下す際，ICJ法典第38条1項は以下のものを判断の材料にすべきとしている。

    a. 一般又は特別の国際条約で，係争中の国々が明示的に認めている確立されたルール。
    b. 法として認められた一般的慣習としての証拠となる国際的な慣習。
    c. 文明国によって認められた法の一般原則。
    d. 第59条の規定に従うことを条件とする，法規則を決定する補助手段として，司法上の判決や様々な国の最もすぐれた学識経験者の意見。

第38条2項により，ICJは「当事者がもしそう合意すれば，<u>善と衡平の原則（ex aeque et bono）</u>に従って決定する」（下線は筆者が付加）権限も有するが，この権限をこれまで発揮することはなかった。第38条1項の，言葉の意味については，ICJによる注釈も含めた，多くの法律の注釈が出されている。

条約と紛争解決

「国際協定」（条約）は，裁判所が参照し，本書もしばしば参照する法源となっているため，読者は，条約に関する国際法を要約している「条約法に関するウイーン条約（63 A.J.I.L. 875（1969）参照）」を調べたいと考えるであろう。

簡潔に言えば，条約（協定，国際間合意）は，国家間の国際契約に似ている。二国家間の条約は二国間条約で，三つ以上の国家間の条約は多国間条約である。国家は自国が加盟国となっている条約による国際法には従わなければならず，国内憲法上の手続で認められた権威が条約を「批准」や「承認」や「承諾」や「加盟」や「支持」することで条約加盟国になることができる。例えば，アメリカが条約の当事者となるのは，大統領（またはその代理）の署名がなされ，アメリカ上院の助言と同意を得て，大統領が批准し宣言した後である。

国際法では，条約加盟国と条約「署名」国の間で，国際法上の義務に違いがある。国家は，条約形成に至る交渉に参加することができ，交渉の終わりに条約の条項に基づく国際法に全て拘束されることなしに条約に署名することができる。ウイーン条約（第18条）は，条約署名国は条約の趣旨や目的を失わせることとなるような行為を行わないようにする義務があるとしている。

　国家は，条約に基づく義務の不履行を国際法上正当化するために自国の国内法（自国憲法を含む）に訴えることはできない（ウイーン条約第27条参照）。国内の裁判所はウイーン条約を無視して，国内法で許される範囲で他の法律を優先的に適用するかもしれない。しかし，そうした行動は，その国家が国際法上の義務に違反していることになる。

　ウイーン条約第31条では，条約の文言はその通常の意味に従って解するべきであり，条約の趣旨や目的に従って解釈されるべきとしている。解釈の拠り所として，裁判所は「条約前文や附属書を含む」条約文と条約の締結に関連して全ての当事国間でなされた条約の関係合意や条約に関して同じ時期に当事者が受諾した全ての書面を解釈のために用いることができる。当事者が後に行った合意や，そうした合意を行う原因となった慣行もまた解釈上の拠り所として用いることができる。

国内裁判所における紛争解決

　アメリカの主権の対外法理や主権免除の法理に似た法が多くの国に存在するにも拘わらず，外国投資家と投資受入国の個人との間の紛争は，受入国内の裁判所や投資家の国籍のある国の裁判所だけでなく，予期せぬ第三国の裁判所にも訴えることができる（第9章，第10章参照）。例えば，アメリカでは外国人不法行為法（28 U.S.C.A. §1350）により，アメリカの外で起きた不法行為であっても「アメリカの国内法や条約に反している」場合の不法行為の主張に関しては，外国人が別の外国人をアメリカ連邦地方裁判所で訴えることができるとしている。

現地の裁判所に頼る場合，アメリカ人投資家は若干驚くかもしれない。例えば，幾つかの国の裁判所では，アメリカの裁判所よりも政治的な干渉に弱い。最高裁判所の長官がその国の政治の長である国々もある。国際商事紛争を扱う裁判所が，「商事」裁判所や「外国投資苦情処理委員会」などと呼ばれる別の種類の裁定機関といった特別裁判所である国々もある。

現地裁判所で紛争を提起する時間や費用とは別に，法廷の訴訟規則で要求される国外の証人や書類を確保することは難しい。外国の公的書類を現地裁判所が認めることは，アメリカが1981年に加盟した1960年外国公文書認証要件撤廃条約 (TIAS 10072, 21 Int'l Legal Mat. 357) で容易になっている。この条約は書類を発行した国の指定された「権限ある当局」による証明を受け入れている。

現地裁判所における訴訟当事者は，適用される外国における通知や証拠に関する法廷地の規則に則って行動する際に困難を感じるであろう。1979年外国法上の証拠と通知に関するヨーロッパ条約，および追加議定書では，「通知と証拠」の問題とそれへの取り組みの現状について解説している (17 Int'l Legal Mat. 797以下)。

外国にいる人への司法文書の送達は，1965年の民事・商事に関する司法及び司法外文書の外国への送達に関する条約 (20 U.S.T. 361 et seq.; TIAS 6638)，およびアメリカの場合はこれを補完する1977年外国司法文書の送達及び在外米国司法文書の送達共助手続に関する司法省命令 (16 Int'l Legal Mat. 1331) によって容易になっている。この条約は，司法手続および司法外手続の文書を外国に送達する必要のある全ての民事・商事事件に適用される。この条約の下で，各々の加盟国は，他の加盟国が送達依頼を受け取るのに利用可能な「中央当局」を指定する。

外国で証拠を収集しようと欲する当事者は，1965年司法文書送達条約と似た枠組みを有する1970年民事・商事に関する在外証拠の収集に関するハーグ条約 (23 U.S.T. 2555 et seq.; TIAS 7444) が何らかの役に立つかもしれない。ドイツのある裁判所は，在外証拠の収集に関する条約は，それを利用する者が「証拠漁り」の目的（訳注：本来の目的を超えて情報収集の手

段に悪用する目的)で使うことを許していない(20 Int'l Legal Mat. 1025)。
　この条約が適用されない場合，アメリカ法は，28 U.S.C.A. §§1781-1782 に基づいて外国当事者に広く証拠を収集する機会を与えているが，外国の証拠を欲しているアメリカ人当事者は困難を感ずる可能性がある。外国人を証人として出頭させる強制的な召喚手続に用いる目的で外国に発せられた裁判所命令は，効力を発しない場合がある(FTC v. Compagnie De Saint-Gobain-Pont-a-Mousson, 636 F.2d 1300 (D.C.Cir. 1980))。更に，大陸法諸国は，証拠の収集を司法機能と見ており，彼らの同意なしに管轄内の証拠を収集することは国家主権を脅かすものだと一般的に信じている。そうした国が同意して証拠収集に参加する場合，アメリカの裁判所では使用できない形式で証拠が提供される場合がある。さらに，外国にある証拠の提出を命じるアメリカの裁判所命令は，外国の「対抗立法」や他の開示禁止法と抵触する可能性がある。
　1970年ハーグ証拠条約は，外国にある証拠の収集に関する三つの代替的方法を規定している。第一に，当事者はアメリカの裁判所に「尋問嘱託書」を証拠のある外国の「中央当局」に送ってもらう。その中央当局は尋問嘱託書を適切な裁判所に送り，その後，その外国の法律に違反しない限り，アメリカ裁判所から明示された手続に従ってその裁判所が証拠手続を行う。第二に，アメリカ裁判所の訴訟当事者は，外国によって認定されたアメリカ外交官や領事官に外国の証拠を収集するよう頼むことができる。そして第三に，当事者は特別に任命された弁務官に外国にある証拠を収集してもらうように要求することができる。これら三つの方法のうち，最初の二つの方法は非強制的な手続なので，三番目の要求が最も有用である。しかし，条約は外国司法当局に，特に書類の開示において，どの証拠をアメリカ裁判所に送付するかの実質的な裁量権を与えている(Pain v. United Technologies Corp., 637 F.2d 775 (D.C.Cir.1980))。
　外国人がアメリカ裁判所の訴訟当事者で，アメリカ裁判所がその者に管轄権を有する場合，アメリカの裁判所は自国の手続法をその訴訟，ひいてはその外国当事者に適用する。それゆえアメリカの裁判所は，外国当事者

に外国にある証拠を提出させる権限を有する (United States v. First Nat. City Bank, 396 F.2d 897 (2d Cir.1968))。さらに，1970年ハーグ証拠条約は，外国から証拠を獲得するための方法としては唯一のものでも最優先されるべきものでもなく，アメリカ裁判所の管轄に服する外国当事者から証拠を獲得するアメリカの開示手続規則の適用を排除するものでもない (Societe Nationale Industrielle Aerospatiale v. United States, 482 U.S. 522(1987))。アメリカの裁判所は，ハーグ条約の外で手続を進める前に，「国際礼譲を考慮する」ことを求められる。誠実に努力したが，外国の法律が証拠の持ち出しを禁じている場合には，外国にある証拠を提出できなくても言い訳ができる (Societe Internationale Pour Participations Industrielles Et Commerciales, S.A. v. Rogers, 357 U.S. 197(1958))。しかし，In re Uranium Antitrust Litigation, 617 F.2d 1248 (7th Cir.1980) 参照 (対抗立法のため信頼や国際礼譲に関する問題があったにも拘わらず，証拠の提出が命じられたケースである。——ここでは欠席敗訴判決が言い渡された)。

外国にある証拠を収集する場合には，条約に従う場合でも，問題が生じ得る。例えば，条約に関するある会議のレポート (72 Am. J. Int'l L. 633 (1978) に収録) が説明するように (以下参照)，条約の適用範囲を定義する条項の意味に関してすら，合意が存在しない。

　　条約の適用範囲，すなわち条約の見出しと第１条にある「民事および商事」という言葉の意味については何の合意もない。条約に基づくアメリカの慣習では，イギリス人専門家の意見と同じく，刑事でない全ての法的手続を「民事または商事」(行政手続を含む) と考えている。フランスの慣習は，スイスのオブザーバーの意見と同じく，刑事上および財政上の問題を「民事および商事」の法的手続から除外している。日本の慣習は全ての行政手続を除外している。ドイツのオブザーバーは，ドイツの慣習によれば刑事に加えて (「私法」と区別される) 公法の執行手続を除外するとの意見書を提出している。最後にエジプトの慣習では，家族関係を含む紛争はエジプトの宗教裁判所に属することから，家族法を「民事および商事」の範囲から除外している。

外国判決の承認と執行

　アメリカ人は，アメリカのある州の判決を他の州が承認・執行することに慣れている。アメリカ人は，この承認・執行はアメリカ憲法の「十分な信頼と信用」(full faith and credit) 条項に基づくことや，大部分の法体系の下での裁判所では他の法域の判決を承認しないことを，時々忘れてしまう。例えば，世界の約3分の2の国々では，アメリカ裁判所の判決が全く執行不可能であるか，ある条件を満たした場合のみ執行可能である。アメリカに送られる外国判決については，執行可能とするために「十分な信頼と信用」条項を適用することはないが，執行を禁じる規則もない。その結果，裁判所は自らの裁量に従って，承認・執行の方針や規則を発達させてきた。

　イギリスのコモンロー上の規則では，金銭に関する外国裁判所の判決は係争中の事項に関する一応の証拠に過ぎず，それ以上のものではない。外国裁判所の判決は紛争の実態に関する結論ではなく，イギリス裁判所における行為に関しては，外国裁判所で敗訴した者について既判力や禁反言 (collateral estoppel) の効果を持つものとして扱われることもなかった。

　アメリカ最高裁判所は，Hilton v. Guyot 判決（159 U.S. 113 (1895)）では異なるアプローチを採用した。裁判所は，「有効な管轄権を有する裁判所の前で外国の公正な裁判を受け」，「通常の手続」で被告の召喚や出廷がなされ，「公平な司法の執行がなされるシステム」で「偏見」や詐欺のない機会が与えられることを要求する「礼譲」の原則に従うと言いつつ，フランスの判決の執行を否定した。裁判所は，フランスの司法が上記礼譲原則のどの要件にも反していないが，フランス裁判所がアメリカ裁判所の判決を承認していないとした。そのため，「礼譲」の要件が欠けているからではなく，「相互性」が欠けているため，フランスの判決は最終決定としての効果を否認された。この点に関しては，Hilton 判決は未だに連邦法をリードする決定となっている。

　しかし，外国判決の執行問題の大部分は連邦法ではなく州法に関するも

のなので，Hilton 判決が適用されることは稀であり，州裁判所は自由に自らの方針や法原則を打ち立てている。例えば，ニューヨーク控訴裁判所は，相互性が欠けていたにも拘わらず，フランスの裁判所の判決に最終決定としての効果を与えている (Johnston v. Compagnie General Transatlantique, 242 N.Y. 381, 152 N.E. 121 (1926))。

　州裁判所は，自らの方針を決めるに当たり，幾つかの選択肢を有する。外国裁判所の判決を否認し，それに全く効果を付与せずに，自身の裁判所で新たにやり直しの事実審理を求めることができる。あるいは，州裁判所は外国裁判所判決を自らの判決として受け入れ，国内判決と同じやり方で「執行」することもできる。あるいは，州裁判所は，争点が再度訴訟を行う必要のないものと決定することにより，国内判決を「執行する」ように外国判決を「承認」することもできる。裁判所が外国判決の「承認」だけをした場合，外国裁判所の勝訴判決を有する当事者は，それを使って国内裁判所の判決を得なければならず，そうすればその法域で執行することができる。外国判決を直接執行することは普通には行われず，外国判決の承認の方がより一般的である。

　最後に，外国判決に条件付承認を与える裁判所もある。そうした条件は，二つの法制度の間の承認の相互性に関連する場合（Hilton）や「国家間の礼譲」（例：Johnston）に関連する場合がある。礼譲が基準になる場合，アメリカの裁判所は，（1）外国裁判所の対人管轄と事物管轄，（2）なされた通知の妥当性，（3）判決を得るに当っての詐欺の可能性，（4）外国判決の執行に伴いアメリカの公序が阻害されるか否か，を審査する傾向にある。アメリカの裁判所の中には，外国の法制度を好意的なものと非好意的なものに分け，好意的な制度による判決には詳しく調査しないところもある（例えば, Hunt v. BP Exploration Co. (Libya) Ltd., 492 F.Supp. 885 (N.D. Tex.1980) 参照)。

　多くの州では，この問題について判例は少ししかないか全くないため，統一州法委員会全国会議は統一外国金銭判決承認法を起草し，25の州で立法化されている。この法律によれば，最終判決でかつ宣告地で執行可能な

外国判決にのみ承認が与えられる。さらに，金銭賠償判決のみが承認し得るのであり，差止命令や特定履行判決は承認されない。統一法は，外国判決の承認に相互性を要求していないが，「礼譲」に一般的に関連する基準と問題点に関する審査を要求している。

外国判決が外貨で出された場合，州裁判所はどのようにその判決を取り扱うべきか。多くの州では，裁判所判決はアメリカドルで行わなければならない。このことによって裁判所は承認を拒むべきではないが，通貨の両替計算に時間を要するという問題が生じる。統一外国金銭請求法は，五つの州で立法化されているが，裁判所に外貨で支払う判決を下すことを認め，そのための三つの基準を示し，いかなる両替計算も支払日に行うことを要求している。

世界の国々は二国間条約（例：1980年判決の承認・執行に関する英米条約草案）で判決の執行を容易にするよう努めてきた。外国判決の執行を容易にする取り組みは，多国間条約の主題でもあり，例えば1968年管轄と判決執行に関する（EC）共同市場条約や1979年外国判決と仲裁判断の域外有効性に関する汎アメリカ（OAS）条約がある（18 Int'l Legal Mat. 1224参照）。

紛争処理地と準拠法に関する契約条項

国際紛争解決を取り巻く不確実性のため，弁護士やますます多くの弁護士以外の交渉人が非常に注意を払っている二つの契約条項が，裁判管轄条項と準拠法条項である。

裁判管轄条項

紛争の当事者や係争物に対する特定裁判所の管轄に関しては，一般的に承認された規則は存在しない。そのため，国際取引から紛争が生じた場合，紛争当事者は訴訟を希望する場合は様々な国の裁判所にその紛争の訴訟を提起することができる。さらに，紛争解決に用いられる実質法上の規則は，

裁判所が異なれば異なってくる。準拠法選択の規則ですら異なり，訴訟を扱うために選ばれた裁判所のみによって様々な結果が生まれてくる。裁判所の選択を通じてそのような戦術上の優位を得ようと試みることが国際的な「法廷地漁り」であり，取引に伴う紛争解決に不確実性を生み出している。

　国際取引の当事者は，紛争が生じる前に取引から生じる紛争をどの裁判所が管轄するかという問題を解決することで，こうした不確実性を回避するのが賢明である。このことはすなわち，契約の最初のドラフトを作成するときに，当事者はどの裁判所が管轄するかを決め，裁判管轄条項にその裁判所を明示しておく必要があるということである。その条項は，管轄を有する裁判所を明示すると共に，その裁判所は他の裁判所がその事件を扱うことを排除する排他的な管轄を有することを述べる必要がある。

　排他的管轄権を規定する裁判管轄条項があるにも拘わらず，事件を取り扱いたいと希望する裁判所は，条項の曖昧な表現を解釈するというやり方で目的を達成することができる（Keaty v. Freeport Indonesia, Inc., 503 F.2d 955（5th Cir.1974）参照）。「ルアンダ地方裁判所が他の全ての裁判所を除いて唯一，判決を下す権能を有する裁判所と考えなければならない」と規定する条項が，条項のドラフトの後，旧ポルトガル領アンゴラで革命が起き，その結果，現在のルアンダの地方裁判所が契約当事者が言及していた裁判所でなくなったという理由でイギリスでの訴訟を許すと解釈された（Carvalho v. Hull, Blythe（Angola Ltd.），（1979）1 W.L.R. 1228（C.A.）参照）。さらに，ある裁判所は，「訴訟経済‥（および）完全な正義がなされることを確保するため」裁判管轄条項の有効性を反訴の一部に関して否定した（Bankers Trust Co. v. Worldwide Transportation Services, Inc., 537 F. Supp. 1101（E.D.Ark.1982））。

　コモンローでは，裁判管轄条項は権限を有する裁判所から管轄権を奪うことにより司法権の行使に干渉する試みであると考えられたため，無効であった。アメリカの裁判所の態度は，M/S Bremen v. Zapata Off-Shore Co.（407 U.S. 1（1972））のアメリカ最高裁判所の決定によって変化した。こ

のケースで裁判所は，当事者がアメリカの裁判所ではなく，取引には関係ない中立的な裁判地としてロンドンの裁判所を選んだ裁判管轄条項の有効性を確認した。「今日の現実の商慣行や拡大する国際貿易に照らし，我々は，裁判管轄条項を適用すべきでない強い反証がない限り，裁判管轄条項が支配すべきだと結論付けた」。

Bremen 事件は国際取引で海事法に関するものだが，連邦下級審は裁判管轄条項に「より手厚い態度」をとり，非海事法の事件や国内取引も含めて管轄条項の有効性を拡張適用している。こうした事件は二つの異なる文脈で生じる。一つは，当事者が選んだ法廷に出向いたとき，その裁判所がその訴訟に対する管轄を受け入れるか否かという問題である。もう一つは，より一般的だが，当事者の一方が選んだ裁判所以外の裁判所で訴訟を提起しようと試みる場合に生じる。

裁判管轄条項は有効と推定されるが，そうした条項が，一方当事者に有効な救済手段を許さなかったり，実質的な不都合を招いたり，詐欺や非良心的な行為の結果生じたものであったり，アメリカの公序に反する場合には，強制されることはない。そのため，ペンシルバニアの会社がアメリカ国内で行った鋳物製造プラント建築の履行に関する事実問題に争いがあった事件の場合，裁判所は西ドイツを管轄裁判所に選ぶ契約条項の強制を拒んだ。裁判所は，その条項を非合理だとし，証人となるプラントの建設・運営に携わる人々とその顧客が全てアメリカにいるという理由でドイツ裁判所を実質的に不便だとした。さらに，これら全ての証人が英語を話すため，翻訳には「固有の不正確さ」が付き纏った（Copperweld Steel Co. v. Demag-Mannesmann-Boehler, 347 F. Supp. 53 (W.D.Pa.1972), affirmed 578 F.2d 953（3d Cir. 1978）参照）。

裁判管轄条項の適用を拒否する多くの理由は，「合理性」という理由で根拠づけられている。「単なる不便や追加的費用は，不合理の基準にならない」（Gordonsville Indus., Inc. v. American Artos Corp., 549 F. Supp. 200, 205 (W.D.Va.1982) 参照）。さらに，契約当事者が裁判管轄条項に合意している場合，その裁判所は後になって「フォーラム・ノン・コンビニエンス（不

便宜起訴地）」の法理を考えることはしたがらない。「簡潔に言えば，自らの裁量権を行使して管轄裁判所について合意したのだから，当事者は前もって不便かどうかについて熟慮済であり，後日これを再び考慮する必要性はない」(Arthur Young & Co. v. Leong, 53 A.D.2d 515. 383 N.Y.S.2d 618 (1976) 参照)。

「フォーラム・ノン・コンビニエンス」は裁判所が事件に関する管轄を認めず，別の裁判所に審議させることを許す法理である。そうした決定はほぼ全てが裁判所の裁量に任されている。但し，フォーラム・ノン・コンビニエンスの決定を欲する当事者は有効な管轄の別の裁判所に事件を付託しなければならない。そうした決定を下す際に裁判所が一般的に考慮する要素は，紛争に適用される法，証人，証拠物件，証拠書類の在所，証人や証拠書類の言語，原告の国籍である。

附合契約，すなわち交渉力が等しくない当事者間の契約における定型的条項にある裁判管轄条項の執行については，特に弁護士に相談がなかった場合には，裁判所はこれを拒否できるものと考えられてきた。しかし，Carnival Cruise Lines, Inc. v. Shute, 499 U.S. 585（1991）でアメリカの最高裁判所は，交渉された経緯がなく，取引終了後に受け取った入場券に書かれた25段落の定型的文言の中に含まれていた裁判管轄条項を是認した。裁判所は，その条項を「法律事項に関する資源」を節約することで入場券の価格を低く抑えるので「合理的」としたが，外国ではなく国内の裁判所が選択されていたことをも指摘している。

議会は，1992年に目立たない法の修正で Carnival Cruise Lines 事件の決定を覆そうと試みたが，その後1993年には元の法に戻している（Pub.L. No. 102-587, §3006, 106 Stat. 5068（1992）と Pub.L. No. 103-206, §309, 107 Stat.2425（1993）を比較せよ）。恐らく，Carnival Cruise Lines 決定は，こうした修正にも影響されずに生きている。しかし，当事者が理解できないことが分かっている言語で書かれた裁判管轄条項は執行できないことについては依然正しいだろう。だが，取引における詐欺の主張は，その管轄条項を挿入したのが詐欺の結果でない限り，必ずしもこれを無効とはしない。

さらに，イランとアメリカの間の取引に纏わる事件から発達した「事情変更」(changed circumstances) による裁判管轄条項の不執行の法理もあろう。少なくともアメリカの裁判所は，適当な救済がないとか，「難しく不便である」といった様々な理由から，イランの裁判所を選択する条項の執行を拒否した（例えば，McDonnell Douglas Corp. v. Islamic Republic of Iran, 758 F.2d 341（8th Cir.1985）参照）。

外国裁判所を選択することでアメリカの「強行法規」に違反する場合に，アメリカの公序が犯される可能性があるとする意見が多く出されている。しかし，判例法はそうした意見を実証するかたちにはなっていない。ハワイ内にあるリスクに関する保険を巡るハワイ州の公序の審理においては，外国裁判所を選択した条項を無効にすることはできなかった（Lein Ho Hsing Steel Enterprise Co. v. Weihtag, 738 F.2d 1455（9th Cir.1984）参照）。選択された裁判所がアメリカ証券法を適用しないと考えられる場合でも，証券取引詐欺事件においてさえ裁判管轄条項は認められている（AVC Nederland B.V. v. Atruim Investment Partnership, 740 F.2d 148（2d Cir.1984）参照）。

海上物品運送法（COGSA, 46 U.S.C.A. App. §1300-1315）は，長い間，「強行法規」の原型として考えられてきた。COGSAに服する荷為替手形の外国裁判所を選択する契約条項を控訴審は無効とした（Indussa Corp. v. S.S. Ranborg, 377 F.2d 200（2d Cir.1967）(en banc) 参照）。控訴審は，外国法廷を用いることは，原告が判決で認められた権利を強制する能力からみて高すぎる障害となり，アメリカの裁判所としては外国裁判所がアメリカの強行法規を強制できるか不確かであると判示した。しかしながら，この立場については現在，上記 Carnival Cruise Lines 判決と Vimar Segurosy Reaseguros, S.A. v. M/V Sky Reefer（515 U.S. 528 <1995>）判決があることから，有効性は恐らく疑わしいであろう。（後述「仲裁による紛争解決」の議論を参照）。M/V Sky Reefer 事件では仲裁条項を含んでいたが，裁判所はそうした条項は単なる外国裁判管轄条項の一態様に過ぎないとし，傍論の中で Indussa 判決の合理性に公然と疑問を呈している。

しかしながら，仲裁条項と裁判管轄条項の相違点の一つは，前者が条約

と連邦法の下で強制可能であるため，連邦問題を提示することである。裁判管轄条項の場合はそうではない。そのため，各々多様な立場を持つ連邦裁判所は裁判管轄条項に対してBremen判決のアプローチに従うべきなのか，あるいはErie判決により州法の適用を要求しているのか，という点が不明確である。アメリカ最高裁判所は，ある裁判区からアメリカ国内の別の裁判区に事件を移送する決定は28 U.S.C.A. 1404(a)に基づき連邦「法」の問題となるとしたが，Bremen判決により「連邦問題」とはならない。そうした移送の動議は各々ケースバイケースで決める必要があるが，その際，裁判管轄条項は「決定的要素」としてではなく「中心に」考慮される（Stewart Organization, Inc. v. Ricoh Corp., 487 U.S. 22 (1988) 参照）。そのため，Bremen判決のアプローチでは，たとえアメリカの裁判所が選択された場合でも裁判所の決定を左右しない。外国の裁判所が選択された場合には28 U.S.C.A. 1404(a)は適用されず，州法が適用されるであろう。

　ヨーロッパ共同体では，1968年民事・商事事件の裁判管轄と判決執行に関する条約の第17条により，書面または書面によって証拠付けられた口頭の合意による契約当事者は，裁判所に排他的管轄権を授与することができ，法律関係と指定裁判所の間の如何なる客観的な結びつきも必用がない。程度の差は様々であるが，契約の裁判管轄条項はオーストリア，イギリス，フランス，ドイツ，イタリア，ラテンアメリカ，スカンジナビア諸国で恐らく有効に取り扱われる。国によっては（例：ルクセンブルク）両当事者が特別に署名しなければならず，契約全体に署名しただけでは十分でない（EEC司法裁判所判例784/79番参照）。

準拠法条項

　契約上の裁判管轄条項の有効性の問題は契約準拠法の下での有効性の問題となるため，準拠法条項の有効性は重要性を増してくる（Smith, Valentino & Smith, Inc. v. Superior Court, 17 Cal.3d 491, 131 Cal.Rptr. 374, 551 P.2d 1206 (1976) 参照）。大まかに言えば，コモンローおよびヨーロッパ大陸

法の法域では，当事者は，準拠法が当事者と国際商取引に重要な関係を有する土地の法律であって訴訟が提起された土地の欠くべからざる公序に反しない限り，契約関係を規律する法律として選択できる。

準拠法条項の有効性が法典で決められる場合，二つの異なるアプローチがあるようである。UCC§1-105は当事者が，取引が準拠法となる法域と「合理的な関係」を有している限り，契約準拠法を選択することを許容している。従って，「合理性」の限界の下で「当事者自治」が認められている。そのことは，米独間の取引を行う上でアメリカ法やドイツ法ではなくイギリス法のような「中立」国の法を使うことを望んでいる商人にとっては役立たない。

しかし，少なくとも一つの連邦巡回裁判所はBremen判決の裁判管轄概念を採用して準拠法条項に当てはめており，そのことは契約に明記された法律を無条件に支持することになろう (Milanovich v. Costa Crociere, S.p.A., 954 F. 2d 763 (D.C.Cir.1992) 参照)。同様に，1980年国際物品売買条約 (CISG第6条) は，適用可能な場合であれば，条約の適用を排除して契約を規律する他の法律を無制限に選択するか，その効果を他の法律に「一部委譲」することを許している。そのため，CISGは無制限の当事者自治を許し，米独間の取引を行う商人はCISGが適用可能であればイギリス法を選択できる (そうした場合のCISGの適用可能性に関する更なる議論については第2章参照)。EUでは，契約上の義務に適用可能な法に関する1980年条約 (第3条) が同様に無制限の当事者自治を認めている。纏めると，立法の動向は当事者自治に対する制限を軽くし，国際取引ではなしにする方向にあるようだ。

しかし，裁判所は依然，「曖昧で変わりやすい現象」と言われている公序に反しているという理由で準拠法条項に強制力を与えることを拒む可能性がある。ローマ法の継受国では，強い公序を表す法はユス・コーゲンス (jus cogens) と呼ばれる基本的な「強行」法規であり，当事者はその規定から離れて契約を結ぶことはできない。当事者自治を制限するために用いられるこうした強行法規は，制定法によっても判例法によっても形成する

ことができ，そして国によって異なる。そのため，ユス・コーゲンスは当事者が一つの契約の異なる局面に夫々異なる法律を適用できるか（depecage），あるいは一国の裁判所が契約上の準拠法条項や裁判管轄条項の定めに拘わらず他国の強行法規を認識し適用することができるか，という法律問題を生じる。

　強い公序を裁判所が意識すると，裁判所は，準拠法条項を一応適用するが，契約条項は当事者間の紛争状況に適用される裁判所所在地の法律の適用を必ずしも排除するものではないと解釈される。外国裁判所が公序（法の支配）の適用に前向きな判決を下そうとする場合に，当該紛争が当事者の作成する明確な意味内容を持つ準拠法条項があるにも拘わらずそうした条項の意味内容に該当しないと判示する場合（Hoes of America, Inc. v. Hoes, 493 F. Supp. 1205, 1207 (C. D. Ill. 1979)）や準拠法条項の意味を明確に理解するにはかなりの解釈が必用だと判示する場合もある。

　さらに，選択した法域における「準拠法選択」規則が裁判所に裁判所所在国の法律を用いることを認める場合がある。そうした結論が導き得るのは，「準拠法選択規則」（「国際私法」）を含む当該法域の全ての法（法全体）が法廷地法の適用を要求するからである（反対 Siegelman v. Cunard White Star Ltd., 221 F. 2d 189, 194 (2d Cir. 1955)）。選択した法域の準拠法選択規則は，選択した法域で最初に適用されるものの一つであるため，法廷地の規則と同じ規則の適用を受けることになる。

強行規定と法廷地・準拠法選択条項の相関関係

　準拠法選択条項と裁判管轄条項については，当事者が相互に小細工をすることが可能である。例えば，法廷地の裁判所は準拠法選択条項を，法廷地選択条項の有効性を判断する際の参照項目として用い，その結果事件を法廷地から排除することが可能である（Smith, Valentino & Smith, Inc. v. Superior Court, 17 Cal. 3d 491, 131 Cal. Rptr. 374, 551 P. 2d 1206 (1976)）。さらに，強行法規性を持つユス・コーゲンスのルールは，準拠法選択条項に

よって導かれる法規の有効性のみならず，準拠法や法廷地選択条項そのものの有効性を決める役割を果たすことがある。従って，裁判地法域と準拠法法域の双方のユス・コーゲンスのルールについて考慮する必要がある。例えば，標準書式や附合契約の場合や法廷地法の強い公序に反する場合，法廷地や準拠法の選択条項が有効とされるか否かは国によって異なる。契約書をドラフトする者は，法廷地選択条項と準拠法選択条項のドラフトに当って潜在的な不慮の可能性を減らすよう注意を払うことで，そうしたリスクを減らすことができる。

　国際商事契約の当事者は，裁判所が契約書の法廷地選択条項や準拠法選択条項を無視することを阻止できないが，法廷地と準拠法の選択がこれから行う取引に照らしてなぜ合理的と考えられるか，を契約に予め盛り込んでおけば，そのリスクが減少する。

仲裁による紛争解決

　裁判において，紛争が付託される国や裁判所，適用される手続法や実質法，手続や判決の公開度，紛争解決に必要な時間，判決結果が出るまでの効率性については全て不確実であるため，仲裁は国際商事紛争解決にとって望ましい仕組みとなっている。西欧諸国の中には長い間，仲裁に馴染んできた国々もある（例：1889年イギリス仲裁法及び1979年仲裁法により改正された1950年英国仲裁法）。民間の仲裁機関であるロンドン仲裁裁判所は1892年から存在している。アメリカは連邦仲裁法（9 U. S. C. A. § 1 以下）を1947年以来有している。中華人民共和国では，国際商事仲裁契約において，調停（mediation, conciliation）が失敗した場合，中国外国経済貿易仲裁委員会（FETAC）か中国海事仲裁委員会（MAC）を通じた仲裁が好まれている。旧ソ連諸国の大部分もまた仲裁を好み，中国のFETACやMACに類似した組織を有している。日本商事仲裁協会は1953年以来存在する。事実上全てのアフリカ諸国が仲裁法を有している。ラテンアメリカは，歴史的に多くの仲裁判断を不利に扱ってきたが，仲裁を次第に多く受け入れるよ

うになってきている。例えば，1975年国際商事仲裁に関する汎アメリカ条約の中で，「米州機構の構成国政府は，商取引に関し，当事者が如何なる相違点も仲裁に付託するとした契約を…有効とすることに合意した」と規定する。1979年外国判決と仲裁判断の域外有効性に関する汎アメリカ条約は，この部分の1975年条約の適用を受けている。

究極の「法廷地選択条項」では，一切裁判所を選択せず，仲裁のような代替的紛争解決メカニズムを選択することになる。長い間，裁判所は，そうした条項は当事者から適正手続（デュー・プロセス・オブ・ロー）によって期待される行動の機会を奪うものだとして，その有効性を認めてこなかった。しかし，立法者は仲裁に対して遥かに好意的で，1900年前後に仲裁条項を有効にする法典を制定し始めた。そのため，今やこの問題は明確に片がついた。仲裁に加えてミニトライアルや調停といったより非公式な代替的紛争解決メカニズムが使われている。例えば，ミニトライアルは様々な形態をとり，紛争解決に異なる影響を与えている。ミニトライアルは「中立的アドバイザー」を用いれば拘束力がなく，判断結果が後の手続で認容されれば半分拘束力を持ち，裁判所が指名した世話人（master）の前では拘束力を有する，というようにもできる。そうした紛争解決メカニズムの多様性については，Nelson, "Alternatives to Litigation of International Disputes," 23 Int'l Lawyer 187 (1989) を参照。

仲裁条項は，友好通商航海条約で見受けられる。そうした条約における条項は，条約締結国の国民同士の商事契約における仲裁条項の履行を確保するためのものである。条約上の条項はまた，条約締結国の裁判所に仲裁条項の下で仲裁裁判所の判断を強制することを要求する。そこで，条約上の規定は仲裁地が条約締結国内にはなく，仲裁人が締結国の国民でない場合であっても，締結国の裁判所に仲裁条項とそれに基づく仲裁判断を強制することを要求している。

多くの連邦下級裁判所は，強行法規の立法者意思やそうした法を司法手続で強制することを好む立法政策に鑑み，「強行法規」は仲裁の対象物とはならないと判示してきた。しかし，連邦最高裁判所は今やその法理を覆し

ている。Scherk v. Alberto-Culver Co., 417 U. S. 506 (1974) 事件では，アメリカの投資環境保護という公共の利益があるにも拘わらず，裁判所は国際契約から生じる連邦証券取引委員会法上の問題は連邦仲裁法に基づく仲裁に服するとした。三菱事件（Mitsubishi Motors Corp. v. Soler Chrysler-Plymouth. Inc., 473 U. S. 614 (1985)）では，競争状態にある国家経済といった公共の利益の判断や民間当事者による独占禁止法の強制に好意的な立法者意思といったものには関係なく裁判所は国際取引から生じる独占禁止法上の請求は仲裁可能であると判示した。(Vimar Seguros y Reaseguros, S. A. v. M/V Sky Reefer, 515 U. S. 528 (1995) 事件）では，外国仲裁人はアメリカの強行法規を適用しないであろうとする主張が，アメリカは仲裁判断をその執行過程で再審査（review）できるという理由付けにより，受け入れられなかった。しかし，そうした再審査の権限は1958年外国仲裁判断の承認と執行に関する国連条約（詳細は以下）では極めて制限されている。

仲裁判断の執行：1958年条約

　1958年外国仲裁判断の承認と執行に関する国連条約＜ニューヨーク条約＞（21 U.S.T. 2518, T.I.A.S. No.6997, 330 U.N.T.S. 38, アメリカでは 9 U.S.C.A. §§201-208で国内法化）により，80ヵ国以上で仲裁判断の執行が容易に行われている。「アメリカの国内法化の主な目的は，・・・国際契約における商事仲裁契約の承認と執行を奨励し，仲裁契約が遵守され，仲裁判断が締約国で執行されるような基準を統一することにあった」(Scherk v. Alberto-Culver Co., 417 U.S. 506, 520 n.15（1974))。9 U.S.C.A. §§203, 208による簡略化された手続で，連邦地方裁判所は外国仲裁判断の承認を求めまたはその効力を争う申立てを審理する。

　1958年条約は，各締約国の裁判所に国際商事紛争解決のための仲裁条項と独立した仲裁契約の承認および執行を委ねる。裁判所が仲裁条項や仲裁契約を認定した場合，裁判所は「その契約が無効（null and void）もしくは履行不可能な場合でない限り，当事者が仲裁を申立てるよう指示・・・し

なければならない」(傍点部分は筆者が付加)。同条約はまた各締約国の裁判所に仲裁条項や仲裁契約のもとで行う仲裁裁判所の判断を承認・執行することを委ねており,承認や執行を拒むことが可能な理由は限定的にしか示していない。同条約によれば,執行を拒むことが可能な理由としては,(1)契約当事者に「適用されるべき法に基づく」仲裁条項を含む契約の不能や無効,(2)仲裁手続や仲裁人任命の正当な通知の欠如,(3)仲裁に付託された条件に反する仲裁判断や下部機関の権限外の決定事項,(4)仲裁契約や準拠法に基づかない仲裁裁判所の構成,(5)準拠法のもとで仲裁判断が終局判断にならないこと,が挙げられる。

拒む理由には上記に加えて,執行が行われる国の公序に反する場合や紛争の係争物がその国の法に基づく仲裁では解決し得ない場合に,承認や執行を拒むことができる。アメリカの裁判所は,「条約に基づく公序による制限は狭く解釈され,執行が法廷地国の最も基本的な道徳や正義の概念を害する場合にのみ適用される」という立場をとっている(Fotochrome Inc. v. Copal Co., Ltd., 517 F. 2d 512(2d Cir. 1975))。条約の適用を回避するために条約の他の制限を利用しようとすると裁判所からはこれに対して非常に慎重な態度を取ってきた。(Parsons & Whittemore Overseas Co., Inc. v. Societe Generale De L'Industrie Du Papier(RAKTA),508 F. 2d 969(2d Cir. 1974)参照)。

これまで論じてきたように,三菱事件と M/V Sky Reefer 事件の双方で,裁判所は国際取引から生じる問題でアメリカの強行法規を含むものも仲裁可能であると決定した。しかし,三菱事件の意見の傍論で,裁判所はアメリカの裁判所は仲裁裁判所が「独占禁止違反のクレームを審理し実際に決定したか」について精査する二度目の機会を持つと述べている。アメリカ裁判所が,仲裁条項を認め紛争を仲裁に付託した上で,後に続く独占禁止法の係争物に関する仲裁判断を条件付で承認や執行を行うことは,条約の構造の中に正当に組み込むのが難しいように見える。三菱事件は,単に仲裁人が独占禁止法上の問題を考慮したと言ったか否かを審査するために,あるいはまた仲裁人がこうした問題を正確に考慮したかを審査(本案の再

審査)するようアメリカの裁判所に関与を求めたのかどうかがはっきりしない。前者の問題は機械的な文言いじりによって回避できるが,後者は当事者がアメリカ法以外を準拠法に指定した場合に特に仲裁手続を害する可能性がある(Park, "Private Adjudicators and the Public Interest: The Expanding Scope of International Arbitration," 3 Brook. J. Int'l Law 629 (1986) と Lowenfeld, "The Mitsubishi Case: Another View," 2 Arbitration J. 178(1986) を比較せよ)。

どちらの事件も仲裁人のアメリカ独占禁止法の執行はアメリカの裁判所の基準と合致していない可能性があり,独占禁止法の問題を含む仲裁判断の承認と執行の置かれた位置については,三菱事件以後であっても未だ明確ではない。しかし,1958年外国仲裁判断の承認と執行に関する国連条約により,仲裁裁判所における強行法規の単なる「誤解」や解釈の誤りは一般的に「公序に違反する」ものとは考えられていない。アメリカ法を「明示的に無視すること」が公序違反を構成するか否かについては判例の立場は分かれている。かつては強行法規と考えられていたアメリカ船主責任制限法に違反する仲裁判断が支持されてきている。そのため,条約の下で,アメリカの裁判所が手続の「仲裁判断の執行段階」で自ら再審査する権限を有しているか否かは明確ではない。

アメリカの判例では,当事者は仲裁が進行中は紛争を裁判に持ち込むことができず (Siderius, Inc. v. Compania de Acero del Pacifico, S.A., 453 F.Supp.22 (S.D.N.Y.1978)),また,仲裁判断はそれが下された国では強制力を持つものの,それが上訴されているという理由で,アメリカにおいて当事者が仲裁判断の執行を妨げることはできない (Fertilizer Corp. of India v. IDI Management, Inc., 517 F.Supp. 948 (S.D.Ohio 1981)) と指摘する。仲裁が終結すると,当事者はアメリカの外国主権免除法を根拠に仲裁判断の執行を妨げることはできない (Ipitrade International, S.A. v. Federal Pepublic of Nigeria, 465 F.Supp. 824 (D.D.C. 1978)) が,裁判所は国家主権の対外行為の法理 (Act of States Doctorine) に依拠して執行を拒否できる (Libyan American Oil Co. v. Socialist People's, etc., 482 F. Supp. 1175(D.D.C. 1980))。

ある裁判所は，条約に基づき，外国人の被請求者に対する非市民の請求者勝訴の判断を下したニューヨークの仲裁判断の執行を正当化した（Bergesen v. Joseph Muller Corp., 548F. Supp. 650 (S.D.N.Y 1982)）。

仲裁規則と現地の法律

　国際仲裁のセンターは，ジュネーブ，ロンドン，ニューヨーク，パリ，ストックホルムがあり，それら各地の仲裁協会は仲裁を行うためのかなり確立した規則を採用している。こうした国々では，法律が個人の契約準拠法を定める権利（紛争解決の側面を含む）に制限を課している。契約当事者間では，商事上の関係に通常適用される多くの規定を適用除外にできる（そうした「除外可能」な法規則を「ユス・ディスポジティブム（jus dispositivum）」と呼ぶ）が，ある法規則については当事者が適用除外することができない（そうした「除外不可能な」法規則は「ユス・コーゲンス（jus cogens）」と呼ばれる）。

　「jus cogens（強行法規）」／「jus dispositivum（除外法規）」の二分法は，多くのヨーロッパ諸国の法でみられる。アメリカの統一商法典（UCC）にも見られ，独占禁止法上の責任問題は仲裁不可能と判示していたアメリカの下級審判例の根拠ともなっている（上記 Mitsubishi Motors Corp. v. Soler Chrysler-Plymouth における議論を参照）。二分法を仲裁に当たって参照する結果，当事者が選択した仲裁規則は現地国法上の「除外不可能な」規定に違反する場合は有効にならない可能性がある。例えば，当事者が他に望む場合であっても，「仲裁人が複数いる場合，うち1人は仲裁裁判所の議長でなければならない」という「除外不可能な」規則がある。

　当事者が仲裁地を明示した場合，たとえ当事者が（他を覆すユス・コーゲンスに従い）仲裁裁判所以外の手続を適用するか，仲裁地以外の実質法を紛争解決に適用すべきと明示したとしても，その仲裁地で行うことができる。実質法の問題が更なる「法の衝突」（準拠法選択）問題を引き起こす限り，当事者がドラフトした「準拠法条項」に効力が与えられる。当事者

がそうした条項を契約の中に書き込んでいない場合，法廷地の国際私法規則は適用可能な実質法を決定することができる。

仲裁契約の要素

　仲裁のために選択された規則や場所に拘わらず，如何なる仲裁契約においても考慮すべき挿入事項がある。そうした事項としては，
　（1）　仲裁の場所（査証が簡単に入手でき，仲裁の物理的施設が利用可能で，通信施設も良好かどうか）
　（2）　ユス・コーゲンスの問題
　（3）　適用される実質法規の選択
　他の考慮事項としては以下のものがある。
　（4）　仲裁条項の範囲　　国によっては仲裁条項で明示的に現在と将来の紛争に適用可能でなければ，将来の適用はなされないと考える。幾つかの国は，当事者間の「この合意から，またはこの合意に関して生じ得る全ての相違点」というような特定の関係に関する仲裁条項にのみ効力を与えることができる。条項には条項を無効にする権利を構成する当事者の全ての行為に言及すべきであるし，もし望ましければ調停の努力を義務付けることもまた言及しておくべきである。
　（5）　仲裁人の選定　　最低三人が要求され，通常奇数人が要求される。中華人民共和国のような国々は，一方の紛争当事者が中国国民である場合，全ての仲裁人が承認を受けた中国国民からなる仲裁人リストから選出されることを要求することがある一方，他の国々では，紛争当事者と同じ国籍を持つ仲裁人を二人以上選出することを禁じることがある。国によっては，仲裁人が業務を行う資格を失う要素を列挙している（例：紛争当事者との金銭的結びつき）。当事者はしばしば仲裁人選定の手続に同意しないため，そうした国々は選定に効力を与える「任命権限者」が適宜介入することを規定している。当事者は前もって介入を正当化する条件について定めておくことができる。

(6)　仲裁人費用の支払い　　仲裁人は定額か日払い費用を支給する場合と紛争の賠償金に応じた費用を支給する場合がある。誰がどの条件でどの仲裁人に支払い義務を負うか，仲裁人は費用に加えてかかったコストの召喚を受けるか否かについて明確にする必要がある。

　(7)　使用言語　　通常仲裁人の使用言語は英語とフランス語である。通訳が用いられる場合，通訳料の支払いと通訳の人数を決める必要がある。書面証拠と仲裁判断に用いる正式な言語は特定しておく必要がある。

　(8)　手続の性質　　中華人民共和国では仲裁手続は公開されているが，他の国々では非公開である。国によっては手続は適当な理由で延長されない限り特定の時間以上には続かず，その後になると手続執行の権能は失効したものと考えられる。多くの国々では，当事者は弁護士を代理にたてている。

　(9)　準拠すべき手続法　　場所によっては慣習上，仲裁は審理なしに文書の提出に基づいて決定される。他の場所では審理を許容し，口頭証言(宣誓に基づく証言を含む)や反対尋問を許し，限定的な「ディスカバリー」，罰則付召喚令状の発行，弁護士による書面仲裁付託合意の受理，仲裁人による個人的な調査や証拠の提出，その後の手続の書面記録を許容している。手続的な問題に適用される法律は当事者が特定しなければならない。一方当事者の不出頭の弁護士のみの仲裁裁判所への出頭による審理が好ましくない場合，それは禁じられる。仲裁人の全てが欠席の場合，仲裁手続が可能か否かは国によって異なる。

　(10)　善と衡平　　国によっては，当事者が仲裁人に善と衡平に基づいて行動する権限を与えない限り，仲裁人は善と衡平に従って決定することができない。

　(11)　仲裁判断　　仲裁契約には，初期段階で紛争が友好的に和解しない限り，仲裁人の書面による判断がなされることを明示しておく必要がある。仲裁判断に理由が必要か，仲裁判断に仲裁人全ての同意が必要か，負けた当事者が仲裁の全費用(弁護士費用，速記者費用，「施設利用」費，専門家である証人への費用を含む)を支払うかについては国によって異なる。

仲裁判断は最終判断として作成される必要があり，国によっては仲裁の間に生じた実質的な法律問題は後になって裁判所によって司法審査され，他の国々では紛争の手続や実体的事項の一部または全てが裁判所によって見直される可能性があることを理解した上で，適用可能な法の許すところに従い，当事者を拘束するものとしておく必要がある。仲裁判断の有効性を裁判所が司法審査することを明示的に除外するよう同意しておくことは有用かもしれない。仲裁契約には仲裁判断が管轄を有する全ての裁判所で強制執行可能であり，1958年外国仲裁裁判所の承認及び執行に関する条約に従うことを明示する必要がある。仲裁判断の書面記録が保存される場合には，その保存場所も明示する必要がある。

(12) 分離可能性　仲裁に関する規定の一部の無効がそうした仲裁条項を含む仲裁に関する全ての規定や他の契約の有効性に影響を与えることを意図したものか否かを示しておくことが望ましい。しかし，分離可能性に関する規定を含めるに際しては，その影響を注意深く見極める必要がある。

(13) 引き金条項　契約が仲裁の前に，調停（mediation, conciliation）や，中国の多くの契約のように単に「友好的な協議」を必要とする場合，当事者がいつ仲裁に移行する権利を有するかを知るために「引き金条項」が重要である。例えば，中国人は「友好的な和解の見込みがあれば」いつでも仲裁の引き金を引かない方を好む。中華人民共和国と契約を結ぶ外国当事者は，紛争を仲裁するための絶対的ではないにせよより確かな権利を好む。

国際仲裁規則：UNCITRAL，ICSID その他

これまで考慮した要素は国際商事仲裁モデル規則（15 Int'l Legal Mat. 701 (1978) 参照）に取り入れられている。同規則は，国連国際商取引法委員会（UNCITRAL）が何年も研究した後に1976年に発行したものである。UNCITRAL規則は，全ての法体系と全世界で受容可能であることを意図し

ている。注意深くドラフトされており UNCITRAL はこれらの国々の関心を聞き入れ仲裁規則を発展させる場であることから，新興国は UNCITRAL 規則を好んで受け入れる。ストックホルム商業会議所の仲裁裁判所はロンドン仲裁裁判所と同様に，UNCITRAL 規則との協働を嫌わなかった。1980年のイランとアメリカの間の衝突によって生じた請求を扱う際，これら二国間の仲裁裁判所は UNCITRAL 規則を用いている。UNCITRAL 規則はどの国内仲裁組織や国際仲裁組織とも結びついていない。

とりわけ UNCITRAL 規則は，「仲裁人任命権限者」が当事者によって指定され，彼等の合意を得ない場合はヘーグの永久仲裁裁判所（要求があれば仲裁人として行動する人々で構成）の事務総長によって選定されると規定している。

1976年仲裁モデル規則に加えて，UNCITRAL は1985年国際商事仲裁モデル法を公布した（2 B.D.I.E.L. 993 (1985)参照）。モデル法は，オーストラリア，バハレーン，バーミューダ，ブルガリア，カナダ，キプロス，エジプト，ドイツ，グァテマラ，香港，ハンガリー，インド，イラン，アイルランド，ケニア，リトアニア，マルタ，メキシコ，ニュージーランド，ナイジェリア，オマーン，ペルー，ロシア，シンガポール，スリランカ，テュニジア，ウクライナ，ジンバブエ，スコットランドで立法化されている。またカリフォルニア，コネチカット，ジョージア，オレゴン，テキサスといったアメリカの幾つかの州でも立法化されている。これらの州法制定に関して競合しかつ優先する連邦法は見当たらない。

UNCITRAL モデル法では，仲裁付託は特定の紛争に関してアドホックに特別に行われる場合もあるが，紛争の前に契約の中の一般的な仲裁付託条項によってなされる場合が最も多い。モデル法第8条では，仲裁契約が明示的に強制履行可能なものとなっている。仲裁付託が成功することを保証する明示的な文言はないが，UNCITRAL は以下のようなモデル仲裁付託条項を推奨している。

本契約もしくは本契約違反，本契約終了または本契約無効に関して生じる如何なる紛争，論争またはクレームは，現在有効な UNCITRAL 仲裁

規則に従って仲裁によって解決しなければならない。

こうした配慮は，1983年時点で80ヵ国以上が参加している，1966年国家と他の国家の国民との間の投資紛争の解決に関する条約（TIAS6090）の下で採用される仲裁規則のテキストにも盛り込まれている。この条約は，アメリカでは22 U.S.C. §1650, §1650aで国内法化されている。条約に基づいてなされた金銭に関する仲裁判断は，アメリカにおいては，アメリカ合衆国の州内の一般的管轄権を有する裁判所の最終判決と同じく十分な信頼と信用が与えられる（22　U.S.C.A. 1650a）。

1966年条約は，世界銀行（国際復興開発銀行）の非金融組織として，投資紛争解決国際センター（ICSID）の設立を規定している。ICSIDは個人投資家と投資受入国政府との間の紛争の調停および仲裁の場として機能するよう企図されている。ICSIDは，ICSIDの仲裁人パネルや別のどこかから紛争当事者が選出した仲裁人が，仲裁遂行手続に関するICSID規則に沿って仲裁を行う制度的枠組みを規定している。仲裁は別に合意がない限りワシントンDCで行われる。

1966年条約（第25条）では，ICSIDの管轄が適用されるのは「締約国や……その下部機関と……もう一方の締約国の国民との間の投資から直接生じる法的紛争で，紛争当事者が書面でICSIDに仲裁付託する同意を与えた場合（のみ）である。当事者が同意した場合，どちらか一方の当事者が同意を撤回することはできない」。従って，ICSIDは国家と国家でない投資家との間の紛争解決を制度化する試みである。それゆえICSIDは常に「混合的な」仲裁である。

一方当事者がそうした管轄（締約国と他の締約国の国民との間の投資から「直接」生じる紛争で，仲裁付託に対する書面上の同意）に疑問を呈した場合，その問題は仲裁裁判所で決せられる（規則41）。当事者は条約（第52条）に基づく仲裁人パネルからICSIDの管理評議会が選んだ特別の委員会に訴えることで，仲裁判断の無効を求めることができる。無効は，仲裁裁判所が正当に構成されなかったり，権限を超えて行動したり，基本的な手続規則を著しく外れていたり，仲裁判断の理由を述べなかったり，仲裁

人の中に不正を行う者がいた場合にのみ利用可能である。

1966年条約に管轄上の制限があることから，ICSID の管理評議会は，投資から直接生じる訳ではない場合や，当事者の一方が条約の締約国や締約国の国民でない場合に紛争の調停や仲裁を行うための追加的な仕組みを設けた。この追加的仕組みは，国家である紛争当事者にとって特別な経済的重要性を持つ長期的関係に立つ当事者間で用いるためのものである。こうした紛争はどちらかの当事者にかなりの資源を投入する必要があるため，この追加的仕組みは1966年条約の適用範囲や「通常の商取引」に関する紛争の解決に当たることを企図していない。ICSID の事務総長は，追加的仕組みの利用を意図する契約に事前承認しなくてはならない。追加的仕組みは1966年条約の範疇の外で活動するため，追加的仕組みはそれ独自の仲裁規則を有する。

条約による仲裁の枠組みは他にもある（例：1961年国際商事仲裁に関するヨーロッパ条約 [484 UNTS 364] と1975年国際商事仲裁に関する汎アメリカ条約（14 Int'l Legal Mat. 336））。さらに，当事者はパリの国際商業会議所（ICC）の仲裁裁判所規則や，アメリカ仲裁協会（AAA）の国際商事パネルのような国際商業会議所国内委員会の仲裁裁判所規則を利用することができる。これらの仲裁裁判所規則は近代的で，国際仲裁においてしばしば用いられる。

ロンドン仲裁裁判所に紛争を移送したい当事者は，以下のモデル条項を使うことができる。

本契約の有効性，解釈および履行はイギリス法に従い，本契約（合意）から，またはこれに関して生じた紛争は，有効性，解釈，履行を含めて契約時のロンドン仲裁裁判所規則に基づく仲裁で決定され，本規則によって規律されない事項は UNCITRAL 仲裁規則を適用する。当事者は，本契約（合意）に書かれたまたは当事者によって後に書き換えられた書面における当事者の住所に宛てた仲裁付託通知は有効かつ十分であることを承認する。

パリの ICC 仲裁裁判所は，同規則に従う際，以下のモデル条項を使うことを推奨している。

現行の契約に付随して生じる全ての紛争は，国際商業会議所の調停・仲裁規則に従い，同規則に従って任命された1名以上の仲裁人によって最終的に解決される……。

ロンドンのモデル条項とパリのモデル条項の長さや具体性の相違は，一方で英米法の契約ドラフティングと大陸法の契約ドラフティングの相違を反映している。適切な外国弁護を契約起草のために選択することにより，あり得べきドラフトの落とし穴を減らすことができる。

第9章　商取引における国家主権免除

　アメリカの売主と買主が国際商取引に従事した場合，しばしば外国の国家あるいは国家機関との契約に巻き込まれることがある。もし契約違反があった場合には，またはアメリカの当事者が損害を蒙った場合にはアメリカ国内で裁判が開始されるかもしれない。例えばオレゴン州の会社がバングラデシュの政府との契約で赤毛猿の輸入契約を締結し，契約が突然解約された場合にバングラデシュ政府をアメリカの裁判所に訴えるかもしれない。フロリダの住民がドミニカ共和国にパッケージ・ツアーを申込み，ドミニカ共和国に入国しようとしたとたんに好ましくない人物として入国を拒否され，自費でフロリダまで帰らなければならくなった場合に，彼はドミニカ共和国政府が保有する航空会社をアメリカの裁判所に訴えるかもしれない。メキシコの民間銀行からドル建ての譲渡性預金証書（CD）を買ったところ，その銀行がメキシコ政府によって国有化され，しかもドル建てを勝手にペソ建てに変更されてしまったときは，この銀行をアメリカの裁判所に訴えるかもしれない。外国政府の行為により損害を蒙った商取引当事者が，外国で訴訟するよりアメリカで訴訟を提起することはしばしば発生する。しかし，通常外国政府は，訴訟を早期に終結させようとして二つの抗弁を提出する。どちらの抗弁も主権（sovereignty）に関係する。最初の抗弁が，主権国家は，主権免除（sovereign immunity：本章で取り扱う問題）の理由でその行為について責任がない，というものである。第二の抗弁は，主権の対外行為の理論（act of state doctrine）によりアメリカの裁判所は外国の領土内でなされたその外国政府の行為について裁くことはでき

ない，というものである（次の章で取り扱う）。最初の法律概念，すなわち主権免除は，外国主権免除法（Foreign Sovereign Immunity Act of 1976）の制定によって制定法化された。第二の主権の対外行為の理論については，制定法化されておらず，いまだに判例法理に止まっており，1674年の Blad v. Bamfield, 36 Eng. Rep. 992, 3 All E.R. 616の判例以来アメリカに接受され，19世紀に発展するまで，多数の判決に書かれている。

外国政府に対する裁判管轄からの免除は国家法および国際法で長い間認められてきた。その法理の適用の要件が整っている場合には，裁判所は外国政府に対する判決または執行のための管轄を拒絶あるいは放棄する。主権免除は，国内法としての性格から，各国の権力の分立の思想と，礼譲の思想に影響される。そこで，主権免除理論は国毎に異なった形式をとる。各国の主権免除の様子は判例法または制定法または条約に現れている。逆に見えるが，いくつかのコモンロー国の主権免除の法源は制定法である。それは何十年にもわたって万人が納得するような判例法理を形成することが困難な矛盾した判例理論と格闘した末の産物であった。反対に，ほとんどの大陸法国の主権免除の法源は判例法である。その制定法化は最近になるまでほとんど問題にされなかった。

アメリカにおける主権免除の理論は，1812年の連邦最高裁判決から1976年外国主権免除法（28 U.S.C.A. §§ 1330, 1602-1611）の制定まで，判例法理として発展した。英国の歴史もアメリカと瓜二つである。主権免除に関する制限説の（判例の）発展を理論的に矛盾なくまとめることができずに1978年英国主権免除法を成立させて解決した。大陸では，この法理は判例法のままであった。しかし，1972年の主権免除に関するヨーロッパ条約と附属議定書によって変わるかもしれない。また，国連国際法委員会は，ヨーロッパ条約を参考として，国家と国家資産に関する管轄免除に関する条文を作成した。最終的には条約とする目的で，国連国際法委員会はその条文を検討中である。

歴史と根拠

「朕は国家なり」は国家主権を擬人化した個人的統治者を言い表している。主権者同士が相互に認め合い尊重しあうことからしばしば平和が続いた。国家の礼譲と平等では主権の尊重の根拠としては不足であるとすれば，現実的必要もこれを補充した。しかし，主権国家の政府はその活動を，公的義務の範囲を超えて拡大させ，市場取引の世界に参入してきた。19世紀には，古典的絶対的主権免除の考えは，商業活動に関わる国家行為に主権免除の適用を制限する，制限的主権免除の考え方に変化してきた。過去一世紀半にわたって制限的主権免除が除々に受け入れられ，その定義も進化してきた。アメリカを含む多くの国が，絶対的主権免除から制限的主権免除への変化というたいへんな困難を伴うことを経験した。問題は，司法の行政に対する自制の複雑な問題，商業活動の定義をすることおよびどの種の商業活動が絶対説ではなく制限説によるべきかの限界の決め方などであった。

アメリカの主権免除理論のルーツは連邦最高裁判決の The Schooner Exchange v. McFaddon, 11 U.S.（7 Cranch）116（1812）である。マーシャル最高裁判所長官は，アメリカの裁判所はアメリカの港に停泊している外国（フランス）の軍艦に対する管轄権を持たない，と判示した。国家行為（jure imperii）に従事している主権（昔の国王であろうと近代国家であろうと）は，「どの点においても他の主権に従うことはない。また，自己または主権を他の裁判管轄に従属させることによってその国家の権威を低めてはならないという至高性を維持する義務に拘束されている。そして，その独立の主権に属する［絶対的］免除が，明示的規定はなくとも，黙示的に与えられているという信頼のもとに，あるいは明示の許諾のもとに，他国の領土に入っていると考えることができる」と述べた（7 Cranch at 37）。

しかし，マーシャル長官は，主権免除の論理的限界も認識していた。そして，たまたま元首となった者の個人の資産と主権国家の軍事資産とは区

別すべきであると考えていた。最初からマーシャル長官が外国国家の商業活動の事件と取り組んでいたなら，アメリカのその後の長い間の主権免除に関する判例の混乱もさけられたかもしれない。

外国国家の免除は，裁判所によってその活動の性格と関わりなく絶対的なものとして根強く適用されてきた。スクーナー事件から，主権免除は国内法の問題であると判示されてきたにも拘わらず，国際慣習法原則として受け入れられてきた（Berizzi Brothers Co., v. The Pesaro, 271 U.S. 562 (1926) 参照）。国際慣習法は，最後の数十年にわたって，絶対あるいは制限国家免除理論の争いに悩み，制限説に根拠を探そうとしていた国（例えばイギリス）になんらかの参考になったかもしれない。しかし，絶対説から制限説への進化は国際法の影響より，それぞれの国家のなかでの近代社会における国家の役割り概念の発達によって影響を受けた。国家がますます商事事項に関与するようになると，特に社会主義経済理論によって国家がほとんど全部の生産と配分の財を国有化し所有したりすると，絶対的主権免除の考えは，少なくとも市場経済の国では古くさく近代社会には不適切であると，批判されることになった。

絶対的国家免除の理論を維持することは，国家が「主権行為」のみを行っている場合はほとんど問題が起こらない。しかし，昔の公国は，近代国家となり，取引の目的が国家目的あるいは国家利益の追求のためであろうともその性質上「公」とは見なされない多くの商取引に従事するようになった。絶対無条件の免除説は，国家が市場に「降り立った」場合，マーシャル長官でも国家が民間の商人と同列に扱われるべきであると考えたであろうような場合には免除を否定されるという制限説に，徐々に地歩を譲ってきた。

18世紀の終わり頃から，多くの国家が，全部が伝統的な公的活動の分野に入らないという訳ではないが国の公的機能ではないと考えられる分野に進出してきた。国家は，運送事業，電信電話事業，ラジオ・テレビ事業，物品生産（天然資源物，タバコ，マッチなど）に乗り出した。そのような進出は，国家が，商事売買契約，建設契約などの「政府としての」行為よ

り「ビジネス」としての行為を行わざるをえない事態を発生させた。これらの商事取引に関して紛争も発生し，その紛争は商行為に従事した外国の国家や国家機関が相手として裁判所に持ち込まれた。裁判所は特に外国国家が裁判所の管轄に異議を申し立てた場合には外国国家を刺激することを恐れ，なかなか絶対免除理論を変更したがらなかった。むしろ驚くべきことに，大陸法の国の啓蒙的な裁判官がまず変化を理解し，絶対免除理論を変更しはじめ，現代の制限理論の基礎を固めた。同時にアメリカやイギリスのようなコモンロー国では「法創造」の役目を負わされているとされる裁判所は，そのような進化と格闘せざるを得なかった。そして，制限説は1970年代の制定法の成立を待ってやっと明確な根拠を獲得した。大陸のベルギーですでに1875年には Etat du Pérou v. Krelinger, P.B. 1857-II-348事件において制限説が地歩を築き始めていた。1882年のイタリアの判決（Mollet C. Goveruo Danese（1882）Giu. It. 1883-I-125）はこの動きを進めた。同じ世紀のオーストリアおよびドイツの裁判所も同様であった。フランスの動きはそれほど明らかではないが，同様に制限説が地歩を築いたようである。アメリカでは，政治的関係に干渉することを司法が避ける傾向が，国務省からの頻繁かつ政治的意図による「免除の勧め」に抵抗もせず従う風潮を生み出した。ついに，1976年に外国国家免除法が成立し，制限説がアメリカの法となった。イギリスも制限説への転換に苦労した。イギリスの裁判所は，制限説を採用した英国議会が1978年国家免除法を通過させると同時期にやっと制限説がイギリスの法原則であると認めた。

　国務省は，友好国がアメリカの裁判所に訴えられると，機械的に免除を求めた。しかし，1952年に，国務省の方針は「主権免除を求める外国政府の要求に対して主権免除の制限説に従う」ことであると宣言した「テート・レター」として知られるようになった書簡を司法省に送った（26 Dept. of State Bulletin 984（1952））。この書簡はある問題を解決するには参考となろうが，他の問題を浮上させる。その書簡には以下のようなことが書かれている。

　　行政府の政策変更は裁判所に影響を与えることはできないことは承

知しています。しかし，行政府が主権免除を望んでいない場合には，主権免除を認める可能性も少なくなると考えております。最高裁判所裁判官の中には，このような問題については外交関係を担当する政府部門の意見に従うべきだ，とする者もいるとの情報もあります。

　テート・レターは主権免除に関して制限説を受容することを明らかにしたものであるが，国家の公的行為と私的行為の区別の基準に関してなにも述べていない。24年後に外国国家免除法が成立するまで，制限説の適用にはいろいろな問題があった。アメリカの連邦裁判所はほとんどつねに国務省の「免除に関する示唆」に従ってきた。外国政府は，国務省に圧力をかけて，制限説が免除を否定するような商業的行為についても国務省が免除を支持するように動き，成功してきた。しかし，1976年の外国主権免除法で，主権免除が法典化されたときも，どの程度まで，権力の分立の理論が，外交政策を主務とする行政機関を困惑させないように司法に自制を求めることになるのか，不明確であった。その上，そして「たぶん，より重要なことに，外交のチェス・ゲームでは，行政府だけが盤面全体を観察しており，離れた場所にある駒の動きの効果を察知することができる」(Spacil v. Crowe, 486 F.2d 614, 619 (5th Cir.1974))。外国主権免除法はテート・レター以来発生したいくつかの矛盾の解決に役立ったが，それはしばしば強く批判された非常に重要な一群の判例を作り出した。これらの多くの判例は，商業的行為ではない問題であるが，人権侵害のように，外国主権免除法が1976年に出来たときにはあきらかに同法の例外に属さない行為について外国政府を訴えることを阻止した。1997年の外国主権免除法の改正では，人権の広い定義に含まれるべき多くの行為（たとえば拷問，裁判によらない死刑，人質）を例外としたが，外国政府を訴えることのできる範囲を拡大して，以前なら拒絶されたような行為をカバーするようにした。

　すべての国が国家免除の制限説の発展を歓迎したわけではない。社会主義法（およびいくつかの開発途上国）の法律家達は，主権免除は絶対であり，そのような理論が主権国家の国内法として確立している場合にはその国個有の権利として国に付着したものだ，と主張した。彼らは，各国夫々

が外国の裁判所で訴えられることができるかどうかを宣言する権利を有することは国際法の基本原則である，と主張した。この見解は，主権免除は少なくとも一部は国際慣習法によって規律されているという主張を排斥するものである。これらの法律家達は，非市場経済国のいくつかの国では，市場経済国であれば民事的あるいは商事的行為に国家が従事しており，他国の裁判所がその行為が統治の行為（jure imperii）(32)であるかまたは事務管理行為（jure gestionis）(33)かどうかを判断すべきではない，と主張した。国家が自己の行為に貼った統治の行為のレッテルは他国の裁判所は変更すべきではない。この理論は非市場経済国以外ではあまり支持されなかった。それを主張した国においても，それらが除々に市場経済に移行し，市場経済原則とその法原則を受け入れるようになると，支持が失われてきた。英国の裁判所が指摘したように，制限理論は正義の理論に立脚している。そして「問題の国の行為を審査したり効力を否定しようとするものではない。それはその国の権威を傷つけるものでもなく，主権の機能に干渉しようというものでもない」（I Congresso del Partido, (1981) 2 All E.R. 1064, 1070 (H.L.) (Lord Wilberforce)（＜以下コングレッソ事件という＞）。コングレッソ事件の控訴審で，デニング卿もつぎのように述べている。

　　ある国の政府が通常の取引行為を行った場合には，後になってから履行を拒絶し，拒絶は高度の政府の政策あるいは外交政策あるいはその他の政策からなされたことであるという言い訳によって責任を免れることを認めるべきではない。国家はあたかもステージに降り立った神，あるいは機械仕掛けの神(34)のように，それまでに起こったことには何の責任もない，ということはできない。政府は商人として行動を開始したのだから，商人として行動を終えなければならない。彼らを契約違反に関してあるいは不法行為に関して他の商人に対すると同様にコモンロー裁判所に訴えることができる（I Congresso del Partido, (1979) 1 All E.R. 1092, 1104 (C.A.))。

国家によって所有されている国家機関が，商業的性質（性質上又は目的上）のジョイント・ベンチャーの当事者となったり，不法行為，刑事犯罪，

契約違反を行ったり，外国の裁判所で訴訟を開始したり，繋属している訴訟に関して反訴を提起したり，（言葉や行動で明示的にまたは黙示的に）免除を放棄したりすることがある。国内裁判所は，国がこのような国家機関などの他の法人を介して行った行為について国家免除の適用の有無について審査する場面に遭遇する。それどころか，裁判所は，外国政府を裁判所に出頭させる適正な手続きについても，また国家資産に対する強制執行手続きについても，格別の注意を払わなければならない。その結果には整合性がない。多面的問題を含む免除理論を立法化する過程で，この重要な法理論の根拠付けや統一の試みがなされてきた。

1976年外国主権免除法

アメリカの外国主権免除法は，国務省の圧力でできたものである。そして，少なくとも一部は政府を外交的圧力から解放する目的で作られた。「これによって，この問題に関する国務省の役割に終止符を打ち，実質的に他のすべての国の免除の慣行にアメリカを合わせ」るためであった(Martropico Compania Naviera S.A. v. Perusahaan Pertambangan Minyak Dan Gas Bumi Negara（Pertamina），428 F.Supp. 1035,1037（S.D.N.Y. 1977))。外国主権免除法は，さらに，外国主権免除の決定は政治的理由ではなく法的根拠の有無で決定されることを説明していた。多用されてきた行政府による「主権免除の適用の勧告」を司法が受け入れることは外国主権免除法によって終わりとなった（Republic of Philippines v. Marcos, 665 F.Supp. 793 (N.D.Cal. 1987))。制限説を採用するに当たって，訴訟がアメリカ連邦裁判所に提起されようと州裁判所に提起されようと，外国主権免除法は外国国家による主権免除の適用の要求に関し適用されるべき法的基準を設定した。しかし，主権免除法は，民事訴訟を州裁判所から連邦裁判所に移送する権利を外国国家に対して保証した。したがって「お国びいき」の心配に配慮しつつ連邦裁判所で十分に整合性のある判例法体系を構築することが期待されている。この法体系は現在のところ整合性に欠けている。ある裁

判所の評していわく，それは「制定法下の迷路である。その不思議な構造から，無数の解釈上の問題が発生してくる。それは弁護士の儲け仕事の源泉となっているが，連邦司法制度にとってはつねに悩みである」(Gibbons v. Udaras na Gaeltachta, 549 F.Supp. 1094, 1105(S.D.N.Y.1982))。主権免除法が制定されたもう一つの目的は，送達の方法と人的管轄権の取得方法を規定し，従来のように原告が外国政府の応訴を強いるために外国の資産を差し押さえるという慣行をなくすことにあった。最後に主権免除法は外国国家の本質的に商事的資産に強制執行をすることを可能にした。しかし，執行の要件は判決手続きと異なっておりより厳格である。

主権免除法の中心的規定は，外国政府がアメリカ連邦裁判所で免除を要求することができない行為の範囲に関する規定である。これらの例外規定は，管轄要件の節に規定されているのではなく，外国政府の責任が追及されうる実体的行為として規定されている。このことは主権免除法の実体規定と手続き規定の区別からくるものである。裁判所はまず，被告の外国国家に管轄権を持つかどうかを決定するために，最終的には請求の原因を子細に検討しなければならないことを意味する。主権免除は主権免除法上の実体法上の抗弁であるばかりではなく，例外事項の一つ以上が存在することで免除を受けられないことを立証することが管轄要件にもなっている (Yessenin-Volpin v. Novosti Press Agency, 443 F.Supp. 849 (S.D.N.Y.1978) 以下，イェッセニン事件という)。もし，管轄要件が問題になれば，外国政府の方が，除外が適用されるべきであることを立証しなければならない。

なにが主権と見なされるか

主権免責は外国国家の世襲財産のような抗弁である。「外国国家」には「外国国家の政治的下部機関 (political subdivision) および政府の局 (agency) または政府機関 (instrumentality)」を含む (28 U.S.C.A. §1603(a))。「外国国家の局または機関」には次のような組織を含む。

(1)独立の法人または会社

(2)外国政府の一機関または政治的下部組織，あるいは外国国家またはその政治的下部組織が過半数の株式または持分権を有している団体，および

(3)アメリカ合衆国の州の住民（外国主権免除法に定義がある）でもなく，どの第三国の法に従って設立された団体でもないもの（28 U.C.S.A. § 1603(b)）。[35]

外国国家とその局または機関の区別は重要である。外国国家は，法人格を否認できないかぎり，その局または機関の行為に責任を負わない。外国国家は，その機関から独立していると推定される。この推定はつぎの立証ができた場合に破られる。（1）独立の法人としての機関が，本人と代理人の関係が認定されるほどに国によって支配されていること，（2）法人格を分けることが詐欺となるか，著しい不公正をもたらすような場合（First National City Bank v. Banco Para El Comercio Exterior De Cuba, 462 U.S. 611 (1983)）。

外国主権免除法以前に出された下院報告書（House Report）が，外国国家ならびにその局または機関の解釈の参考になる。多くの判例がこの点について意見を述べている。

バチカンは外国国家とされた。PLO は国家としてのステータスを否定された。社会主義経済国の対外通商機関は通常は政府機関（instrumentality）として取り扱われる。たとえば航空運送，鉱山，海運，銀行および製鉄のような製造などの多様な活動を行う国家所有の法人も同様である。外国国家としてのステータスを決定する時期は，問題の活動が行われた時である。訴訟提起時であるとする少数説もある。

非市場経済国または社会主義国の法人が外国国家としてのステータスを認められるかどうかについては，難しい問題が伴うことが多い。昔の判例で，「すべてのソ連の法人は商業ベースで設立されているが国家企業であることは明白である」と言った例がある（Yessinin-Volpin at 854）。こういう見方には大きな疑問がある。しかも，当時のソ連の法的状況は，他の非市場経済国とは正確に比較できず，外国主権免除法の下で「社会主義シス

テムの中で運営されている実質的にすべての企業を政府機関と看做す」ことはできないことであった（Edlow Int'l Co. v. Nuklearna Elektrarna Krsko, 441 F.Supp. 827, 831(D.D.C.1977)）。生産と配分の手段の所有システムを大きく分類し，これを政府部局あるいは政府機関に分類する手段とすることは外国主権免除法は期待していなかった（上記判例832頁）。非市場経済国の経済政治の構造が変化したことにより，このような問題が発生する機会が減ってきた。

　外国主権免除法は国際機関を外国国家としていない。裁判所は，OPECに国家のステータスを認めることを拒否したが，ブリティシュ西インド諸島中央労働機構に国家機関のステータスを認めた。また，ある判例では絶対説あるいは制限説を採っても免除は認められないからという理由でこの判断を回避した。

　法律名の主権（sovereign）の語の意味にも拘わらず，元首は外国主権免除法の下では免除は認められない。元首の免除は外交免除（diplomatic immunity）として別の概念である。しかし，英国国家免除法は，法律名は「国家免除法」であるにも拘わらず，元首免除もカバーしている。

管轄問題

　外国主権免除法は連邦法である。事物管轄については外国主権免除法§1330(a)に規定され，免除を認められない国家に対して陪審によらない民事訴訟を提起することが認められている。もし，ある裁判所に§1330(a)によって事物管轄が認められ，その§1608に従い訴状の送達がなされ，憲法上の正当手続要件が満たされれば，その裁判所には§1330(b)に従い外国国家に対する対人管轄権が認められる。しかし，前に述べたようにこの管轄権は外国国家に免除が認められない場合にのみ有効である。外国主権免除法が扱う中心問題は，国家は外国での訴訟から免除されるという一般的に受け入れられた理論に従って，被告たる外国国家に免除を「与える」ことにある。しかし，外国主権免除法は，外国国家に対する免除を否定する例

外事由がなければ立法の必要はなかった。例外事由を一つも立証できない場合には，裁判所は明らかに管轄権を欠く。「外国主権免除法を分析すると送達の要件である事物管轄と対人管轄があることと，抗弁としての外国主権免除が成立することとは密接不可分の調査事項である」ことは明らかである（Velidor v. L/P/G Benghazi, 653 F.2d 812, 817（3rd Cir.1981））。

外国主権免除法における事物管轄と対人管轄の立法パターンを理解するためには，もう一つの重要問題を理解する必要がある。それは「外国主権免除法は憲法が認めない対人管轄を作りだすものではない。したがって，外国主権免除法の要件に関する認定事実は，具体的被告に対する裁判所の管轄権を及ぼすことに関する正当手続要件が満たされているかどうか慎重に検討しなければならない」ということである（Texas Trading & Milling Corp. v. Federal Republic of Nigeria, 647 F.2d 300, 308（2d Cir.1981）＜以下テキサス・トレーディング事件という＞）。外国主権免除法は「管轄権に関するミニマム・コンタクトおよび十分な通知の要件」を含んでいるものとして立法されている（East Europe Domestic Int'l Sales Corp. v. Terra, 467 F.Supp. 383, 387（S.D.N.Y.1979）。

訴状の送達

外国主権免除法の成立前は，外国国家に対する訴訟は準対物訴訟とされた。そして，送達は外国国家に属する財産権を差し押さえることによってなされた。ローマ法王パウロVIがアメリカを訪問したとき，ある原告が，公式行事に法王を乗せてゆくための特別自動車を差押えようとした。また，パナマ運河を通過しようとしていたソ連の船を差し押さえようとしたこともあった。外国主権免除法は，送達に関する規定を置き，送達をよりやりやすくし，外国国家が確実に通知を受けられるようにした。§1608(a)は，国家に対する送達が特別の方法，あるいは条約に規定する方法，当該外国国家の外交当局の長に対する郵送の方法，あるいはアメリカ国務省に郵送し外交ルートで当該外国国家に送付を依頼する方法でなされうることを規

定している。外国国家の部局（agency）または国家機関（instrumentality）に対する送達に関しては§1608(b)に規定があり，訴状を送達受領代理人に送付するか，受領証明付き郵便によって送達ができる。外国主権免除法の送達規則は連邦民事手続規則の規則第4(i)条にその起源を持っている。しかし，外国政府に対して規則第4条が適用された事例には整合性がなく，明確化が必要である。

（外国主権免除法）の「§1330(b)は，§1608に従い適切な送達をすることができることを規定することにより，十分な通知による正当手続保障の要件を満たしている」(Bankers Trust Co. v. Worldwide Transportation Services Inc., 537 F.Supp. 1101, 1106（E.D.Ar..1982))。しかし，§1608の規定に厳密に従っていなくとも，現実に受領された通知は十分な送達となるかもしれない（Harris Corp. v. National Iranian Radio and Television, 691 F.2d 1344（11th Cir.1982)＜以下ハリス社事件という＞)。しかし，裁判所は「法の規定からはずれたことについて本件では何らの言い訳も認められない」と言っている（ハリス社事件脚注16，1352頁)。

本章のはじめに述べたように，実体的正当手続の要件も満足しなければならない。「アメリカ連邦裁判所においてこの訴訟の維持が認められるかどうかについては，我々はインターナショナル・シュー事件で確立された『ミニマム・コンタクト』基準を適用しなければならない」（ハリス社事件1352頁)。裁判所は，「コンタクト」が認定されるべき地理的範囲について意見が分かれている。「送達は§1608にしたがい行われるのであるから，コンタクトを認定すべき関連の地域はアメリカ全土である」（テキサス・トレーディング事件314頁)。「第9巡回連邦控訴裁判所は，全土ベースのコンタクトを積み上げることが適切であるかどうかについては判断していない，と明確に述べている。」(Meadows v. Dominican Republic, 542 F.Supp. 33, 34（N.D.Cal.1982))。

主権免除の例外：権利放棄

外国国家は「国家が明示的にまたは黙示的に除外の権利を放棄した場合は，その権利放棄条項にしたがって撤回しないかぎり」つねに除外は認められない（28 U.S.C.A. §1605(a)(1)）。

黙示の権利放棄の証明は簡単ではない。外国国家は他の国家と契約を締結しただけでは免除の権利法規とは見なされない。この契約は，商事契約の例外を構成することはありうる。しかし，権利法規は意図的でかつ意識的になされなければならない（Transamerican Steamship Corp. v. Somali Democratic Republic, 767 F.2d 1543 (D.C.Cir.1987)）。外国国家が不服申立てにどう対応するかは暗黙の権利放棄があるか否かを見定める上で重要である。契約の一般条項に書き込まれ，全てに適用される場合には権利放棄を構成する（Practical Concepts, Inc. v. Republic of Bolivia, 811 F.2d 1543 (D.C.Cir. 1987)）。適時に答弁書を提出せずあるい訴え却下の申立てのような異議を申立てないこともそれ自体で免除の権利放棄となる訳ではない。

仲裁合意は黙示の権利放棄となりうる。とくにアメリカ内で仲裁を合意した場合またはアメリカ法の適用を合意した場合にはそうである。しかし，外国での仲裁を合意した場合，あるいは第三国の法律を準拠法として合意した場合には，黙示の権利放棄は認められないかもしれない（Verlinden B.V. v. Central Bank of Nigeria, 488 F.Supp. 1284 (S.D.N.Y.1980) aff'd on other grounds, 647 F.2d 320 (2d Cir.1981), rev'd on other grounds, 461 U.S. 480 (1983)）。国際機関による仲裁の合意がなされた場合も，その国際機関がアメリカにあった場合でも，同じ結論となろう（Maritime Int'l Nominees Establishment v. Republic of Guinea, 693 F.2d 1094 (D.C.Cir.1982)）。

明示の権利放棄は条約の中に見られるようにより簡単に認定できる。たとえば，アメリカはいくつかの友好通商条約の中に，商業活動その他の活動に関連して免除を放棄している。権利放棄の書き方は重要である。友好通商条約の中で用いている表現である「訴訟，執行またはその他の責任」に対しては免除は主張しない，という表現では，仮差押（prejudgment attachment）についても免除を放棄したものかどうか不明確である（Libra Bank Ltd. v. Banco Nacional de Costa Rica, S.A., 676 F.2d 47 (2nd Cir.1982)

＜以下リブラ事件という＞)。通商協定中の，国有の当事者が「判決の執行またはその他の責任の免除を主張しあるいは享受する」ことを禁止する旨の表明は，権利放棄が仮差押の問題に関連していないので，仮差押についての明示の権利放棄ではないとされた (S&S Machinery Co. v. Masinexportimport, 706 F.2d 411 (2d Cir.1983))。しばしば仮差押は，仮差押を直接言及しないと明示の権利放棄の範囲を超えた，仮の救済方法であると見られる。

明示の権利放棄の第二の根拠は私的な合意である。たとえば，「借主は借主の名前で訴えることも訴えられることもできる。また，本レターまたは約束手形による借主の債務に関し訴訟からの免除の権利を有しないものとする」そして借主は「主権を理由として訴訟，判決および執行を含む法的手続からの免除の権利を放棄する」との融資契約中の規定は，仮差押に対する主権免除の抗弁を提起する権利を明示的に放棄したものと見なされた(リブラ事件49頁)。別の判決では，外国国家によって所有された銀行が，国際商業会議所が作成した信用状統一規則 (UCP) をその銀行が発行した信用状に引用していたことは，銀行が信用状の義務を履行しなかった場合に，明示の権利放棄とは見なされなかった (ICC Chemical Corp. v. Industrial & Commercial Bank of China, 886 F.Supp. 1 (S.D.N.Y.1995))。信用状には権利放棄の規定はなかったし，UCPにも免除または仮の救済について言及がなかった。

慎重に文章を検討した明示の権利放棄条項を利用することは，裁判所が商事事項の例外を狭く解釈する傾向にあることを考えると，非常に重要である。

主権免除の例外：商業活動

商業活動の例外は外国主権免除法を成立させた理由であり，本書にとっても外国主権免除法の最も大切な部分である。外国主権免除法以前の法原則は，外国主権免除の制限説が「性質上」商業的行為を除外していたのか，

「目的から見て」商業的行為を除外していたのか明確ではなかった。外国主権免除法は「性質上」商業的行為を除外するとした。そして「商業的活動」(commercial activities) を次のように定義している。

　　　商業的行為の恒常的な過程もしくは特定の商業取引または行為。行為の商業的性格は，その目的ではなく，行為の過程もしくは特定の取引または行為の性格を考慮して決定される (28 U.S.C.A. §1603(d))。

外国国家のどのような活動が商業的と主張されているか決定することは，明らかにその行為が商業的であるか，その行為が外国国家に対する免除を否定する商業的行為の三つの類型の一つに該当するかどうかを決定する前提である。外国主権免除法はこの三つの類型をつぎのように規定している。

　　　外国国家は，訴訟が外国政府によってアメリカ内で行われた商業的行為に基づいている場合または他の地域での外国国家の商業的行為に関連してアメリカ内でなされた行為に基づいている場合もしくは他の地域での商業的活動に関連してアメリカの領土外でなされた行為に基づいている場合でその行為がアメリカに直接的影響を及ぼしている場合には，アメリカの連邦裁判所の管轄または州裁判所の管轄から免除されない (28 U.S.C.A. §1605(a)(2))。

外国主権免除法の制定過程からみると，商業的活動とは個人が利益のために恒常的に行う行為である。活動が通常私人が従事しているものである場合には，それは商業的であり外国国家は免除を受けられない。しかし，活動が国家のみが行うことができる性質のものであれば，それは外国主権免除法上非商業的である。問題は，被告が一般的に商業的活動に従事しているかどうかではなく，訴訟の原因となった特定の行為にある (Brazosport Towing Co., Inc. v. 3,838 Tons of Sorghum Laden on Board, 607 F.Supp. 11 (S.D.Tex.1984))。立法過程がいくぶん参考となる。

　　　外国政府による，軍備のためのまたは政府用建物のための資材または設備の購入契約は，商業的契約となる。同じ事が，大使館ビルの修繕工事契約にも当てはまる。そのような契約は，最終的目的が国としての機能を発揮するためであっても，商業的契約と考えられる。外国

国家による役務または製品の売却，資金の借り入れ，労働者，事務員，広報要員，市場開拓代理店の雇用，アメリカの会社の証券への投資などのような活動はその定義に含まれる（H.R.Rep. No.1487. 94th Cong., 2d Sess. 16（1976））。

関心は目的よりも活動の性格にある。多くの事件では，その区別は明らかではない。いくつかの裁判所はその区別を無視しているようである。しかし，判例は商業的活動がつぎのものを含むとしている。アルゼンチンの公的債務の弁済，米国連邦政府プログラムによる米国会社からの穀物の買入，化粧品を入れるプラスチックの瓶の製造のためのアイルランド共和国と二人のアメリカ市民との間のジョイント・ベンチャー，トルコ政府所有の銃器会社のアメリカ内での販売，ソ連芸術家のアメリカとイギリスへのツアー公演契約，ポーランド政府が所有する会社のアメリカでのゴルフ・カート販売。非商業的行為にはつぎのものが含まれる。原告の会社の国有化，その領土内で天然資源を採掘するための条件を策定すること，天然資源の輸出許可を与えあるいは撤回すること。連邦最高裁判所は，商業活動の定義からは活動の「目的」に依拠した解釈は排除するということは，かなり明確に言っている（Republic of Argentina v. Weltover, Inc., 504 U.S. 607 (1992)）。判例から導かれる商業的活動の明確な定義はない。一定の判例のパターンがあるように見えはじめると，そのパターンを崩すまではいかないが，その有効性に疑問を投げかけるような判例が現れる。

アメリカでは，外国国家に対して提起される多くの訴訟が十分に補償されない国有化に関連して提起されており，「国有化は典型的な主権行為であり，決して商業的性格を有するとはされない」との見解は，国有化の被害を受けた多くのアメリカ人を落胆させるものである（Alberti v. Empresa Nicaraguense De La Carne, 705 F.2d 250 (7th Cir.1983)）。§1605(a)(3)に規定されている国際法に反して接収された権利に関する例外は[37]，アメリカ内の資産と国有化された資産の関係によっては国有化にも適用される余地がある。外国国家免除法にある「資産の同一性追及」の要件が外国国家免除法の国際法違反の規定を利用する可能性をせばめている。外国国家免除法は，

外国国家に資産を国有化された者にとってあまり助けにはならない。

　§1605(A)(2)の三つに分かれた商業行為の基準は，商業的行為がアメリカと何らかの関係があることを要求している。第一が，「外国国家によってアメリカ内でなされた商業的行為に基づく訴訟」である。これは基準を最も満たしやすい条件である。そして，商業的活動がどれだけアメリカでなされなければならないか，また，訴訟原因と商業的活動との関係はどうなければならないか，という問題を本質的に含んでいる。アメリカとの「実施的関係」があればよい，とされている（Gemini Shipping, Inc., v. Foreign Trade Organization, 647 F.2d 317 (2d Cir. 1981)）。第二の基準は，「他国でなされた外国国家の商業的活動に関連してアメリカ内でなされた行為」に関連するものである。これは三つの基準の中でもっとも使われないものである。それは，不服の対象たる行為が多くの場合アメリカ国外で行われるからである。行為がアメリカ内で行われれば，問題はしばしば第一の基準との関係で考察される。もっとも多くの解釈問題を生ずるのは第三の基準である。これは，「外国国家の商業的活動に関連した，アメリカ……国外での活動」をカバーするものである。多くの行為は外国で行われるから，直接の効果という言葉がしばしば争点の中心となる。連邦控訴巡回裁判所は，なにが直接の効果を構成するかということについて，意見が分かれている。いくつかの控訴巡回裁判所は，それは「実質的で予見可能」でなければならないとの見解に従っており，下院報告によって承認されたようである国際関係リステートメントの管轄の条文に依拠している（Maritime Int'l Nominees Establishment v. Republic of Guinea, 693 F.2d 1094 (D.C. Cir.1981)）。他の控訴巡回裁判所の見解はこれと異なっている。それは，何らかの経済的損失が発生した場合には，直接の影響の要件が満たされたとする（Texas Trading & Milling Corp. v. Federal Republic of Nigeria, 647 F.2d 300 (2d Cir.1981)）。連邦最高裁判所は後者の見解を採用した。そして，もし効果が「被告の…活動の直接の結果として続く」場合には効果は直接である，と判示した（Republic of Argentina v. Weltover, Inc., 504 U.S. 607 (1992) (citing Texas Trading)）。「アメリカにおける直接の効果」の文言に関して最

近の最も大きな論争になった点は,行為がアメリカにおける「法的に意味のある行為」でなければならないかどうかということで,この点でも控訴巡回裁判所の意見が分かれた。

主権免除の例外：国際法違反

国際法に違反して没収された財産権に関しては,もし次の要件が満たされれば主権免除が主張できない可能性がある。

> 外国国家によってアメリカ内で行われた商業的活動に関連して,資産またはその資産と交換された資産がアメリカ内に存在し,あるいは資産またはその資産と交換されが資産が外国国家の部局（agency）または機関によってアメリカ内で所有されまたは管理されかつその部局または機関がアメリカ内で商業的活動に従事している場合（28 U.S.C.A. § 1605(a)(3)）。

この条項は,補償のない資産の国有化に対抗するために使えるかもしれない。しかし,判例は,外国主権免除法が期待していたと考えられる適用範囲に解釈を限定した。典型的な事例は,外国国家がアメリカ航空会社の飛行機を収用し,その航空機またはその航空機と交換した航空機を使用し,アメリカ国内で運行していたような事態である。また,外国航空会社がアメリカで他のビジネスに従事しているような例にも適用される。さらに困難かつあり得る事態は,工場のような不動産が収用された場合である。その工場の製品がアメリカで販売されるような場合には,製品は差し押さえられるかもしれないが,収用国はアメリカで製品を販売するようなことはしないであろう。

主権免除と反訴

外国国家が裁判所で訴訟を提起し,それに対して反訴（counter claim）を提起された場合,外国国家は反訴において免除を主張することができな

い。外国主権免除法第1607条は次のように規定している。

　　外国国家がアメリカ連邦裁判所にまたは州裁判所に提起した訴訟に対して，あるいは外国国家が参加した訴訟に関して，外国国家は次のような場合，反訴を提起することができない。
　(a) それがもし独立の訴えとして外国国家に対して提起された場合，外国国家が本章第1605条により免除を主張できない場合，または
　(b) 外国国家の請求の主要部分（subject matter）である取引または発生事実に関して（反訴が）発生した場合，または
　(c) 反訴が外国国家が求めた救済の金額を超えない範囲で，あるいはそれと同じ範囲で救済を求めている場合，その限度で。

外国国家が，無条件の積極的請求を反訴の形で提起した場合にも免除は認められなくなる（In re Oil Spill by Amoco Cadiz Off Coast of France, 491 F.Supp. 161（N.D.Ill.1979））。ある裁判所は，主権免除の抗弁とはならないことを条件として反訴の提起をした場合には，これは権利放棄とはならないと判示している（In re Rio Grande Transport, Inc., 516 F.Supp. 1155（S.D.N.Y.1981））。

判決の執行

外国主権免除法の成立以前は，裁判所は訴訟から免除を受けられない国家の財産でも，判決の執行から絶対的に免除されると永らく判示してきた。外国主権免除法第1611条は引き続き国際機関の資産，自己の勘定で保有する外国中央銀行または通貨当局の資産および軍事活動に関連して使用される軍事的性格をもつ資産に対してに絶対的免除を与えている。しかし，外国主権免除法第1610条は従来の判例法を変更もしている。一定の条件付きであるが，「アメリカ国内での商業的活動のために使用される」外国国家の資産は，アメリカの連邦裁判所または州裁判所の出した判決に基づく執行のために差し押さえる場合にはもはや免除を受けられない。外国主権免除法はまた，これらの裁判所では，アメリカ国内での商業的活動のために使

用される外国国家の資産は，判決が出される前でも，もし外国国家が判決が下される前に明示的に免除を放棄しており，かつ差押の目的が外国国家に対し管轄権を取得するためではなく，保全の目的であった場合には，免除をうけられないと規定している。

第10章　商取引における
主権の対外行為（act of state）の法理

　外国国家との商取引におけるアメリカの売主または買主が，外国国家の契約違反に遭遇し，外国国家に対して訴訟を提起した場合，主権免除の抗弁はしばしば別の抗弁である「主権の対外行為」の抗弁と一緒に主張される。もし，どちらの抗弁も認められれば，裁判手続の停止をもたらす。しかし，その理由は異なる。主権免除の法理は，外国国家は他国の裁判所で訴えられるべきではない，ということを命じている。問題は，誰が被告たりうるか，という問題である。それは被告のステータスの問題を扱っている。それは，裁判所が「管轄権」を見出すかどうかの問題である。対照的に，主権の対外行為の理論は，ある国は外国で発生した外国国家の行為を裁くべきではないということである。それは，裁判所が判断を示すべき争点を構成するかどうかの問題に焦点を当てている。それは，被告の行為とその行為のなされた場所を問題としている。それは，裁判所が前に進むかどうかの問題であり，管轄の問題ではない。主権の対外行為の理論は「争点排除の手段として機能している」(National American Corp. v. Federal Republic of Nigeria, 448 F.Supp. 622, 640 (S.D.N.Y.1978) affirmed 597 F.2d 314 (2d Cir.1979))。主権免除は性質上，管轄権の問題である。もし主権免除の事由が認められれば，裁判所には管轄権がない。しかし，主権の対外行為の理論が問題となる場合には，裁判所は管轄権を持っていても，それ以上の審理を進めたり争点の決定をすることを止めるということである。

　主権の対外行為の理論がどのように作用するかということの例を示すと，外国国家の法律が，新しい法律の成立毎に元首が署名をして10日以内にその国の官報に掲載しなければならない，と規定していたとする。このよう

な状況下で，あるアメリカ人がこの国のある法律について，元首の署名から10日以内に官報に掲載されなかったということを理由としてその有効性を争おうとしたとする。真の争点はこの遅れて公告された法律に基づく，この外国人の資産の収用あるいはこの外国人に対する政府認可の取消であったかもしれない。主権の対外行為の法理によると，アメリカの裁判所は外国の法律に基づく公告の法的有効性を決めるべきではない，ということになる。それは，それが適当であるかどうかは別としてその外国国家が自国内で自ら行うべきことである。このような例での主権の対外行為の理論の適用には問題はない。しかし，主権の対外行為が国際法に違反している場合，たとえば国際法違反の国有化や許認可取消のような場合には，いろいろな意見が主張される。

　主権の対外行為の理論はたまたま生まれたものであるが，外国主権免除法により主権免除の抗弁の利用が制限されたこともあり，役割が大きく広がった。

　主権免除と主権の対外行為の二つの法理は，両方とも外国国家が商業的行為に従事しなんらかの国際法の問題がある場合に，抗弁として利用されるので，しばしば混同される。アメリカの主権免除の問題は外国主権免除法によって全面的に規律される。それは，一定の商業的行為と，限定された国際法違反行為に関する例外規定である。これらの二つの問題もまた主権の対外行為の問題を引き起こす。主権の対外行為は，外国主権免除法と異なり制定法化されていない。そこで，主権の対外行為が抗弁になりそうなときは，商人はすぐに商事的行為，または国際法違反に基づく例外を主張する。

　アメリカにおける主権の対外行為の法理は連邦制定法で規制されておらず，原則として判例法による。ただし，たとえば一定の国際法違反についてとか仲裁判断の執行についてなど，主権の対外行為の抗弁が認められない場合に関してわずかに制定法に規定がある。最近の例では，キューバ自由民主連帯法 (Cuban Liberty and Democratic Solidarity (Helms-Burton) Act, 22 U.S.C. §6082(a)(6)) は，裁判所が収用された資産の持ち込みに関する責

任が問題となっている事件を主権の対外行為の法理を理由に審理を拒否してはならないことを規定している。判例法により外国国家の行為によって影響をうけたアメリカ市民の訴訟を制限する方向で主権の対外行為の法理の適用がなされようとすると、議会は躊躇なくその利用を否定する傾向がある。約40年前に、Banco National de Cuba v. Sabbatino, 376 U.S. 398(1964)＜以下サバティーノ事件という＞判決に怒った議会が、裁判所は、（後述する）国際法違反が主張されている一定の場合は、主権の対外行為の法理を適用してはならないとする制定法を成立させることになった。その法理が反訴も阻止するものか、条約違反の行為にも適用されるか、主権の対外行為の管轄の不明確さおよび最近問題となった外国国家官僚の行為ではなく意図にも適用されるか、といった問題が国際取引に従事する人々のさらなる関心を呼んでいる。しかし、国際取引に従事している人々の関心がもっとも高い問題が、この法理に関する商業の例外である。

　この主権免除と主権の対外行為の二つの法理の発展は、相互に影響を及ぼし合ってきた。主権免除の制限説の採用の後、何人かの学者は主権の対外行為の法理も同じように商事的行為の例外を認めるべきだ、と主張した。陪審はそのような例外の存在の認否には関わらない。これは連邦最高裁の判断が待たれている問題である。

主権の対外行為の法理の歴史

　主権の対外行為の法理は、1674年の判例（Blad v. Bamfield, 36 Eng.Rep. 992（1981年の Buttes Gas and Oil Co. v. Hammer（No.3), [1981] 3 All E.R. 616で適用された）に遡ることができる。この法理は、フランス、ドイツ、ギリシャ、イタリア、オランダ、スイスその他の法域でも存在する。この法理に類似した考えを示しているアメリカの判例は1808年の Hudson v. Guestier, 8 U.S.（4 Cranch)293 に遡る。ただし、1812年の事件である Schooner Exchange v. McFaddon, 11 U.S.（7 Cranch)116 がときどきこの法理の最初と紹介されている。最初の重要な判決で、本当の意味でのこの法

理のオリジンとしてしばしば引用されている判決が Underhill v. Hernandez, 168 U.S. 250 (1897) ＜以下アンダーヒルという＞) である。この判決で，連邦最高裁判所は次のように言った。

  すべての主権国家は他の国家の独立を尊重しなければならない。ある国の裁判所は，他の国の政府の行為でその他国でなされたものについて裁くことはしない。そのような行為によって損害を蒙った場合の補償は，国家間で国家に認められた方法によるべきである。

 アンダーヒルの訴訟は，原告（Underhill）がベネズエラで誤認逮捕されたあいだにベネズエラ革命軍司令官（Hernandez）から受けた被害の損害賠償請求に関するものである。アメリカは，後日革命政府を承認した。

 アンダーヒルの意見は，メキシコ革命のときの国有化を含む一連の判例で明確に再確認された(Oetjen v. Central Leather Co., 246 U.S. 297(1918)および Ricaud v. American Metal Co., 246 U.S. 304 (1918) ＜礼譲により主権の対外行為の法理が要求される，と言っている＞)。また，ロシア革命に関しては，United States v. Belmont, 301 U.S. 324 (1937) がある。主権の対外行為の法理に関する他の判例もアンダーヒル判決を支持している(American Banana Co., v. United Fruit Co., 213 U.S. 347 (1909) ＜これを抵触法の問題と考えている＞)。アンダーヒルで表明されたこの法理は近年の古典たるサバティーノ事件でも再確認された。

主権の対外行為の法理と財産の収用

 サバティーノ事件は，主権の対外行為の法理と収用への適用の現代の歴史の幕を開けた。この事件は1960年に起きた広範なキューバの資産国有化によって影響を受けた財産権に関するものである。ハーラン判事はつぎのような意見を述べている。

  司法府は，条約または適用されるべき法理についての明確な合意のないかぎり，たとえ原告が没収は国際慣習法に違反すると主張している場合でも，外国国家がその自国の領土内でなされた資産で訴訟時に

第10章 商取引における主権の対外行為（act of state）の法理　　307

現存しその国で認められる財産の没収の効力については審理を行わない。
　ホワイト判事は反対意見の中で次のように述べている。
　　私は，連邦最高裁判所で判決として述べられたような主権の対外行為の法理と，その法理の根拠によって，アメリカの裁判所が，国際法を無視してまた実体についての完全な審理を求める原告の権利を無視して，裁判をすることを求めているとは考えない。
　この最高裁判所の判決は，議会の多くの議員達からあまり歓迎されなかった。議会は，ただちに次のような条項を含む対外援助法サバティーノ修正法を成立させた。
　　他のいかなる法律条項にも拘らず，アメリカのいかなる裁判所も，補償その他の以下に述べる基準を含む国際法の原則に違反した外国国家の行為によって没収その他の収用されたことを理由に権原あるいは（財産に対する）他の権利が外国国家を含む当事者によって主張されている事件において，主権の対外行為の法理を根拠に国際法原則に効力を与える実体の審理を拒絶してはならない。ただし，本項は以下の場合には適用されない。……(2) 大統領が，アメリカ合衆国の外交政策の観点から主権の対外行為の法理の適用が必要であると決定した特定の事件についてであって，かつその旨の書面による勧告が大統領に代わって裁判所に対してその事件において提出された場合（22 U.S.C. § 2370(e)(2)）。（かっこ内の言葉は1965年に，財産収用が関連しない事件においては引き続きこの法理が適用されることを明確にするために挿入された。）
　サバティーノ修正（第二ヒッケンルーパー修正とも呼ばれる）によって，差戻審ではサバティーノ判決の結論が覆ってしまい，キューバは国際法に違反したと判断された。しかし，その後，裁判所は，司法府で採用され長年承認されてきた原則を性急に覆したこの判例を積極的に適用しているわけではない。第二巡回裁判所はサバティーノ修正を厳格に解釈し，収用された資産がそのままアメリカ内に持ち込まれた場合にのみ，適用されると

している（Empresa Cubana Exportadora De Azucar y Sus Derivados v. Lamborn & Co., Inc., 652 F.2d 231 (2d Cir.1981) ＜以下エンプレッサという＞)。しかしD.C.巡回裁判所は，サバティーノ修正は収用された動産がアメリカに持ち込まれた場合についてのみ適用されるわけではないとしている。この裁判所の意見では，この法律は動産にだけ言及しているが，それはこの法律が新しい管轄権を創造しアメリカに差し押さえるべき資産が存在しない場合でも，外国の収用の効果をアメリカの裁判所に判断させるように誤解されると困るからである（Ramirez de Arellano v. Weinberger, 745 F.2d 1500 : D.C.Cir.1984，他の理由で破棄 471 U.S. 1113 (1985))。この解釈の相違については立法による解決か，将来の連邦最高裁判所の判決に待つ他はない。ラミレス判決の見解はたしかに国際取引のビジネスパーソンに歓迎されるものであろう。この見解は，1996年のヘルムズーバートン法の背後の考えと比較すると非常に穏健なものである。もし，大統領が許可すれば，この法律は収用のときにアメリカ市民ではなかった者も含めて，アメリカ市民に対し，カストロ政権によってキューバで収用された資産を不正に運び込む外国当事者は誰であろうとアメリカの裁判所に訴えることを可能にするものである。前提となっている事情は，その結果得た判決をアメリカ内にその外国当事者がアメリカ内に所有するいかなる資産からも弁済を得ることができる，ということである。もし，そのような訴訟が許されれば，それはサバティーノ判決の立法化以来なされた多くの判決で示された主権の対外行為の法理の理解に対する挑戦となるであろう。これらの判例は，議会がサバティーノ修正を成立させたときの議会の雰囲気を正確に反映させたものではない。まさに前述の理由でヘルムズーバートン法は主権の対外行為の法理を，資産持込のケースに適用することを禁止したのである。主権の対外行為の法理にさらに一撃を与える機会があったとしたら，議会は特にこの法理がアメリカのビジネスの利益を損なうような状況では，この法理に同情的ではないだろう。

　国際関係リステートメント第3版§443は大議論の末採択されたが，つぎのように規定している。「アメリカの裁判所は，外国国家がその領土内

第10章　商取引における主権の対外行為（act of state）の法理　　309

で行った財産収用行為の有効性を審査すること，あるいは外国国家がその領土内で行った統治的性格の他の行為を裁くことを一般的に差し控えるであろう」。これはサバティーノ判決を反映したものである。そしてそれは，サバティーノ修正の趣旨も上述のヘルムズ－バートン法の趣旨も反映したものではない。§444は次のように規定する。「権原に関する請求あるいは財産に対する権利に関する訴訟には，訴訟が外国国家によって国際法に違反して財産を没収されたということを原因としている場合には，主権の対外行為の法理は適用されない」。大統領は適用を勧告することができる。これは議会の考えより，サバティーノ修正の意図をより狭く解釈していると思われ，エンプレッサ・クバーナ判決よりもラミレス・デ・アレジャーノ判決を軽く扱っている。多分，議会は国際法違反がある場合のこの法理の適用についてはあまり関心がないのかもしれない。国際法違反の例外を裁判所が認めたがらない傾向を緩和する現象も特にテロや人権問題が絡む場合には見られる。

主権の対外行為の法理には限界がある

　主権の対外行為の法理は，国有化問題に関して多くの現代的解釈を発展させた後数年間にその範囲を拡大させた。国際取引に従事する人を含む関係者は，紛争の司法解決を制限するためにこの法理がどんどん広く解釈されることに困惑した。しかし，1990年に，この法理は突然連邦最高裁判所の判例によってブレーキがかけられた（W.S. Kirkpatrick & Co. v. Environmental Tectonics Corp., Int'n.,493 U.S. 400（1990）＜以下カークパトリック判決という＞）。いまのところ，カークパトリック判決が将来主権の対外行為の理論の拡張にどのような影響をあたえるかという点については，はっきりしない。

　過去20年間の判例で抗弁として最も頻繁に主権の対外行為の法理を援用したと考えられる事件類型にはしばしば外国の被告によるアメリカの独占禁止法違反に関する多様な訴訟がある。敗訴すると厳しい三倍賠償の請求

を受ける可能性のあることから，アメリカの独占禁止法違反の訴訟に巻き込まれた多くの外国の被告は，原告が蒙った被害は外国の被告の共謀や行為によるものではなく外国国家の対外行為によって発生したものである，と主張した。一部の裁判所は，外国国家の行為が被告によって強要された[39]ものかどうかを審査せずに，主権の対外行為の法理を適用した（Hunt v. Mobil Oil Corp., 550 F.2d 68（1977）cert. denied 434 U.S. 984（1977）参照）。従って，主権の対外行為の法理は外国政府による強制（foreign compulsion）法理と錯綜してきている。カークパトリック判例の意見では，政府の関与の度合いが低い場合には，独占禁止法事件等の事件での主権の対外行為の法理適用は低下することになる。

　カークパトリック訴訟では，エンバイロメント・テクトニクス社は，同社がナイジェリア政府と締結しようとした契約の競争に負けたのは，競争相手であるカークパトリック社がナイジェリア政府高官に賄賂を支払って契約を取ってしまったからであることを知った。そこで，エンバイロメント・テクトニクス社はカークパトリック社に対して損害賠償を請求した。カークパトリック社は主権の対外行為の法理を抗弁として主張した。賄賂の立証がなされれば裁判所は主権たるナイジェリアの対外行為を考慮しなければならないかもしれない，ということである。巡回裁判所は主権の対外行為の理論の適用をしなかった。その理由は，国務省が，そのような調査をしてもアメリカ合衆国の外交関係に問題が生じないとの意見を表明したからである。これは，外国主権免除法の成立前の事件を思い起こさせる。そこでは，多数のケースでアメリカ合衆国の外交関係への悪影響が主張されるとそれが管轄を拒否する正当化事由とされたからである。しかし，連邦最高裁判所は，巡回裁判所の理由付けを否定し，それが外国国家の行為の合法性の問題が含まれておらず，単に外国官僚の動機の問題であるという理由で主権の対外行為法理を適用することを拒んだ。主権の対外行為の法理を適用するためには，裁判所は，具体的事件で外国国家の官僚の行為が無効であることを宣言しなければならない。この基準はさらに洗練させる必要があった。たとえば，外国政府の「行為」を司法が考察することは

第10章 商取引における主権の対外行為（act of state）の法理　　*311*

すこしまずい結果となるかもしれないが，その動機を審理することはアメリカの外交関係にさらにまずい影響を及ぼすことになる，という状況を考えてみよう。ボパール事件では，第二巡回裁判所はインド政府により立法されたボパール法の有効性を主権の対外行為の法理によって審理を拒絶した。しかし，インド政府の主張を認めて問題をボパール法に従わせる前に，もし裁判所がインドは民主主義の国でないと認定したとすれば，インド政府から反発されアメリカ政府側が困惑することになるような，インドの政治司法制度の審議と評価をしなければならい筈であったが，これをしなかった。その結果，ボパール法は承認されざるをえなかった（Bi v. Union Carbide Chemicals & Plastics Co., 984 F.2d 582（2d Cir.1993）＜以下ビー判決という＞）。　おそらく，よりよい処理方法としては，裁判所は，インド国民個人がアメリカで訴訟を起こすためには，ボパール法が何らかの理由で無効であることを認定する必要があり，それは主権の対外行為法理に反することになるという理由で直接主権の対外行為の法理を適用し訴訟を棄却することだったのであろう。ビー判決はカークパトリック判決以来最初の重要な判決である。ビー判決はカークパトリック判決を引用していないが，カークパトリック判決以後の主権の対外行為の法理の発展に寄与する可能性がある。

　カークパトリック判決は，大変に重要な判決であり，外国主権免除法の成立により残った問題を解決するために，主権の対外行為の理論を拡大適用することに反対し，将来の事件での適用を大きく制限することを連邦下級審裁判所に示唆している。しかし，それは主権の対外行為の法理の終焉を意味している。スイス政府から凍結されたマルコス前フィリピン大統領のスイス銀行口座の問題を扱った有名な事件で，第9巡回裁判所は，スイス政府の行為の合法性を審査する必要があるという理由で，この資産に対して差押えをしようとしたことに主権の対外行為の法理を適用した（Credit Suisse v. United States District Court, 130 F.3d 1342（9th Cir.1997））。

主権の対外行為の法理と権力の分立

　主権の対外行為の法理は，はっきりしない外延，問題の多い例外および冷たい議会の対応が特徴となっている。これに関する判例は，この法理が熟成されたものであるが，柔軟なものであることを示している。この法理は，司法の自己抑制に基づくものであることが一般的に承認されている。
　　主権概念の歴史的な理解は，主権の対外行為の法理を採用した英知と関係するが，この法理の存在を当然とする訳ではない。
　　国際法によれば，この法理の適用は，国家慣習によって裏付けられる必要はない。
　　連邦憲法の条文からも主権の対外行為の法理が導かれる訳ではない。憲法は外国国家の行為の有効性を審査する権限を司法権から奪っている訳でもない。
　　しかし，主権の対外行為の法理は，「憲法上の」基礎を持っている。それは，権力分立のシステムの下で政府の部門間の基本的関係に由来するものである。それは，国際関係の領域で，異なった機関が一定の意思決定を行いそれを実行する権限をどう担うかの問題である。過去の判例で形作られたこの法理は，司法府が外国の主権の対外行為の有効性に関して意見を言うことは，司法府および地球規模での国家間コミュニティ全体の目的を追求する上で決してプラスにはならないという司法府の強い考えを示すものである（サバティーノ判決421頁，423頁）。
　主権の対外行為の法理は，国際礼譲および行政府と司法府の権力分立への配慮に依拠している。それは，国家の国際関係の処理をこじらせないようにとの配慮が働いている。行政府には，アメリカの外交政策がよくわからない田舎の裁判所に左右されない保証を得るべき相当な理由がある筈である。主権の対外行為の法理を守ってゆくことが国際的に適切であることは，アメリカの片田舎の治安判事が外国でその国の高官によってなされた

行為を違法だと宣言したような状況を考えてみれば，すぐに分かるだろう（DeRoburt v. Gannett Co., Inc., 548 F.Supp. 1370, 1380（D. Hawai'i 1982））。そこで，

> 国家の主権行為あるいは政治的行為を他の国家の司法裁判所の審査に服させることは，けしからぬことであり不必要なことであるばかりではなく，政府間の友好関係を損ない，国家間の平和に害となる可能性があるだろう（Underhill v. Hernandez, 65 Fed. 577, 579（2d Cir. 1895））。

「簡単に言えば，…一定の状況での外国主権の対外行為の効力は〈政治問題〉であり裁判所では認定できない」（First National City Bank v. Banco Nacional de Cuba, 406 U.S. 759, 787-788（4972）（Brennan, J. dissenting), rehearing denied 409 U.S. 897（1972））。

> 我々の政府の政治部局は，対立する経済的問題と政治的問題を同時に考慮し，国全体としての最大の利益となるように外交関係を処理する国民の意思に対応することができる。それに対して裁判所は単一の紛争を取り扱い，法原則にしたがい決定を下す。決定のタイミングは，概して仕事の溜まり具合と，当事者が訴えを提起し手続きを早めたり引き延ばしたりする策略的配慮による偶然で決まる。裁判所が外国主権の対外行為の合法性を（事件毎に）バラバラに判断した場合，裁判所は我々の国としての国際外交をずたずたにしてしまうリスクを犯すことになる。行政府は，国際的目的を達成するために，プロトコル，経済的制裁，妥協，そして説得の手法を利用できる。タイミングの悪いときに出された外国の主権の対外行為を無効とする司法の決定は，これらの手法の効果を大きく減殺し，世界の注視の中でアメリカを困惑させることになる（IAM v. OPEC, 649 F.2d 1354, 1358（9th Cir. 1981））。

主権の対外行為の法理と権力の分立との関係，すなわちアメリカ政府の行政府と司法府との関係は，主として Bernstein v. N.V. Nederlandsche-Amerikaansche Stoomvaart-Maatschappij, 210 F.2d 375（2d Cir.1954）＜以下バーンステイン判決という＞が原因となって20年以上も裁判所で論じられてきた。バーンステイン判決では，裁判所は主権の対外行為の法理を適用

しようとしたが，国務省がこれを止め，法律問題の審理を進めるよう圧力をかけた。裁判所の結論は，

> この事件の前の控訴審裁判では，行政府の明確な方針が無かったので，我々は，(主権の対外行為の法理)に従わざるをえないと考えた。しかし，判決が下された後，国務省は裁判所がその管轄を行使する上での制限に関する「国務省の意図に関する政策表明」を明らかにした。この行政府の政策発表という新たな事情の発生にかんがみ，我々は，(主権の対外行為の法理によって司法審査が排除される)という我々の付与された権能を修正する (Bernstein at 375-376)。

この主権の対外行為の法理に対する「バーンステイン判決の例外」の有効性が連邦裁判所でつぎの判決で争われた (First National City Bank v. Banco Nacional de Cuba, 406 U.S. 759 (1972) rehearing denied 409 U.S. 897 (1972) ＜以下ファースト・ナショナル判決という＞)。これは，原審の判決を破棄し，三人の最高裁判事が多数を構成して下したものである。

> 行政府が外交行為の主務官庁となっており，それが明示的に主権の対外行為の法理の適用がアメリカの外交政策に得策ではないとの意見を表明した場合には，その法理は裁判所で適用されるべきではない。そうすることにより，もちろん我々は主権の対外行為の法理に対するいわゆるバーンステイン判決の例外を認めることになる。これは，古典的なコモンローの金言である「法を支える理由が止んだときは，法そのものも止む」の適用以外の何ものでもない。我々の判決は行政府の司法権能の廃棄を意味するものではない (前掲判決768頁)。

補足意見を書いた二人の判事と少数意見を書いた四人の判事がこれに反対を表明した。反対の意見はつぎのように述べている。

> 今日，この裁判所の六人のメンバーが認めたように，国務省の代表は主権の対外行為の理論の基礎となるべき要素の順列組合せにどれだけの光をあてるか決めることができる。しかし，その判断が決定的なものではない。
>
> 主権の対外行為の法理のような政治的問題の外延を決定することは

この裁判所に排他的に属する。「バーンステイン判決の例外」は，主権の対外行為を審理すべきという行政府の要求に盲目的に従うことを要求することになる。それは，逆に司法を政治化するものである（前掲判決790頁）。

4年後に，Alfred Dunhill of London, Inc. v. Republic of Cuba, 425 U.S. 682, 725（1976）＜以下ダンヒル判決という＞で四人の少数意見を述べた判事はつぎのように言っている。

> ファースト・ナショナル判決の六人の裁判官は，主権の対外行為の法理に対するいわゆるバーンステイン判決の例外を最終的に否定した。その結果，国務省からの書簡の重要性を低くした。司法権の役割を決める権限は行政府ではなく本裁判所にある。

憲法上の問題を別にすると，国務省から裁判所に対するバーンステイン判決にいう書簡はこの法理の適用を避けるための極めて説得力のある理由を裁判所に提供するかもしれない。このような書簡がなければ，反対の結論になるかもしれない。1982年に，国務省は，訟務長官（Solicitor General）に対して，「裁判所は，国務省がなにも意見を言わない場合に，（係属中の）訴訟について判決をくだすことはアメリカの外交政策に害がある，との推定をすべきではない」との意見を述べている（22 Int'l Legal Mat. 207参照）。

カークパトリック判決は，主権の対外行為の法理を適用する際に司法の役割の限界を判断することは行政府の仕事ではなく，司法の仕事であるというダンヒル判決の見解を支持している。カークパトリック判決において最高裁判所は行政府のいかなる権能も排除していないが，国務省の所管に「十分な信頼と信用（full faith and credit）[40]」を与えるという巡回裁判所の判断を明確に拒否した。

主権の対外行為の法理といくつかの例外

主権免除の適用の場合のように，主権の対外行為の法理にも例外がある。主権免除の例外は，具体的に外国主権免除法に規定されている。しかし，

主権の対外行為の法理を制限する例外は，主権の対外行為の法理自体と同じように判例中に見出される。その一つの例外は，前述の行為が国際法違反の場合である。この例外の一部は制定法（サバティーノ修正法）によって規制され，残りはその後の判例法によって規制されている。制定法によるもう一つの例外が，仲裁契約の執行，仲裁判断の承認およびそのような仲裁判断を承認する命令に基づく執行判決に関するものである（9 U.S.C.A. §15）。他の二つの例外が，権利放棄と商業的行為として議論されているものである。

主権の対外行為の法理の例外：権利放棄

外国国家は，アメリカの裁判所に訴えられた訴訟に応訴し，主権の対外行為の法理を主張する権利を明示的に放棄することができる。こういったことは希ではあるが，国家はそうすることができる。不明確なことは，いったん外国国家が応訴しその抗弁権を放棄した後になって，権利放棄を撤回（retract）できるかということである。もし，撤回自体（the retraction itself）[41]が事実審の終結までに何時でも撤回可能であれば，権利放棄の基本的考えは弱体であり[42]，さらに正確に言えば幻想にしかすぎない。

もし，外国国家が明示的に主権の対外行為の法理を放棄していないが，外国国家に対して訴えが起こされた後に反訴を提起した場合は権利放棄と見なされるであろうか。ファースト・ナショナル判決の多数意見は消極的である。しかし，これは判決理由の一部ではなく，傍論である。外国国家に対する訴訟において反訴が外国国家の行為ではなく，外国国家が訴訟を開始した後にアメリカ国内当事者から反訴が提起されたものである場合には，外国国家は反訴の抗弁として主権の対外行為の法理を主張することができるだろうか。外国国家は，主権免除の法理により反訴の棄却を請求する権利を放棄したとされた場合でもそのことを理由に反訴に対して主権の対外行為の法理を抗弁として主張する権利を剥奪されない（前掲エンプレッサ判決の238頁を参照）。 国家行為に対する司法審査に異議を申立てな

第10章　商取引における主権の対外行為 (act of state) の法理　　317

いという趣旨の外国国家の明確な声明は裁判所に影響を与えるかもしれない。しかし，裁判所は他の条件も考慮するだろう（Compania de Gas de Nuevo Laredo, S.A. v. Entex Inc., 686 F.2d 322（5th Cir.1982））。

主権の対外行為の法理の例外：商業的行為

　主権の対外行為の法理に商業的行為の例外が認められるかどうかについても明確ではない。連邦最高裁判所は次のように言っている。

> 主権の対外行為の法理は外国国家あるいはその商業活動を行う国家機関が負担する純粋に商業的な債務の不履行に及ぶとすべきではない。その商事行為の権能を発揮している場合は，外国政府は主権に特有な権能を発揮している訳ではない。そのような行為に関連して外国国家を民間の私人に適用されると同じ法に服させたとしても，「国家の神経」を逆なですることはないだろう（ダンヒル判決695，704頁）。

ダンヒル判決の理論は，主権の対外行為の法理に対する「商業行為の例外」をうち立てたというには，不安定でかつまだ認証されていない状態にある。この部分では，四人の判事が賛成し，他の四人の判事は以下のように述べた。

> 論理的帰結として，主権の対外行為の法理に商業的行為の例外が認められる，ということにはならない。この法理から大きな例外をくり出すことは，サバティーノ判決で採用されたケース・バイ・ケースで注意深く審理するという考えと整合しない（ダンヒル判決725頁）。

しかし，商業的行為の例外を認めた四人の判事には加わらなかったスティーブンス判事は，政治目的または立法目的とは関係のない商事契約の債務不履行は，主権の対外行為の法理が抗弁としてみとめられるような状況の問題ではない，と考えていたようである。連邦最高裁判所の意見がはっきりしなかったので，下級審では異なった意見が出されることとなった。ある裁判所は，つぎのように言っている。

> その法理を適切に適用しようとすれば，問題の行為の商業的性格を

考えざるを得ない。この関係で，行為の目的ではなく行為の性質に着目すべきである。考察の目的は，主権の対外行為の法理の抗弁を否定すべきか否かである。この事件では，この法理が生まれた理由である政策的配慮を挫折させるかどうかが問題である（Sage Int'l, Ltd. v. Cadillac Gage Co., 534 F.Supp. 896, 905（E.D.Mich.1981））。

しかし，別の裁判所は次のように言っている。

> 純粋な商業的行為は主権の対外行為にまで至らないかも知れない。しかし，外見上商業的行為でも主権の対外行為の法理の適用の考察の対象となる。国家が国家として公益のために行為するときは，主権が発動されている。裁判所は，この主権の発動に対峙することのないよう慎重に行動する必要がある。そのような注意が必要である場合には，問題の行為に商業的部分があっても主権の対外行為の法理を適用することができる（IAM v. OPEC, 649 F.2d 1354, 1360（9th Cir.1981））。

もし，商業的行為の例外が認められないと，（商業的であろうとなかろうと）行為の場所がその外国に無ければ，この法理は司法では適用されない。これは，国際的債務問題で重要な問題であることが証明された。もし，弁済不履行がアメリカの貸出銀行の営業所で起きたとされると，この法理は抗弁として使うことは許されない（Allied Bank Int'l v. Banco Credito Agricola de Cartago, 757 F.2d 516（2d Cir. 1985））。

第11巡回裁判所も商業的行為の例外を認めない陣営に参加し，下級審の意見の分裂は続いている。連邦最高裁がこの意見の分裂を解決することが待たれている。

結論

「ある国の裁判所は，他国の領土内でなされたその国の行為を裁くことはない」というアンダーヒル判決の宣言は，未だにアメリカの主権の対外行為の法理の基礎となっている。国家は多様な活動を行う。アンダーヒル事件の例ではないが，国家の行為が他国民の資産を没収することである場

合には，主権の対外行為の法理の基礎がゆらぎ始める。そのようなゆらぎが，1960年代のキューバ政府の広範な外国資産国有化の後続いた。最高裁判所はサバティーノ事件で，資産国有化に対して国際法違反を理由とした主権の対外行為の法理の例外を認めることをしなかったが，アメリカ議会はすぐさまサバティーノ修正法によってこの例外を作った。しかし，その後の判例は，議会が意図していたより厳格にこの例外を読んでいるようである。この修正法は，外国の国家行為についての裁判所の判断の前提を変えた。サバティーノ判決前の前提は，大統領が別段の意思を表示しないかぎり外国の行為についてのどんな裁判でもアメリカの外交関係に悪影響を及ぼす，というものであったが，それが，そのような裁判は，大統領が困ると言わないかぎり大統領を困難な立場に追いやることはない，という前提に変わった。カークパトリック判決によって，アメリカ連邦最高裁判所は，大統領のアメリカ外交政策に悪影響を及ぼすあるいは及ぼさないという声明は，その事件の状況によって受け入れられることもあるし拒否されることもある，ということを明確にした。この法理からの例外は，大統領の判断による「行政府への悪影響」を無効にはしないまでも，効果を減殺することになった。カークパトリック判決の影響がどこまで及ぶかということは未だに分からない。議会が規定する状況で（例えばヘルムズ－バートン法）主権の対外行為の法理の適用を禁止する議会の意図がどこまで広がるかということもまだ分からない状況にある。

　主権の対外行為の法理は財産の没収以外の状況でも重要な役割を演じている。また，現実に最近では，外国国家より私人によって抗弁としてよく使われている。例えば独占禁止法違反を理由とする私訴のような事件では，効果的な抗弁は「外国政府が私にそれをさせた」という主張であった。これは，主権の対外行為の法理と一緒になった外国政府強制（foreign compulsion）の理論である。主権の対外行為の法理はこのように，域外に広がる他国の司法判断によって国家主権の侵害あるいは否定がなされるべきではない，という思想の一部となったのである。

訳　注

第2章

（1） 2002年8月15日現在でUNCITRALのウエブサイトによれば66カ国が批准している。
（2） Organization of American States　米州機構。
（3） CISGの条文の翻訳文は，もっぱら内田貴・曽野裕夫『国際統一売買法－成立過程から見たウィーン売買条約』商事法務研究会（1987）による。
（4） 連邦法と州法が抵触した場合には連邦法が優先する。また一定の分野の法規制はすべて連邦法によるべきであり，その分野に関する州法は無効とされる原則。連邦憲法6編2項。
（5） authorities 判例である可能性があるが，この点に関するアメリカ判例の蓄積はないはずなので，学説（secondary authority）と訳した。
（6） 訳者注：委託取引とも訳されている。通常は代理人たる consignee に商品を寄託し，販売を委託する。Consignee は通常自己の名で，しかし，本人の代理人として商品を販売する。
（7） 原文は commercial paper，条約では negotiable instrument。
（8） 原文では investment securities。条文原文では stocks, shares, investment securities。
（9） 公序良俗違反，に近い概念。
（10） コモンローで，契約が有効であるためには書面を要求する法律。
（11） 当事者が異なった条件を記載した sales confirmation などの書式を相互に送りつけ，契約が履行された場合，最後に書式を送りつけた者の書式記載の契約条件が支配する，という原則。
（12） 「ある契約書が当事者の最終的な意図を完全に表示しているとみられる場合は total integration とよばれ，それ以外の一切の証拠の提出が認められないのに対し，partial integration の場合には，その文書と矛盾しない補充的条項の立証は認められる」（田中英夫他編『英米法辞典』460頁）。
（13） 原文では offeror となっているが offeree であろう。
（14） 訳者の経験では，少なくとも日本と米国との取引でもほとんど利用されなかったように思う。
（15） これは INCOTERMS 2000 でも変わっていない。

(16) 実際には CISG §31 にはこの用語は使われていない。
(17) FCA, FAS 及び FOB は運送の手配は買主がする。
(18) 現在は INCOTERMS 2000, が最も新しい。
(19) documents of title, 船荷証券, 倉庫証券を含む。
(20) 運送証券と商業送り状, 保険証券などの書類を指す。
(21) INCOTERMS 2000 では CIF 売主は保険証券（insurance policy）または他の付保の証拠を提供しなければならない。
(22) 連邦法の規制対象となりうる州境を越える商取引（interstate commerce: 州際通商）ではなく, 州の中だけの商取引。
(23) 裏書人の責任と対比せよ。
(24) 鉄鉱石などの粉状のものや, 原油・化学品のように液状の貨物を撒物という。
(25) 着荷通知先としては, 通常は買主が記載される。
(26) これは, 海上運送を前提としたものであるからここでは bill of lading を通常の訳に戻して「船荷証券」と訳してある。

第5章

(27) 日本でも1978年に発効した。
(28) わが国では2001年3月14日から発効。
(29) アメリカで有名な乾電池メーカー。

第6章

(30) GSP: Generalized System of Preference.

第8章

(31) 合衆国憲法, 連邦議会の法律または合衆国と外国との間の条約の適用もしくはその解釈に直接関わる争点。田中英夫他編『英米法辞典』（1991, 東京大学出版会）338頁参照。

第9章

(32) 国家が主権の発動として行う公的行為。
(33) 公的行為に対して, 本質的に民事または商事の性質を持つ国家の行為。
(34) デウス・エクス・マキナ, 機械仕掛けの神：(一般に) 筋書き上の困難に不自然で強引な解決をもたらす人物 [出来事], 時の氏神（ランダムハウス英和辞典）。
(35) 法律原文は (3)which is neither a citizen of a State of the United States as defined in section *1332* (c) and (d) of this title, nor created under the laws of any third country.

(36) Federal Rules of Civil Procedure.
(37) (a) A foreign state shall not be immune from the jurisdiction of courts of the United States or of the States in any case -

(3)in which rights in property taken in violation of international law are in issue and that property or any property exchanged for such property is present in the United States in connection with a commercial activity carried on in the United States by the foreign state; or that property or any property exchanged for such property is owned or operated by an agency or instrumentality of the foreign state and that agency or instrumentality is engaged in a commercial activity in the United States.
(38) (2)in which the action is based upon a commercial activity carried on in the United States by the foreign state; or upon an act performed in the United States in connection with a commercial activity of the foreign state elsewhere; or upon an act outside the territory of the United States in connection with a commercial activity of the foreign state elsewhere and that act causes a direct effect in the United States;

第10章
(39) 前後関係と内容からは，外国の被告に対して押しつけられたものであるか，ということである筈だが，原文は foreign state's actions were urged or *compelled* by the defendant. である。
(40) 連邦憲法4編1節の言葉。他州の法律，記録および司法手続に対して与えなければならない。田中英夫他編『英米法辞典』(1991，東京大学出版会) 369頁。
(41) 「権利放棄 (waiver) 自体が…何時でも撤回可能であれば」でないと前後の論旨が一貫しない。
(42) 原文は week, weak の誤植か？

事句索引

—A—

Act of State：主権の対外行為の法理
    303-319
  例外：商業的行為   *317-318*
  収用   *306-309*
  歴史   *305-306*
  主権免除との関係   *303-305*
  サバティーノ修正   *306-309*
  権力分立   *312-315*

Arbitration：仲裁
  → Dispute Settlement の項を参照。

—B—

Berne Convention：ベルヌ条約
    193, 195-196

Bills of Lading：運送証券   *106-123*
  電子運送証券   *120-123*
  偽造——   *118-120*
  誤配   *112-116*
  誤記   *116-118*

—C—

Choice of Forum and of Law：法廷地と準拠法の選択
  → Dispute Settlement の項を参照。

Contract Clauses：契約条項
  仲裁→ Dispute Settlement の項を参照。
  法廷地と準拠法の選択→ Dispute Settlement の項を参照。
  引渡条件   *80-82, 90-102*
  免責条項   *55, 70-73*
  不可抗力   *55, 67*
  品質保証責任   *69-72*
  価格未定の場合   *60-61, 81*
  数量未定の場合   *60-62*
  罰則   *40*
  船積地契約   *67-68, 81-83, 90-102*
  不公正   *40*
  慣習の取込み   *58*

  保証   *69-73*
  詐欺防止法の書面化要件   *56, 59-60, 172*

Convention on Contracts For the International Sales of Goods：国連物品売買条約
    43-90
  条約の背景   *44-49*
  買主の義務   *80-81*
  買主の救済   *74-79*
  契約の成立   *59-66*
  総則規定   *56-59*
  救済方法   *74-79, 83-85*
  滅失のリスク   *81-83*
  売主の義務   *66-74*
  売主の救済   *83-85*
  適用領域   *49-51*
  国際商事法の統一   *44-49*
  国連国際商取引法委員会（UNCITRAL）
    44-49

Countertrade：カウンタートレード
    242-244

—D—

Developing Nations：発展途上国   *213-229*
  国家の分類   *213-220*
  販売契約   *221-225*
  発展途上国としての非市場経済国
    231-232, 247-248
  売買代理   *221-225*
  発展途上国への商品販売 *200-201, 217-221*
  経済発展段階   *215-216*
  技術移転   *227-229*

Dispute Settlement：紛争解決
  仲裁   *251-280*
    仲裁契約   *268-280*
    仲裁判断の執行   *270-273*
    ICSID   *278-279*
    国際商業会議所（ICC）規則 *279-280*
    ニューヨーク条約   *270-273*
    永久仲裁裁判所   *227*
    UNCITRAL 規則   *276-280*

準拠法条項	51-53, 267-268
裁判管轄条項	260-265, 267-268
国際司法裁判所	251-253
強行法規	267-268
外国判決の承認	258-260
条約	253-254

Distribution Agreements：販売契約 221-225

Documentary Sales：荷為替売買 125-158

信用状取引	125-158
書類引換払取引	106-111

― E ―

Electronic Transactions：電子取引

運送証券	120-123
CHIPS	169-170
電子商取引	102-106
EDI	94-95
信用状	140-145
SWIFT	141-144, 169-170
資金移動	168-170

Ex aequo et bono：善と衡平の原則
　　　　　　　　　　　　253, 275

Export Financing：輸出金融　165-166

Export-Import Bank：輸出入銀行 165-166

Expropriation：収用 → Investment Risk of Loss の項参照。

― F ―

Financing：資金調達 → Money の項参照。

Foreign Exchange：外国為替 → Money の項参照。

Foreign Judgments, Recognition and Enforcement：外国判決・承認・執行
　　　　　　　　　　　　258-260

Forum Non Convenience：フォーラム・ノン・コンビニエンス　262-263
　　裁判管轄条項　　　　　260-265

Forun Selection Clauses：裁判管轄条項 → Dispute Settlement の項参照。

Franchising：フランチャイジング → Technology Transfer の項参照。

― G ―

Goods, Movement of：物品の移動 → Convention on Contracts for the International Sale of Goods, Letter of Credit, Sale of Goods の条項参照。

― I ―

Incoterms：インコタームズ　90-102

Information, Movement of：情報の移転 → Technology Transfer の項参照。

Insurance：保険　　　　　　99-101

International Chamber of Commerce(I.C.C.)：国際商事会議所

仲裁規則	279
インコタームズ	90-102
VCP	133-140, 147, 154-157

International Commercial Law, Unification of：国際商事法の統一　44-49
→ Convention on Contracts for the International Sale の項も参照。

International Court of Justice：国際司法裁判所　　　　　　251-253
→ Dispute Settlement の項も参照。

International Finance：国際金融 → Money の項参照。

International Monetary Fund：国際通貨基金 → 次の項参照。

International Organizations：国際機関

アフリカ開発銀行	162
アジア開発銀行	162-163
国際通貨基金（IMF）	159-162
COMECON（CMEA）	245-246
米州開発銀行	163
イスラム開発銀行	163
OECD	165, 179
永久仲裁裁判所	277
UNIDROIT	86-90
世界銀行	159, 162

International Taxation：国際課税

タックス・ヘイブン	166-167
移転価格	178-179

Investment Risk of Loss：投資リスク
　主権の対外行為の法理 → Act of State の項参照。

収用	307

収用：サバティーノ修正　　　307-309
主権免除→ Sovereign Immunity の項参照。

― L ―

Letters of Credit：信用状　　125-157
　バック・トゥ・バック信用状　　154-157
　電子信用状　　140-145
　欺偽　　149-154
　準拠法　　133-140
　国際規則　　148-149
　非市場経済国　　240
　リボルビング信用状　　154-157
　スタンドバイ信用状　　145-149
　取引内容の記載　　125-132
　譲渡可能信用状　　154
Licensing：ライセンシング → Technology transfers の項参照。

― M ―

Money：マネー　　159-179
　通貨スワップ　　174-175
　開発銀行　　162-163
→ International Organizations の項も参照。
　ユーロドル　　175-178
　為替規則　　170-173
　為替リスク　　173-175
　輸出金融プログラム　　165-166
　外国為替　　170-173
　国際銀行システム　　166-168
　国際預金・ローン　　175-178
　国際金融センター　　167
　IMF　　159-162
　国内金融機関　　163-165
　オフショア・バンキング　　166-168
　SDR　　159-162
　移転価格　　178-179
　資金移転　　168-170
Multinational Corporations：多国籍企業→次の項参照。
Multinational Enterprise：多国籍企業
　　　　15-24
　通貨スワップ　　174-175
　移転価格　　178-179

― N ―

Nationalizations：国有化→ Investment Risk of Loss の項参照。
Negotiations：交渉　　29-42
　敵対型　　29-30
　コンセンサス型　　29-30
　言語　　37-41
　手続　　34-36
　再交渉の計画作り　　41-42
　ロールプレイング　　33-34
　チーム　　32-33
　タイミング　　34
Nice Agreement (Trademarks)：ニース協定（商標）　　191-192
Nonmarket Economy Nations：非市場経済国　　231-249
　COCOM　　233-234
　COMECON (CMEA)　　245-246
　カウンタートレード　　19, 241-244
　通貨問題　　239-240
　定義　　231-234
　発展途上国としての非市場経済国
　　　　231-232, 247-248
　商品輸出規制　　241-242
　外国投資　　246-247
　FTO, STO　　19, 236-239
　GATT 上の地位　　234-236
　輸入　　244-245
　信用状　　240
　最恵国待遇　　231-236
　技術移転　　246-247
　米国貿易法　　236
　米国輸出管理法　　241
　米国1974年貿易法　　236

― P ―

Paris Convention (Patents and Trademarks)，パリ条約（特許，商標）
　　　　191
Patent Cooperation Treaty：特許協力条約　　186-187

― R ―

Restatement of Foreign Relations Law：
国際関係リステイトメント　　　308-309

― S ―

Sale of Goods：物品売買→ Convention on Contracts for the International Sale of Goods; 及び Letters of Credit の項参照。
 貿易条件　　　　　　　　　90-102
 カウンタートレード　　19, 241-244
 販売契約　　　　　　　　221-225
 売買代理　　　　　　　　221-225

Section 301 and Super 301：第301条及びスーパー301条→ Statues の項参照。

Sovereign Immunity：主権免除　281-301
 商業活動の例外　　　　　　　299
 反訴　　　　　　　　　　　　300
 例外　　　　　　　　　　294-299
 判決の執行　　　　　　　300-301
 外国主権免除法　　　　　289-291
 歴史　　　　　　　　　　283-289
 裁判管轄　　　　　　　　291-292
 制限免除主義　　　　　　283-289
 訴状の送達　　　　　　　292-293
 テート・レター　　　　　285-286
 国連条約案　　　　　　　　　282
 国際法違反　　　　　　　295-298
 権利放棄　　　　　　　　294-295

Special Drawing Rights：SDR → Money の項参照。

Statutes (United States)：法典（米国）
 Alien Tort Statute　　　　　254
 Caribbean Basin Economic Recovery Act
 　　　　　　　　　　　　　　205
 Copyright Act of 1976　　193, 203
 Edge Act　　　　　　　　　165
 Export Administration Act(1976)　241
 Export Administration Regulations　241
 Federal Arbitration Act　　　268
 Federal Bill of Lading Act　111-123
 Foreign Assistance Act, Hickenlooper Amendment　　　　　　　　　307
 Foreign Assistance Act, Sabbatino Amendment　　　　　　　　　　307-309
 Foreign Corrupt Practices Act　21
 Foreign Sovereign Immunities Act
 　　　　　　　　　　　25, 289-301
 Generalized System of Preferences Renewal Act　　　　　　　　　　205
 Foreign Sovereign Immunities Act
 　　　　　　　　　　　25, 289, 301
 Lanham Trademark Act　　　203
 Omnibus Trade and Competitiveness Act
 　　　　　　　　　　181, 203, 219
 Section 301 and Special 301　209-211
 Trade Act 1974　　　　　209,236
 Trademark Counterfeiting Act　190
 Uniform Commercial Code 52-123,133-134

― T ―

Technology Transfers：技術移転 181-211
 著作権　　　　　　　　　192-196
 偽物　　　　　　　　　　203-205
 情報の流れ　　　　　　　208-209
 発展途上国　　　　　　　227-229
 フランチャイジング　　　196-200
 GATT　　　　　　　　　　　209
 グレー・マーケット商品　205-208
 ノウハウ　　　　　　　　187-189
 ライセンシング　　　　　200-202
 非市場経済国　　　　　　246-247
 特許　　　　　　　　　　200-202
 剽窃　　　　　　　　　　202-205
 RBP Code　　　　　　　　　229
 Section 301　　　　　　　209-211
 商標　　　　　　　　　　189-192
 TOT Code　　　　　　　　　228
 TRIPS　　　　　　　　　182-183
 多国籍企業に関する国連委員会　229
 UNCTAD　　　　　　　　228-229

Transfer Pricing：移転価格　178-179

Treaties and Other International Agreements：条約その他の国際合意
 ベルヌ条約　　　　　　193, 195-196
 管轄と判決に関する共同市場条約（EC）
 　　　　　　　　　　　　　　260
 国際物品売買契約に関する条約　43-90
 データ保護条約（EC）　　　209
 外国判決の承認・執行条約　　260

司法文書送達条約	255
投資紛争解決条約	278-279
海上物品運送条約	45
海外証拠収集条約	255-257
国際商事仲裁に関するヨーロッパ条約	279
外国公文書認証要件撤廃条約	255
友好通商航海条約	269
GATT	209, 234-236
仲裁判決に関する汎アメリカ条約	260
外国判決に関する汎アメリカ条約	260, 269
国際商事仲裁に関する汎アメリカ条約	279
IMF	159-162
ニース協定	191-192
パリ条約	191
特許協力条約	186-187
国際司法裁判所規則	251-253
商標登録条約	191-192
外国仲裁判断の承認・執行に関する国連条約	270-273
CISG	43-90
国連→ United Nations の項参照。	
著作権に関する条約	192-196
ウルグアイ・ラウンド	182-183
条約法に関するウィーン条約	253-254
商標登録に関するウイーン条約	191-192
WTO	182-183, 210-211, 249

― U ―

UNCITRAL：国連国際商取引法委員会
　　　　　　　　　　　　　　　44-49, 169
UNCTAD：国連貿易開発会議　228-229
United Nations：国連多国籍企業委員会
229
　　トランスナショナル企業センター　209
United Atates Trade Representative：
米国通商代表部（USTR）　　　　210
Universal Copyright Convention：著作権条約　　　　　　　　　　　　　192-196

― W ―

World Trade：世界貿易　　　　15-27

判例一覧

判例の末尾に本文の頁数を示す

A

A. Bourjois & Co. v. Katzel, 260 U.S. 689, 43 S.Ct. 244, 67 L.Ed. 464 (1923), *206*

Adel Precision Products Corp. v. Grand Trunk Western R. Co., 332 Mich. 519, 51 N.W.2d 922 (Mich.1952), *115*

Alberti v. Empresa Nicaraguense De La Carne, 705 F.2d 250 (7th Cir.1983), *297*

Alfred Dunhill of London, Inc. v. Republic of Cuba, 425 U.S. 682, 96 S.Ct. 1854, 48 L.Ed.2d 301 (1976), *315, 317*

Allied Bank Intern. v. Banco Credito Agricola de Cartago, 757 F.2d 516 (2nd Cir.1985), cert. denied Banco Credito Agricola De Cartago v. Allied Bank International, 473 U.S. 934, 106 S.Ct. 30, 87 L.Ed.2d 706 (1985), *318*

American Banana Co. v. United Fruit Co., 213 U.S. 347, 29 S.Ct. 511, 53 L.Ed.826 (1909), *306*

Arthur Young & Co. v. Leong, 53 A.D.2d 515, 383 N.Y.S.2d 618 (N.Y.A.D. 1 Dept. 1976), *263*

AVC Nederland B.V. v. Atrium Inv. Partnership, 740 F.2d 148 (2nd Cir.1984), *264*

B

Banco Espanol de Credito v. State St. Bank & Trust Co., 385 F.2d 230 (lst Cir.1967), cert. denied State Street Bank and Trust Company v. Banco Espanol De Credito., 390 U.S. 1013, 88 S.Ct. 1263, 20 L.Ed.2d 163 (1968), *136*

Banco Nacional de Cuba v. Sabbatino, 376 U.S. 398, 84 S.Ct. 923, 11 L.Ed.2d 804 (1964), *305 ~309, 312, 319*

Bankers Trust Co. v. Worldwide Transp. Services, Inc., 537 F. Supp. 1101 (E.D.Ark.1982), *261, 293*

Bankers Trust Co. v. State Bank of India, 1991 WL 837888 (CA 1991), affirmed 1991 WL 837671 (QBD (Comm Ct) 1990), *136*

Bankers Trust Co. v. State Bank of India, 1991 WL 837671 (QBD (Comm Ct) 1990), *136*

Belmont, United States v., 301 U.S. 324, 57 S.Ct. 758, 81 L.Ed. 1134 (1937), *306*

Bergesen v. Joseph Muller Corp., 548 F. Supp. 650 (S.D.N.Y. 1982), *273*

Berisford Metals Corp. v. S/S Salvador, 779 F. 2d 841 (2nd Cir. 1985), *118*

Berizzi Bros. Co. v. The Pesaro, 271 U.S. 562, 46 S.Ct. 611, 70 L.Ed. 1088 (1926), *284*

Bernstein v. N. V. Nederlandsche-Amerikaansche, Stoomvaart-Maatschappij, 210 F. 2d 375

(2nd Cir.1954), *313-315*

Bi v. Union Carbide Chemicals and Plastics Co. Inc., 984 F. 2d 582 (2nd Cir.1993), cert. denied 510 U.S. 862, 114 S.Ct. 179, 126 L.Ed.2d 138 (1993), *311*

Blad v. Bamfield, 36 Eng.Rep. 992, 3 All E.R. 616 (1674), *282, 305*

Brazosport Towing Co., Inc. v. 3,838 Tons of Sorghum Laden on Bd. Barge NL No. 703, Official No. 291237, 607 F. Supp. 11 (S.D.Tex.1984), *296*

British Imex Industries v. Midland Bank Ltd., 1957 WL 18343 (QBD 1957), *135*

Broadcast Music, Inc. v. Columbia Broadcasting System, Inc., 411 U.S. 1, 99 S.Ct. 1551, 60 L.Ed.2d 1 (1979), *194*

Buttes Gas and Oil Co. v. Hammer (No.3), 1981 WL 187889 (HL 1981), *305*

C

Carnival Cruise Lines, Inc. v. Shute, 499 U.S. 585, 111 S.Ct. 1522, 113 L.Ed.2d 622 (1991), *263, 264*

Carvalho v. Hull Blyth (Angola) Ltd, 1979 WL 67934 (CA 1979), *261*

Chicago & N.W. Ry. Co. v. Stephens Nat. Bank of Fremont, 75 F.2d 398 (8th Cir.1935), *118*

Compania de Gas de Nuevo Laredo, S. A. v. Entex, Inc., 686 F.2d 322 (5th Cir.1982), *317*

Continental T. V., Inc. v. GTE Sylvania Inc., 433 U.S. 36, 97 S.Ct. 2549, 53 L.Ed.2d 568 (1977), *198*

Copperweld Steel Co. v. Demag-Mannesmann-Boehler, 347 F. Supp. 53 (W.D.Pa.1972), affirmed 578 F.2d 953 (3rd Cir. 1978), *262*

Courtaulds North America, Inc. v. North Carolina Nat. Bank, 528 F.2d 802 (4th Cir.1975), *131*

Credit Suisse v. United States Dist. Court for Cent. Dist. of California, 130 F.3d 1342 (9th Cir.1997), *311*

Czarnikow Ltd. v. Centrala Handlu Zagranicznego Rolimpex (CHZ), 1978 WL 58591 (HL 1978), *238*

D

Daedalus Enterprises, Inc. v. Baldrige, 563 F. Supp. 1345 (D.D.C.1983), *242*

Delchi Carrier SpA v. Rotorex Corp., 71 F.3d 1024 (2nd Cir.1995), *85*

DeRoburt v. Gannett Co., Inc., 548 F. Supp. 1370 (D.Hawai'i 1982), *313*

Dixon, Irmaos & Cia, Ltda v. Chase Nat. Bank of City of New York, 144 F.2d 759 (2nd Cir.1944), *135*

Duracell, Inc. v. United States Intern. Trade Com'n, 778 F.2d 1578 (Fed.Cir.1985), *207*

Dynamics Corp. of America v. Citizens and Southern Nat. Bank, 356 F. Supp. 991 (N.D.Ga.1973), *146, 150*

E

East Europe Domestic Intern. Sales Corp. v. Terra, 467 F. Supp. 383 (S.D.N.Y.1979), *292*
Edlow Intern. Co. v. Nuklearna Elektrarna Krsko, 441 F. Supp. 827 (D.D.C.1977), *291*
Empresa Cubana Exportadora De Azucar y Sus Derivados v. Lamborn & Co. Inc., 652 F.2d 231 (2nd Cir.1981), *308, 316*
Etat du Perou v. Krelinger, P.B. 1857-II-348, *285*

F

Fertilizer Corp. of India v. IDI Management, Inc., 517 F. Supp. 948 (S.D.Ohio 1981), *272*
Filanto, S.p.A. v. Chilewich Intern. Corp., 789 F. Supp. 1229 (S.D.N.Y. 1992), *63*
First Nat. City Bank v. Banco Nacional de Cuba, 406 U.S. 759, 92 S.Ct. 1808, 32 L.Ed.2d 466 (1972), rehearing denied 409 U.S. 897, 93 S.Ct. 92, 34 L.Ed.2d 155 (1972), *239, 313~316*
First Nat. City Bank v. Banco Para El Comercio Exterior De Cuba, 462 U.S. 611, 103 S.Ct. 2591, 77 L.Ed. 2d 46 (1983), *290*
First Nat. City Bank, United States v., 396 F.2d. 987 (2nd Cir.1968), *257*
Fotochrome, Inc. v. Copal Co., Ltd., 517 F.2d 512 (2nd Cir.1975), *271*
F. T. C. v. Compagnie De Saint-Gobain-Pont-a-Mousson, 636 F.2d 1300, 205 U.S.App.D.C. 172 (D.C.Cir.1980), *256*

G

GEMA, In re, 11 Common Mkt.L.Rep. 694 (1792), *194*
GEMA, In re, 10 Common Mkt.L.Rep. D34 (1971), *194*
Gemini Shipping, Inc. v. Foreign Trade Organization for Chemicals and Foodstuffs, 647 F.2d 317 (2nd Cir.1981), *298*
Gibbons v. Udaras na Gaeltachta, 549 F. Supp. 1094 (S.D.N.Y.1982), *289*
Gordonsville Industries, Inc. v. American Artos Corp., 549 F. Supp. 200 (W.D.Va.1982), *262*

H

Hadley v. Baxendale, 156 Eng.Rep. 145 (1854), *79*
Harris Corp. v. National Iranian Radio and Television, 691 F.2d 1344 (11th Cir.1982), *293*
Hilton v. Guyot, 159 U.S. 113, 16 S.Ct. 139, 40 L.Ed. 95 (1985), *258*
Hoes of America, Inc. v. Hoes, 493 F. Supp. 1205 (C.D.Ill.1979), *267*
Hudson v. Guestier, 8 U.S. 293, 2 L.Ed. 625 (1808), *305*
Hunt v. BP Exploration Co. (Libya) Ltd., 492 F. Supp. 885 (N.D.Tex.1980), *259*
Hunt v. Mobil Oil Corp., 550 F.2d 68 (2nd Cir.1977), cert. denied 434 U.S. 984, 98 S.Ct. 608, 54 L.Ed.2d 477 (1977), *310*

I

IAM v. OPEC, 649 F.2d 1354 (9th Cir.1981), *318*
ICC Chemical Corp. v. Industrial and Commercial Bank of China, 886 F. Supp. 1 (S.D.N.Y.1995), *295*
I Congreso del Partido, 2All E.R. 1064, 1070 (H.L.1981), *287*
Indussa Corp. v. S. S. Ranborg, 377 F.2d 200 (2nd Cir.1967), *264*
In re (see name of party)
Ipitrade Intern., S. A. v. Federal Republic of Nigeria, 465 F. Supp. 824 (D.D.C.1978), *272*

J

J.H. Rayner & Co., Ltd. v. Hambro's Bank, Ltd., 1 K.B. 36 [1943], *135*
Johnston v. Compagnie Generale Transatlantique, 242 N.Y. 381, 152 N.E. 121 (N.Y.1926), *259*

K

Keaty v. Freeport Indonesia, Inc., 503 F.2d 955 (5th Cir.1974), *261*
Kentucky Fried Chicken Corp. v. Diversified Packaging Corp., 549 F.2d 368 (5th Cir.1977), *200*
K Mart Corp. v. Cartier, Inc., 486 U.S. 281, 108 S.Ct. 1811, 100 L.Ed. 2d 313 (1988), *207*
Krehl v. Baskin-Robbins Ice Cream Co., 664 F.2d 1348 (9th Cir.1982), *200*

L

Libra Bank Ltd. v. Banco Nacional de Costa Rica, S. A., 676 F.2d 47 (2nd Cir.1982), *295*
Libyan American Oil Co. v. Socialist People's Libyan Arab Jamahirya, 482 F. Supp. 1175 (D.D. C.1980), *272*
Lien Ho Hsing Steel Enterprise Co., Ltd. v. Weihtag, 738 F.2d 1455 (9th Cir.1984), *264*

M

Marine Midland Grace Trust Co. of New York v. Banco Del Pais, S. A., 261 F. Supp. 884 (S.D.N.Y.1966), *135, 217*
Maritime Intern. Nominees Establishment v. Republic of Guinea, 693 F.2d 1094, 224 U.S.App.D.C. 119 (D.C.Cir.1982), *294, 298*
Martropico Compania Naviera S. A. v. Perusahaan Pertambangan Minyak Dan Gas Bumi Negara (Pertamina), 428 F. Supp. 1035 (S.D.N.Y.1977), *288*
MCC-Marble Ceramic Center, Inc., v. Ceramica Nuova d'Agostion, S.p.A., 144 F.3d 1384 (11th Cir.1998), *57*
McDonnell Douglas Corp. v. Islamic Republic of Iran, 758 F.2d 341 (8th Cir.1985), *264*

Meadows v. Dominican Republic, 542 F. Supp. 33 (N.D.Cal.1982), *293*

Medical Marketing Intern., Inc. v. Internazionale Medico Scientifica, S.R.L., 1999 WL 311945 (E.D.La.1999), *71*

Milanovich v. Costa Crociere, S.p.A., 954 F.2d 763, 293 U.S.App.D.C. 332 (D.C.Cir.1992), *53, 266*

Mitsubishi Motors Corp. v. Soler Chrysler-Plymouth, Inc., 473 U.S. 614, 105 S.Ct. 3346, 87 L.Ed.2d 444 (1985), *270, 271, 273*

Morellet C. Goveruo Danese, Giu. It. 1883-I-125 (1882), *285*

M/S Bremen v. Zapata Off-Shore Co., 407 U.S. 1, 92 S.Ct. 1907, 32 L.Ed.2d 513 (1972), *53, 261, 262, 265*

N

National American Corp. v. Federal Republic of Nigeria, 448 F. Supp. 622 (S.D.N.Y.1978), affirmed 597 F.2d 314 (2nd Cir.1979), *303*

O

Oetjen v. Central Leather Co., 246 U.S. 297, 38 S.Ct. 309, 62 L.Ed. 726 (1918), *306*

Oil Spill by Amoco Cadiz Off Coast of France on March 16, 1978, In re, 491 F. Supp. 161 (N.D.Ill.1979), *300*

P

Pain v. United Technologies Corp., 637 F.2d 775, 205 U.S.App.D.C. 229 (D.C.Cir.1980), *256*

Parsons & Whittemore Overseas Co., Inc. v. Societe Generale De L'Industrie Du Papier (RAKTA), 508 F.2d 969 (2nd Cir.1974), *271*

Photo Production Ltd. v. Securicor Transport Ltd., 1 All Eng. Rep. 556 [1980], *76*

Practical Concepts, Inc. v. Republic of Bolivia, 811 F.2d 1543, 258 U.S.App.D.C. 354 (D.C.Cir.1987), *294*

Principe v. McDonald's Corp., 631 F.2d 303 (4th Cir.1980), *200*

Pronuptia de Paris GmbH v. Prounptia de Paris Irmgard Schillgalis (C161/84), 1986 WL 407278 (ECJ 1986), *198*

Q

Quality King Distributors, Inc. v. L'anza Research Intern., Inc., 523 U.S. 135, 118 S.Ct. 1125, 140 L.Ed.2d 254 (1998), *207*

R

Ramirez de Arellano v. Weinberger, 745 F.2d 1500, 240 U.S.App.D.C. 363 (D.C.Cir.1984), vacated for other reasons Weinberger v. Ramirez de Arellano, 471 U.S. 1113, 105 S.Ct. 2353, 86 L.Ed.2d 255 (1985), *308-309*

Republic of Argentina v. Weltover, Inc., 504 U.S. 607, 112 S.Ct. 2160, 119 L.Ed.2d 394 (1992), *297, 299*

Republic of Philippines dy Cent. Bank of Philippines v. Marcos, 665 F. Supp. 793 (N.D.Cal.1987), *288*

Ricaud v. American Metal Co., 246 U.S. 304, 38 S.Ct. 312, 62 L.Ed 733 (1918), *306*

Rio Grande Transport, Inc., In re, 516 F. Supp. 1155 (S.D.N.Y.1981), *300*

S

Sage Int'l, Ltd. v. Cadillac Gage Co., 534 F. Supp. 896 (E.D.Mich.1981), *318*

Scherk v. Alberto-Culver Co., 417 U.S. 506, 94 S.Ct. 2449, 41 L.Ed.2d 270 (1974), *269, 270*

Schooner Exchange v. McFaddon, 11 U.S. (7Cranch) 116, *305*

Scotch Whiskey Ass'n v. Barton Distilling Co., 489 F.2d 809 (7th Cir.1973), *191*

Siderius, Inc. v. Compania de Acero del Pacifico, S. A., 453 F. Supp. 22 (S.D.N.Y.1978), *272*

Siegel v. Chicken Delight, Inc., 448 F.2d 43 (9th Cir.1971), *199-200*

Siegelman v. Cunard White Star Limited, 221 F.2d 189 (2nd Cir.1955), *267*

Smith, Valentino & Smith, Inc. v. Superior Court, 131 Cal.Rptr. 374, 551 P.2d 1206 (Cal.1976), *256, 267*

Societe Internationale Pour Participations Industrielles Et Commerciales, S. A. v. Rogers, 357 U.S. 197, 78 S.Ct. 1087, 2 L.Ed.2d 1255 (1958), *257*

Societe Nationale Industrielle Aerospatiale v. United States Dist. Court for Southern Dist. of Iowa, 482 U.S. 552, 107 S.Ct. 2542. 96 L.Ed.2d 461 (1987), *257*

Spacil v. Crowe, 489 F.2d 614 (5th Cir.1974), *286*

S & S Machinery Co. v. Masinexportimport, 706 F.2d 411 (2nd Cir.1983), *295*

Stewart Organization, Inc. v. Ricoh Corp., 487 U.S. 22 (1988), *265*

Sztejn v. J. Henry Schroder Banking Corp., 177 Misc. 719, 31 N.Y.S.2d 631 (N.Y.Sup.1941), *150*

T

Texas Trading & Mill. Corp. v. Federal Republic of Nigeria, 647 F.2d 300 (2nd Cir.1981), *292*

The Schooner Exchange v. McFaddon, 11 U.S. 116, 3 L.Ed. 287 (1812), *283*

Transamerican S.S. Corp. v. Somali Democratic Republic, 767 F.2d 998, 247 U.S.App.D.C. 208 (D.C.Cir.1985), *294*

U

Underhill v. Hernandez, 168 U.S. 250, 18 S.Ct. 83, 42 L.Ed. 456 (1897), *306, 307, 313*

United City Merchants (Investments) Ltd v. Royal Bank of Canada (The American Accord), 1982 WL 221777 (HL 1982), *152*

United States v. —— (see opposing party)

Uranium Antitrust Litigation, In re, 617 F.2d 1248 (7th Cir.1980), *257*

V

Velidor v. L/P/G Benghazi, 653 F.2d 812 (3rd Cir.1981), *292*

Verlinden B.V. v. Central Bank of Nigeria, 488 F. Supp. 1284 (S.D.N.Y.1980), affirmed on other grounds 647 F.2d 320 (2nd Cir.1981), reversed on other grounds 461 U.S. 480, 103 S.Ct. 1962, 76 L.Ed.2d 81 (1983), *294*

Vimar Segurosy Reaseguros, S.A. v. M/V Sky Reefer, 515 U.S. 528, 115 S.Ct. 2322. 132 L.Ed.2d 462 (1995), *264, 270, 271*

W

W.S. Kirkpatrick & Co., Inc. v. Environmental Tectonics Corp., Intern., 493 U.S. 400, 110 S.Ct. 701, 107 L.Ed.2d 816 (1990), *309-311, 315, 319*

Y

Yessenin-Volpin v. Novosti Press Agency, 443 F. Supp. 849 (S.D.N.Y.1978), *289, 290*

訳者略歴

柏木　昇（かしわぎ・のぼる）
福島県生まれ，三菱商事，東京大学教授を経て
現在　中央大学教授

久保田　隆（くぼた・たかし）
東京都生まれ，日本銀行を経て
現在　名古屋大学助教授

Copyright ⓒ 2000, by West Group.
International Business Transactions in a nutshell／by Ralph
H. Folsom, Michael W. Gordon and John A. Spanogle. sixth. ed.
Japanese translation rights arranged with West Group.
through　Naito and Shimizu

訳者との了解により
検　印　省　略

アメリカ国際商取引法

2003年6月30日第一版第一刷印刷発行 ⓒ

（乱丁・落丁本はお取替致します）

著者	ラルフ・H・フォルソン
	マイケル・W・ゴードン
	ジョン・A・スパニョール
訳者	柏　木　　　昇
	久　保　田　　隆
発行者	坂　口　節　子
発行所	有限会社　木　鐸　社
印刷	アテネ社　製本　関山製本社

〒112　東京都文京区小石川5-11-15-302
電話　(03)3814-4195番　振替001005-126746番
Fax　(03)3814-4196番

ISBN 4-8332-2342-2　C3032

> 石黒一憲／アメリカ・ビジネス法研究グループ企画監修
> アメリカ・ビジネス法シリーズ

アメリカ製造物責任法	J・J・フィリプス著 内藤　篤訳	A5判280頁 定価：本体4,000円＋税
アメリカ環境法	F・ファーバー他著 稲田仁士訳	A5判250頁 定価：本体4,000円＋税
アメリカ契約法	G・D・シェーバー他著 内藤加代子訳	A5判288頁 定価：本体4,000円＋税
アメリカ法人税法	P・ワイデンブルック／ カレン・パーク著 稲田仁士訳	A5判266頁 定価：本体4,000円＋税
アメリカ金融機関法	W・ロペット著 松尾直彦・山西雅一郎訳	A5判400頁 品切
アメリカ知的財産法	A・ミラー／M・デーヴィス著 松尾　悟訳	A5判334頁 定価：本体4,500円＋税
アメリカ会社法	R・ハミルトン著 山本光太郎訳	A5判400頁 定価：本体7,000円＋税
アメリカ統一商法典	B・ストーン著 渋谷年史訳	A5判642頁 定価：本体12,000円＋税
アメリカ性差別禁止法	C・S・トーマス著 上野千津子訳	A5判370頁 定価：本体4,500円＋税
アメリカ雇用差別禁止法	M・A・プレイヤー著 井口　博訳	A5判280頁 定価：本体4,000円＋税
アメリカ保険法	ジョン・F・ドビン著 佐藤　彰俊訳	A5判294頁 定価：本体4,000円＋税

〔以下続刊〕